plurall

CB137832

Parabéns!
Agora você faz parte do **Plurall**, a plataforma digital do seu livro didático!
Acesse e conheça todos os recursos e funcionalidades disponíveis para as suas aulas digitais.

Baixe o aplicativo do **Plurall** para Android e IOS ou acesse **www.plurall.net** e cadastre-se utilizando o seu código de acesso exclusivo:

AASGXSWEV

Este é o seu código de acesso Plurall. Cadastre-se e ative-o para ter acesso aos conteúdos relacionados a esta obra.

@plurallnet

@plurallnetoficial

SOMOS EDUCAÇÃO

670 11953944 História.doc - 7º ano - 3a edição - Mercado 2020 - 648198 - Aluno 7980473

Ronaldo Vainfas
Doutor em História Social pela Universidade de São Paulo
Professor do Departamento de História da Universidade Federal Fluminense

Jorge Ferreira
Doutor em História Social pela Universidade de São Paulo
Professor do Departamento de História da Universidade Federal Fluminense

Sheila de Castro Faria
Doutora em História pela Universidade Federal Fluminense
Professora do Departamento de História da Universidade Federal Fluminense

Daniela Buono Calainho
Doutora em História pela Universidade Federal Fluminense
Professora do Departamento de Ciências Humanas da Universidade do Estado do Rio de Janeiro

HISTÓRIA .doc

7

Editora Saraiva

Editora Saraiva

Direção Presidência: Mario Ghio Júnior
Direção de Conteúdo e Operações: Wilson Troque
Direção editorial: Luiz Tonolli e Lidiane Vivaldini Olo
Gestão de projeto editorial: Mirian Senra
Gestão de área: Wagner Nicaretta
Coordenação: Eduardo Guimarães
Edição: Aline dos Reis Neves e Carolina Leite de Souza
Assistência editorial: Lígia Torres Figueiredo
Planejamento e controle de produção: Patrícia Eiras e Adjane Queiroz
Revisão: Hélia de Jesus Gonsaga (ger.), Kátia Scaff Marques (coord.), Rosângela Muricy (coord.), Ana Paula C. Malfa, Arali Gomes, Célia Carvalho, Claudia Virgilio, Diego Carbone, Flavia S. Vênezio, Gabriela M. Andrade, Hires Heglan, Luiz Gustavo Bazana, Patrícia Travanca, Sandra Fernandez, Sueli Bossi, Vanessa P. Santos; Amanda T. Silva e Bárbara de M. Genereze (estagiárias)
Arte: Daniela Amaral (ger.), Claudio Faustino (coord.), Eber Alexandre de Souza (edição de arte)
Diagramação: Typegraphic
Iconografia e tratamento de imagens: Sílvio Kligin (ger.), Denise Durand Kremer (coord.) e Paula Dias (pesquisa iconográfica) Cesar Wolf, Fernanda Crevin (tratamento)
Licenciamento de conteúdos de terceiros: Thiago Fontana (coord.) e Luciana Sposito (licenciamento de textos); Erika Ramires, Luciana Pedrosa Bierbauer, Luciana Cardoso e Claudia Rodrigues (analistas adm.)
Ilustrações: Leonardo Conceição e Rodval Matias
Cartografia: Eric Fuzii (coord.), Mouses Sagiorato Prado (edit. arte) e Ericson G. Luciano
Design: Gláucia Koller (ger.), Thais Ometto (proj. gráfico), Adilson Casarotti e Flávia Dutra (capa), Gustavo Vanini e Tatiane Porusselli (assist. arte)
Ilustração de capa: Luminos Criativo

Avenida das Nações Unidas, 7221, 1º andar, Setor A – Espaço 2 – Pinheiros – SP – CEP 05425-902
SAC 0800 011 7875
www.editorasaraiva.com.br

Dados Internacionais de Catalogação na Publicação (CIP)

História.doc 7º ano / Ronaldo Vainfas ... [et al.]. - 3. ed. - São Paulo : Saraiva, 2019.

Outros autores: Jorge Ferreira, Sheila de Castro Faria, Daniela Buono Calainho
Suplementado pelo manual do professor.
Bibliografia.
ISBN: 978-85-472-3673-1 (aluno)
ISBN: 978-85-472-3674-8 (professor)

1. História (Ensino fundamental). I. Vainfas, Ronaldo. II. Ferreira, Jorge. III. Faria, Sheila de Castro. IV. Calainho, Daniela Buono.

2019-0058 CDD: 372.89

Julia do Nascimento - Bibliotecária - CRB-8/010142

2024
Código da obra CL 800968
CAE 648198 (AL) / 648197 (PR)
3ª edição
8ª impressão
De acordo com a BNCC.

Impressão e acabamento: Vox Gráfica / OP: 247425

Uma publicação SOMOS EDUCAÇÃO

APRESENTAÇÃO

Album / akg-images

Caro estudante

Você está convidado a fazer uma viagem no tempo. Uma não, várias viagens! Nesta coleção, você vai conhecer povos e costumes diferentes, modos distintos de governar as sociedades, uma variedade de crenças e religiões. Também percorrerá várias partes do mundo: África, Ásia, América, Europa.

Prepare-se para ampliar seus horizontes, relacionando a rua ou o bairro onde você mora com a História do Brasil e do mundo.

Tais viagens são possíveis por meio do estudo da História. Não apenas com base na leitura do livro, mas pelas atividades que a coleção sugere, pelas imagens de outras épocas que ela oferece.

Procuramos fazer uma coleção que o envolvesse nas tramas da História, evitando contá-la somente a partir das grandes datas e dos nomes famosos. Muitos assuntos são contados do ponto de vista individual, seja de um personagem ilustre, como um rei, seja de uma pessoa comum, como um camponês, um escravo. Outras vezes, colocamos a História em cena a partir de algum episódio, uma trama específica, ou mesmo de algum personagem que só existiu na imaginação de indivíduos que viveram em outras épocas.

Ao longo desta coleção, vocês encontrarão também muitos episódios violentos, guerras e até mesmo atitudes preconceituosas. Revoluções e bombas. Pessoas escravizando outros homens e mulheres. Governos empenhados em exterminar populações inteiras. Conflitos e tragédias provocados pelos interesses materiais e ambições políticas da Humanidade, em vários tempos.

As lutas pela sobrevivência, pela riqueza ou pelo poder marcam a História desde que o ser humano surgiu no planeta até os dias atuais.

Nesse sentido, esta coleção procura estimular a consciência de que todos devem buscar viver com dignidade e respeito aos direitos humanos, sociais, políticos, em defesa dos direitos civis de cada cidadão.

Estudar História é um passo decisivo para despertar a consciência cidadã de cada um, estimular a valorização da liberdade individual, o combate às desigualdades sociais e a luta contra todo tipo de preconceito.

Os autores

Bitwissedition/AKG-Images/Latinstock

CONHEÇA ESTE LIVRO

Esta obra está organizada em unidades e capítulos. Neles, os temas são desenvolvidos ao longo do texto e em diferentes seções e boxes, cada um com uma finalidade. Vamos conhecer essa estrutura?

ABERTURA DE UNIDADE

Apresenta, em uma dupla de páginas, uma imagem representativa do contexto que será estudado, além de um quadro ("Vamos estudar") e um texto que resumem e explicitam os principais conteúdos.

ABERTURA DE CAPÍTULO

Traz um texto de introdução e uma imagem relacionados ao tema desenvolvido ao longo do capítulo.

TEXTO PRINCIPAL

Além dos processos e acontecimentos históricos, aborda em cada capítulo um personagem principal (pessoas comuns ou célebres, por vezes um personagem mitológico) ou um evento, articulando a História com episódios particulares.

Puxando pela memória

Boxe no início e no final de cada capítulo com o objetivo de relacionar conhecimentos prévios ao tema em questão.

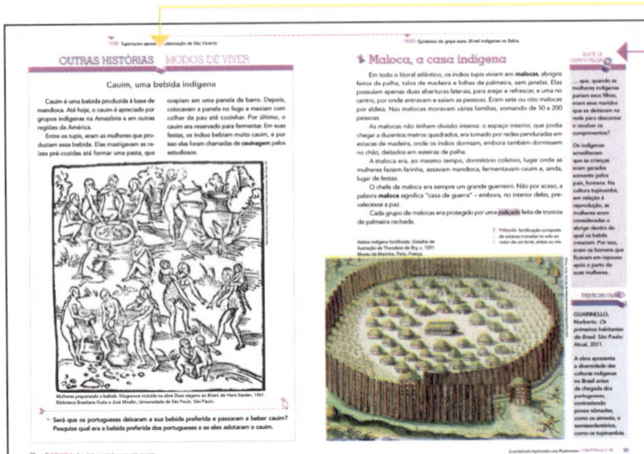

OUTRAS HISTÓRIAS

Seção que complementa o tema central do capítulo com informações paralelas ao conteúdo ou mais aprofundadas. Há nove subtipos: Artes, Crenças, Personagens, Lugares, Lutas sociais, Modos de viver, Economia, Episódios e Tecnologias.

Você já ouviu falar...

Explica conceitos e termos-chave importantes para a compreensão dos assuntos estudados.

A HISTÓRIA NÃO ESTÁ SOZINHA

Seção que aborda a interdisciplinaridade – a articulação da História com outras disciplinas.

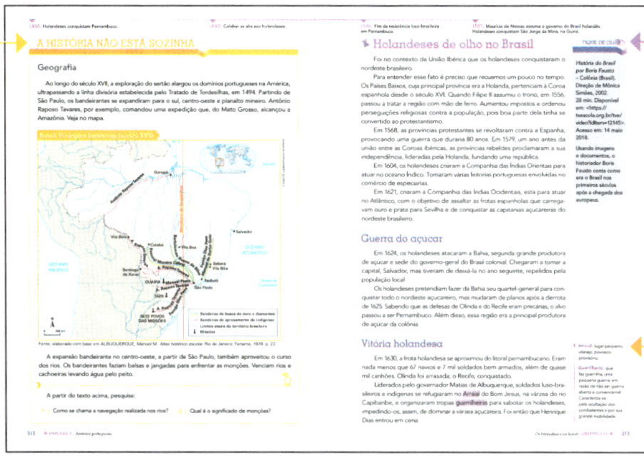

Fique de olho

Sugestões de livros, filmes e *sites*, acompanhadas de breves sinopses.

GLOSSÁRIO

Explicação de palavras ou expressões que aparecem destacadas no texto, facilitando o estudo e a compreensão do tema em questão.

Cá entre nós

Traz assuntos complementares ao texto principal. Por vezes trabalha os conhecimentos prévios.

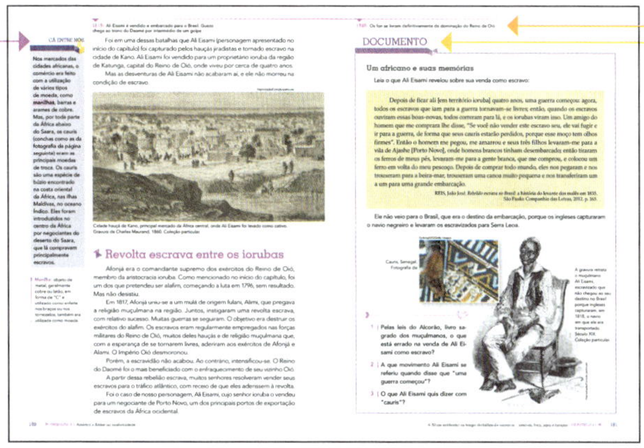

CRONOLOGIA

Disposta no alto das páginas, apresenta fatos marcantes do período em estudo em cada capítulo, organizados em ordem cronológica.

DOCUMENTO

Apresenta fontes documentais escritas ou visuais, complementando e enriquecendo os assuntos desenvolvidos no capítulo.

AO MESMO TEMPO

Seção que traça paralelos entre a sociedade ou processo examinado no capítulo e outras sociedades ou processos da mesma época.

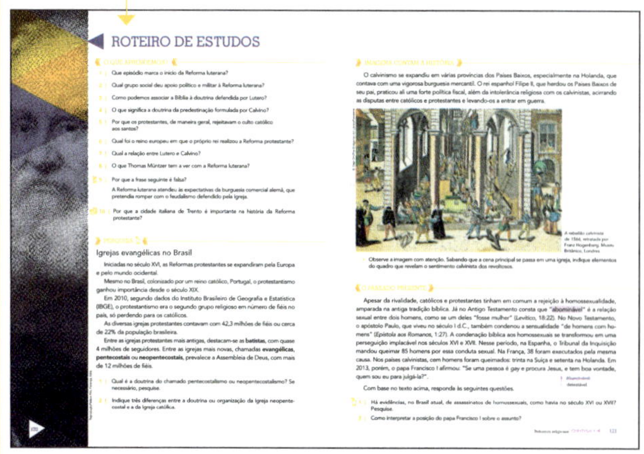

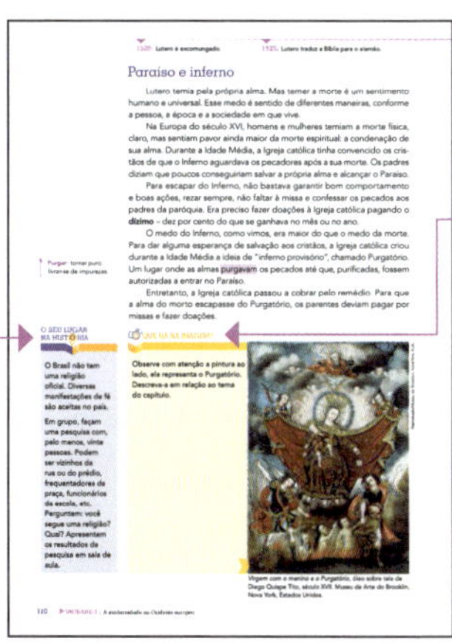

O que há na imagem/no mapa?

Aprofunda a leitura de uma imagem ou de um mapa, relacionando-a/o ao conteúdo do capítulo ou à realidade vivida.

ROTEIRO DE ESTUDOS

Seção que finaliza o estudo de cada capítulo com propostas de atividades diversas, que trabalham as diferentes habilidades e competências relacionadas ao ensino-aprendizagem de História. É dividida em quatro subseções: **O que aprendemos?**, **Pesquisa**, **Imagens contam a história** e **O passado presente**.

O seu lugar na História

Boxe que estimula a pesquisa de campo, articulada à História e às experiências locais.

Você encontrará atividades com os seguintes ícones:

desafio pesquisa interdisciplinar dupla grupo individual

SUMÁRIO

UNIDADE 1

MUDANÇAS NO FEUDALISMO E A EXPANSÃO ATLÂNTICA EUROPEIA

UNIDADE 2

SOCIEDADES AMERÍNDIAS E CONQUISTA EUROPEIA

UNIDADE 4

AMÉRICA E ÁFRICA NA MODERNIDADE

Capítulo 9

Pirataria e colonização nas Américas 142

Capítulo 10

A África centro-ocidental no tempo do tráfico de escravos 158

Capítulo 11

A África ocidental no tempo do tráfico de escravos – iorubas, fons, jejes e hauçás 170

UNIDADE 5 AMÉRICA PORTUGUESA

The Stapleton Collection/The Bridgeman Art Library/Fotoarena

VAMOS ESTUDAR

- COMÉRCIO E CIDADES NO FEUDALISMO
- A SOCIEDADE MEDIEVAL EM CRISE
- EXPANSÃO MARÍTIMA EUROPEIA
- NAVEGANDO PARA A ÁFRICA E O ORIENTE
- AMÉRICA, UM NOVO MUNDO PARA OS EUROPEUS

Créditos das imagens de baixo para cima: The Moneylender and His Wife by Quentin Massys; De Agostini Picture Library/Easypix; Erich Lessing/Album/Latinstock/ Biblioteca Nacional, Paris, França.

Representação de embarcações europeias e monstros marinhos. Gravura do século XVI, de Jean Collaert. Coleção particular.

1

UNIDADE

MUDANÇAS NO FEUDALISMO E A EXPANSÃO ATLÂNTICA EUROPEIA

A partir do século XV, os europeus deram início às grandes navegações oceânicas. Os portugueses tomaram a dianteira, desbravando o oceano Atlântico, depois o Índico. A Europa alargou seus horizontes geográficos.

Enfrentar os mares era motivo de pânico, pois, na sociedade da época, acreditava-se que os mares eram a morada de monstros. Apesar de apoiados na melhor tecnologia da época, os europeus continuavam acreditando em criaturas sobrenaturais. Enfrentaram o medo, conheceram diferentes povos sobre os quais nunca tinham ouvido falar e chegaram a terras distantes, batizando-as de América.

Marco Polo, mosaico italiano de Eurico Podio, 1867. Palácio Tursi, Gênova, Itália.

Leemage/Hulton Fine Art Collection/Getty Images

CAPÍTULO 1

MUDANÇAS E CRISE DA SOCIEDADE MEDIEVAL

Marco Polo nasceu em 1254 na cidade italiana de Veneza.

Seu pai, Niccolo Polo, um rico comerciante de produtos do Oriente, só o conheceu quando retornou de uma longa viagem pela Ásia com o irmão, Maffeo, muitos anos depois, em 1271, quando Marco tinha 17 anos. Mas logo partiram novamente para a Ásia, desta vez levando o jovem Marco, que, por tudo que aprendeu sobre navios, moedas e técnicas de comércio, não teve nenhuma dificuldade em se adaptar ao mundo mercantil. Atraídos pelas riquezas da região, alcançaram o Império Mongol de Kublai Khan e lucraram tanto com suas transações comerciais que só retornaram a Veneza 24 anos depois. As peripécias e aventuras desta longa viagem foram narradas em um livro que ficou muito famoso, chamado *As Viagens* ou *O Livro das Maravilhas*.

Marco Polo morreu em 1324, deixando a esposa e três filhas. Sua vida é um exemplo das transformações provocadas pelo grande desenvolvimento do comércio e das cidades iniciado no século XI, levando a Europa para uma nova etapa de sua história.

PUXANDO PELA MEMÓRIA

Burgo vem da palavra *burgus*, que em latim significa "pequena fortaleza", "povoado". Hoje existem pessoas que são consideradas burguesas. Sabendo disso, você sabe o que significa **burguês**?

Créditos das imagens de baixo para cima: Daniel Thierry/Photononstop/Diomedia; SPL/Latinstock/Biblioteca Britânica, Londres, Inglaterra; Tarker/The Bridgeman Art Library/Fotoarena; Photo Josse/Leemage/Corbis Historical/Getty Images; Leemage/Hulton Fine Art Collection/Getty Images; The Stapleton Collection/The Bridgeman Art Library/Fotoarena.

Crescimento do comércio

Na Baixa Idade Média, a partir do século XI, uma série de fatores contribuíram para o desenvolvimento do comércio e a recuperação das cidades, provocando grandes transformações sociais.

O aumento da produção no campo permitiu aos camponeses destinar uma parte dos alimentos cultivados ao comércio. A população das cidades voltou a crescer e surgiram novas rotas mercantis. Diante desse cenário favorável, os comerciantes voltaram a ser figuras comuns na paisagem medieval. No entanto, a Europa do Ocidente enfrentou uma grande crise no século XIV, que resultou no fim do feudalismo.

A provável rota de Marco Polo (século XIII)

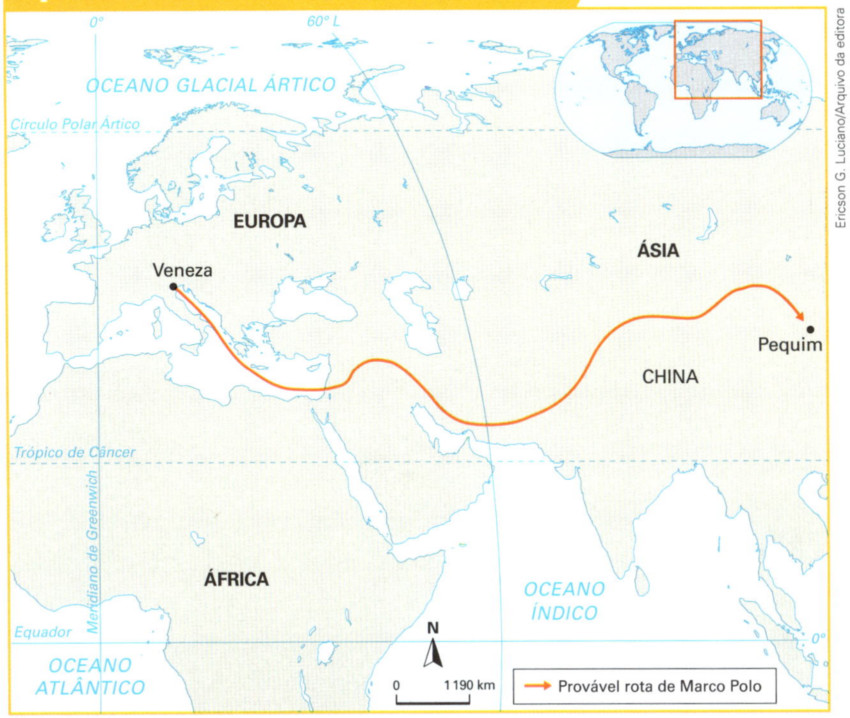

Fonte: elaborado com base em ALBUQUERQUE, Manoel Maurício de; REIS, Arthur Cézar Ferreira; CARVALHO, Carlos Delgado de. *Atlas histórico escolar*. Rio de Janeiro: Fename, 1980. p. 112-113.

A HISTÓRIA NÃO ESTÁ SOZINHA

Geografia

Marco Polo retornou a Veneza em 1295. Três anos depois, comandou uma guerra contra a cidade de Gênova, onde foi capturado e preso. Na cadeia, ditou a um colega de cela toda a viagem que havia realizado. Esse relato foi organizado em um livro, que ficou conhecido como *As Viagens* ou *O Livro das Maravilhas*. Foi traduzido para o latim em 1315, e em 1471 foi impresso. O livro se tornou um sucesso, tendo várias edições.

As histórias relatadas no livro de Marco Polo eram tão fantásticas que os leitores não acreditavam que fossem verdadeiras – e talvez algumas não fossem mesmo. Somente no século XIX os pesquisadores confirmaram várias informações lá contidas. Muitos lugares do Oriente até então desconhecidos foram descobertos por meio de sua narrativa.

1 | Compare o mapa desta página com um planisfério atual e cite três países que existem em nossos dias que são atravessados pela rota de Marco Polo.

2 | Qual foi a importância do livro de Marco Polo para os conhecimentos geográficos naquela época?

3 | Em sua opinião, como um relato de viagem pode incentivar outras pessoas a viajar?

Um mundo em transformação

Por que as atividades comerciais cresceram na Baixa Idade Média?

A partir do século XI a produção de alimentos aumentou muito. Com isso, o excedente passou a ser comercializado, levando ao crescimento da população e à melhoria das condições de vida. Depois, com as Cruzadas, os comerciantes europeus tiveram acesso às rotas comerciais marítimas que haviam sido bloqueadas pelos muçulmanos, principalmente àquelas que utilizavam o mar Mediterrâneo. O comércio entre o Oriente e a Europa cresceu. O consumo entre os membros do clero e os nobres foi estimulado, passando ambos a comprar produtos de luxo que não existiam no Ocidente.

Excedente: tudo aquilo que ultrapassa, que sobra.

Rotas e feiras comerciais

O mar Mediterrâneo voltou a ter um comércio importante com destaque para as cidades italianas de Veneza e Gênova, importantes centros de comércio de produtos que vinham do Oriente, como especiarias, perfumes, marfim, porcelanas e tecidos, tão cobiçados pela nobreza europeia.

Outras rotas comerciais marítimas incluíam o mar do Norte e o mar Báltico, nas quais se destacaram algumas cidades da Alemanha.

O contato entre todas essas regiões foi intenso, formando-se novas rotas por terra, por rio e por mar. Podemos destacar as rotas terrestres do noroeste da Europa, importante centro de comércio e produção de tecidos de lã.

Nos cruzamentos dessas rotas, locais de encontro dos mercadores, surgiram feiras de comércio. As mais ricas e importantes foram as da região da Champagne, na França.

Rotas comerciais marítimas e terrestres na Baixa Idade Média

Ericson G. Luciano/Arquivo da editora

Fonte: elaborado com base em ARRUDA, José Jobson de. *Atlas histórico básico*. São Paulo: Ática, 2009. p. 17.

OUTRAS HISTÓRIAS LUGARES

Veneza

Ebenezer Mongoose/Shutterstock

Vista do Canal Grande, em Veneza, Itália. A principal característica da cidade é a existência de canais que atravessam o centro urbano. Fotografia de 2018.

Veneza é uma cidade formada por diversas ilhas e cortada por muitos canais. É chamada de "Rainha do Adriático" por ser banhada por esse mar. Ficou muito famosa durante a Idade Média.

A cidade se libertou do Império Romano do Oriente no início do século IX. Desde então, os venezianos promoveram um próspero comércio com a Ásia. Era em Veneza que as maiores rotas de comércio terminavam, como a Rota da Seda.

Veneza foi uma das maiores potências marítimas e comerciais da Idade Média, com numerosa frota de navios. Por lá passavam mercadores de todas as origens, com seus navios abarrotados de produtos de luxo, como sedas, pedras e especiarias, adquiridos nos locais mais longínquos do Oriente.

Ao longo de sua história, Veneza entrou em guerra com outras cidades, disputando o domínio de locais estratégicos desse lucrativo comércio.

No século XIV, enquanto o resto da Europa sofria com a fome e a pobreza, Veneza se tornava a principal potência comercial e marítima do Mediterrâneo.

- Qual foi a importância econômica da cidade de Veneza durante a Idade Média?

Feiras e associações

As feiras eram itinerantes, ficavam cerca de quatro semanas em cada cidade e reuniam comerciantes de várias partes da Europa. Elas também assumiam um caráter festivo, com a apresentação de vários músicos e artistas. O bom funcionamento e a segurança das feiras eram garantidos pela proteção dos senhores feudais, que enviavam homens em troca do pagamento de taxas pelos mercadores.

Para organizar suas atividades, os mercadores formaram associações, como a Hansa Teutônica, ou Liga Hanseática, criada em 1161. Essa organização chegou a abrigar comerciantes de noventa cidades alemãs, que controlavam o comércio do mar Báltico. Outra organização foi a Hansa das Dezessete Cidades, que reuniu mercadores de cidades holandesas.

Bancas e moedas

Com o crescimento do comércio, a circulação de moedas na Europa aumentou bastante. Entre os séculos XII e XIII, ouro e prata foram comercializados do Oriente até o Ocidente para confeccioná-las. Seu uso voltou a se disseminar não apenas entre comerciantes, mas também entre servos e senhores. Algumas taxas que os servos deviam aos seus senhores podiam ser pagas em moeda.

Photo Josse/Leemage/Corbis Historical/Getty Images

O banqueiro e sua mulher, óleo sobre painel de Quentin Matsys, 1514. Museu do Louvre, Paris, França.

O comércio e a circulação monetária criaram entre os mercadores uma nova atividade: a troca de moedas de diferentes lugares, realizada em bancas montadas nas feiras por pessoas que ficaram conhecidas como banqueiros. As bancas também guardavam moedas dos comerciantes, para evitar que eles fossem roubados nas viagens, e emprestavam dinheiro, mas com cobrança de juros.

Juros: cobrança pelo empréstimo de uma quantia em dinheiro.

As cidades medievais

As cidades foram fundamentais para o sucesso do comércio ao mesmo tempo que o comércio proporcionou também o progresso das cidades. Nesse período, cidades que haviam sido abandonadas após o colapso do Império Romano do Ocidente foram repovoadas, e outras tantas surgiram, havendo um grande aumento delas entre 1150 e 1300.

A partir do século XI, com o aumento da produção de alimentos, a população rural crescia cada vez mais. Parte dessa população abandonou o campo para se dirigir às cidades, fugindo da exploração de seus senhorios e buscando melhores condições de vida.

Nas cidades, eram comercializados alimentos e matérias-primas, como lã, couro e ferro. A produção artesanal também se expandiu. Os artesãos, como os mercadores, passaram a se organizar de acordo com sua profissão (carpinteiros, pintores, ferreiros, etc). Essas organizações foram chamadas de corporações de ofício.

De Agostini/Getty Images

Representação de artesãos trabalhando. Ilustração de manuscrito italiano do século XV. Coleção particular.

Novas cidades

Ao longo das rotas comerciais e nos locais onde as feiras eram realizadas, surgiram novas cidades. Muitas pessoas passaram a habitar nas regiões em que os mercadores paravam para realizar seus negócios ou mesmo descansar.

Também surgiram cidades nos arredores dos castelos, dos mosteiros e das grandes propriedades senhoriais. Os comerciantes eram obrigados a pagar uma taxa para atravessar as cidades que surgiram em regiões pertencentes aos senhores feudais. Algumas delas – as **comunas** – acabaram se tornando independentes.

Burgueses

As cidades medievais eram protegidas por muralhas, pois a segurança continuava sendo um problema na Baixa Idade Média. Os habitantes dessas cidades muradas – chamadas de **burgos** – ficaram conhecidos como **burgueses**. A maioria desses habitantes era composta de comerciantes e, por isso, as palavras **burguês** e **burguesia** acabaram sendo utilizadas para nomeá-los.

Como vimos, com o crescimento urbano, muitos servos fugiram em direção às cidades. Como consequência, a exploração sobre aqueles que permaneceram nos senhorios aumentou. Para comprar os produtos de luxo vindos do Oriente, os senhores aumentaram os impostos cobrados dos servos. E, para aumentar as vendas dos produtos agrícolas nas cidades, passaram a exigir que os servos trabalhassem ainda mais.

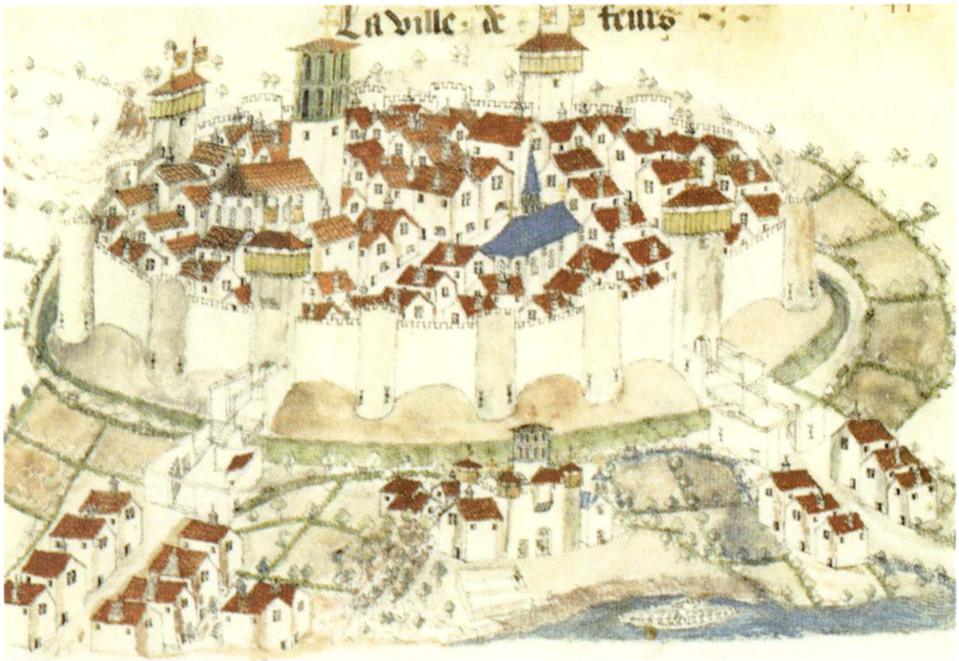

A cidade de Feurs, ilustração do Armorial de Guillaume Revel, século XV. Biblioteca Artes Figurativas, Paris, França.

Universidades

Na Idade Média, a cultura, o ensino e o saber estavam subordinados à Igreja. A educação era destinada somente aos jovens que se tornariam religiosos. A maioria da população era analfabeta. Até o século XII, o ensino ocorria nos mosteiros da Europa do Ocidente. Depois, começaram a surgir escolas também nas cidades, dentro das catedrais.

Muitos filhos de mercadores sentiram necessidade de estudar para o melhor desenvolvimento das atividades mercantis. Afinal, saber ler, escrever e calcular era muito importante para fazer bons negócios. O acesso às escolas foi aos poucos deixando de ser uma exclusividade dos clérigos. Inicialmente, um grupo de estudantes se reunia com um professor para discutir vários assuntos. Com o tempo, algumas dessas escolas foram se juntando e se transformaram em universidades, instituições de ensino típicas das cidades medievais. Os cursos oferecidos eram Teologia, Direito, Artes e Medicina.

A universidade mais antiga do mundo é a de Bolonha, na Itália, fundada em 1088 e em funcionamento até hoje. Depois surgiram outras, como a de Paris (1150), na França, a de Oxford (1167), na Inglaterra, a de Modena (1175), na Itália, e a de Cambridge (1209), na Inglaterra.

VOCÊ JÁ OUVIU FALAR...

... que a Idade Média teve alguns pensadores muito importantes, como Pedro Abelardo, Alberto Magno e Tomás de Aquino? Esses filósofos tentaram explicar a existência de Deus com base nas ideias de pensadores gregos, como Platão e Aristóteles.

A crise do século XIV

O século XIV foi um período difícil na história da Europa do Ocidente, no qual ocorreram inúmeras crises de fome. Mesmo com o aumento da produção agrícola, a quantidade de comida não foi suficiente para alimentar tanta gente. Com os efeitos da crise, o artesanato, o comércio e a circulação de moedas também diminuíram. Muitos dos que resistiram à fome não sobreviveram às doenças.

Os grandes proprietários desmataram bosques e florestas para aumentar as áreas de cultivo. Esse desmatamento modificou o clima e o volume de chuvas na Europa e, entre 1314 e 1317, tempestades acabaram com colheitas, diminuindo a quantidade de alimentos e, consequentemente, elevando os preços dos produtos agrícolas. A fome passou a fazer parte do dia a dia da população.

DOCUMENTO

A fome

A falta de alimentos foi um dos fatores que agravaram a crise do século XIV. Leia o texto e responda às questões.

> Menos de oito dias depois, o trigo e a farinha encareceram de tal modo que o sesteiro de trigo valia [...] 30 francos da moeda então corrente, e a boa farinha 32 francos [...]. Foi um mau pedaço para os pobres e para os padres sem meios, que mal recebiam dois soldos parisienses por uma missa. Para se alimentarem, não comiam os pobres senão couves e nabos sem pão e sem sal [...]. Sobre o monte de esterco em Paris podiam se encontrar, aqui e ali, vinte, trinta crianças, meninos ou meninas, morrendo de fome e de frio [...]. Mas os pobres chefes de família não podiam vir em sua ajuda, sem pão, sem trigo, sem madeira nem carvão. E o pobre povo estava tão aflito dia e noite que as pessoas não podiam ajudar-se umas às outras [...].
>
> JOURNAL d'un bourgeois en Paris pendant la guerre de Cent ans. In: DUBY, George. *A Europa na Idade Média*. São Paulo: Martins Fontes, 1988. p. 157.

1 | Por que os preços dos produtos aumentaram tanto no século XIV?

2 | Com base no documento, caracterize a situação na cidade de Paris no século XIV.

O SEU LUGAR NA HISTÓRIA

As universidades mais antigas da América datam do século XVI. São elas: a Universidade de Santo Domingo, na República Dominicana (1538); a Universidade de São Marcos, no Peru (1551); e a Universidade Autônoma do México (1551).

No município ou estado onde você mora, há alguma universidade? Faça uma pesquisa sobre os cursos oferecidos por ela, escolha um curso que você faria e explique para os colegas por que você escolheu esse curso.

Exploração dos servos

Tarker/The Bridgeman Art Library/Fotoarena

Representação da revolta dos camponeses liderada por Wat Tyler, em 1381. Iluminura do século XV. Coleção particular.

A diminuição da população agrícola levou à exploração dos servos pelos senhores. O excesso de trabalho e os altos impostos fizeram com que eles se rebelassem. A destruição de propriedades, a invasão de castelos e as lutas contra os exércitos dos senhores feudais foram algumas ações realizadas pelos servos.

Vários deles, que haviam fugido para as cidades em busca de melhores condições de trabalho, tiveram dificuldade em encontrar novas ocupações. A remuneração era baixa e os preços dos produtos eram altos. Muitos senhores também perderam suas fortunas e suas terras e foram viver nas cidades.

OUTRAS HISTÓRIAS LUTAS SOCIAIS

Jacquerie

A condição dos camponeses no século XIV era de penúria. Encontravam-se arrasados pela fome, pelas doenças e pelos conflitos e guerras em que se viam envolvidos.

Em 1358, os camponeses do norte da França se revoltaram de uma forma nunca vista antes. Aproximadamente 20 mil camponeses foram mortos, massacrados pelos exércitos dos senhores feudais.

Os camponeses franceses eram conhecidos como *jacques*, um nome então comum na França. A revolta, assim, acabou sendo chamada Jacquerie.

Erich Lessing/Album/Latinstock/Biblioteca Nacional, Paris, França.

Gaston e Jean de Grailli carregam os jacques e os parisienses que tentam tomar a fortaleza do mercado de Meaux. Ilustração de Jean Froissart, século XV. Biblioteca Nacional Francesa, Paris, França.

- Explique a situação dos servos no século XIV.

A peste negra

Epidemia: número muito grande de casos de uma doença.

A fome não foi o único problema enfrentado no século XIV. A população europeia teve de enfrentar outra situação dramática: a epidemia de peste bubônica, também conhecida como peste negra, uma doença extremamente contagiosa e fatal. Rapidamente a doença se espalhou pela Europa, atingindo milhões de pessoas.

Com uma população desnutrida, em péssimas condições de higiene, com lixo e esgoto pelas ruas, a doença encontrou ambiente propício para se desenvolver. Aldeias inteiras foram arrasadas. Não existiam remédios na época que fossem eficientes e os médicos não sabiam como curar a doença. Cerca de um terço da população europeia morreu entre 1348 e 1350.

Acreditava-se, na época, que a peste era uma punição de Deus. Foi um período tão difícil na história da Europa que muitas pinturas da época retrataram a doença e o flagelo que ela causou.

A doença se originou no Oriente e chegou à Europa através dos ratos infectados por uma bactéria, transportados em navios de mercadores genoveses. As pulgas que mordiam esses roedores foram responsáveis pela transmissão da doença para os seres humanos. As causas da peste negra só foram descobertas no século XIX.

Médico veneziano usando roupa protetora contra a peste. Ilustração de Jan Van Grevenbroeck, século XVIII. Museu Correr, Veneza, Itália.

O triunfo da morte, óleo sobre painel de Pieter Bruegel, 1562. Museu do Prado, Madrid, Espanha.

FIQUE DE OLHO

MACEDO, José Rivair. *Movimentos populares na Idade Média*. São Paulo: Moderna, 2013. (Coleção Desafios)

O livro traz os principais motivos que levaram camponeses e artesãos a se rebelarem durante a Idade Média na Europa ocidental.

O fortalecimento do poder real

Durante a Baixa Idade Média, alguns reis feudais, como os da França e da Inglaterra, foram se fortalecendo: centralizaram a Justiça, formaram exércitos e criaram moedas próprias.

Mas, com isso, os nobres e cavaleiros foram perdendo seu prestígio e poder. Como muitos deles haviam perdido suas terras, não tinham mais como conseguir vassalos. As armas que eles utilizavam foram se tornando ultrapassadas. Os novos exércitos, como o dos ingleses, já utilizavam arcos longos, de grande alcance e precisão, além de armas de fogo, usadas pela primeira vez na Europa em 1324.

A Guerra dos Cem Anos

Em 1337, a nobreza francesa e a inglesa, enfraquecidas, entraram em um longo conflito, que se estendeu até 1453, a chamada **Guerra dos Cem Anos**. Este conflito se tornou mais um fator que agravou a crise do século XIV, marcada pela fome e pela peste.

O motivo da guerra foi a disputa pela sucessão do trono francês. Desde o século XI, nobres franceses e ingleses eram ligados por parentesco, por casamentos e por relações de vassalagem. Como ainda não existia a ideia de um país como conhecemos hoje, as terras do Reino da Inglaterra e do Reino da França podiam pertencer a nobres de ambos os reinos.

O rei francês Carlos IV havia morrido em 1328 sem deixar herdeiros. Seu sobrinho, o rei inglês Eduardo III, reivindicou o trono francês, mas quem acabou assumindo foi o francês Felipe de Valois, primo de Carlos IV. A nobreza inglesa reagiu, dando início à guerra.

Outro ponto de conflito entre os dois reinos foi a disputa pela região da Flandres, no norte da França, grande produtora de lã. A vitória final coube à França, que conseguiu finalmente expulsar os ingleses dessas terras, fortalecendo assim o poder do rei.

O fim da Idade Média

Novos tempos estavam por vir na história da Europa, diante de todos os problemas enfrentados no século XIV.

O feudalismo entrou em uma profunda crise. O período conhecido como Idade Média havia chegado ao fim.

Um dos episódios marcantes dos novos tempos, quando a Europa já havia superado a crise, foi a chegada dos portugueses ao Oriente no século XV, navegando o Atlântico e contornando a África. Chegaram a lugares onde, até aquele momento, poucos europeus haviam chegado. Graças às narrativas de Marco Polo na Idade Média, os portugueses sabiam onde estavam pisando.

Mulheres na Idade Média

Durante a Baixa Idade Média, a maioria das mulheres estava voltada para o casamento, que era arranjado pela família ou até mesmo pelos senhores feudais. Em geral, a vida em família e as atividades do lar eram suas principais preocupações.

Isso não quer dizer que elas não tivessem outras atividades. As camponesas trabalhavam na agricultura com o restante da família, enquanto aquelas que moravam nas cidades ajudavam os maridos no comércio local. Algumas profissões eram exclusivamente femininas, como a manufatura dos tecidos.

Algumas delas eram poderosas proprietárias de terras. Estudiosos do período medieval na França constataram que, dos 279 domínios franceses, 58 pertenciam a mulheres, um número superior ao que se imaginava.

Outras mulheres também conseguiram se destacar pela inteligência, superando as dificuldades de acesso ao conhecimento impostas pelos homens. Cristina de Pisano, que viveu na França na primeira metade do século XIV, é um exemplo: era uma estudiosa, sabia latim, filosofia, escrevia poesias e textos sobre os direitos da mulher.

The Bridgeman Art Library/Fotoarena

Mulheres realizando trabalhos manuais, em ilustração do século XV. Detalhe de afresco no palácio Schifanoia, Ferrara, Itália.

- **Discuta com seus colegas quais dificuldades as mulheres enfrentavam nesse período.**

PUXANDO PELA MEMÓRIA

Após o estudo do capítulo, você manteria sua resposta à pergunta da página 12?

Créditos das imagens de baixo para cima: Daniel Thierry/Photononstop/Diomedia; SPL/Latinstock/Biblioteca Britânica, Londres, Inglaterra; Tarker/The Bridgeman Art Library/Fotoarena; Photo Josse/Leemage/Corbis Historical/Getty Images; Leemage/Hulton Fine Art Collection/Getty Images; The Stapleton Collection/The Bridgeman Art Library/Fotoarena.

ROTEIRO DE ESTUDOS

O QUE APRENDEMOS?

1 | Relacione as corporações de ofício com o comércio ligado aos senhorios.

2 | Cite dois fatores que fizeram com que o comércio se intensificasse a partir do século XI.

3 | Como podemos associar o crescimento do comércio com o surgimento de novas cidades?

4 | Por que a circulação de moedas aumentou durante a Baixa Idade Média?

5 | Cite dois fatores que expliquem a fome sofrida pela população europeia no século XIV.

6 | Explique, com suas próprias palavras, por que a nobreza feudal perdeu força na Baixa Idade Média.

7 | Quais eram as principais ocupações da maioria das mulheres na Idade Média?

8 | Qual a relação entre a burguesia e as cidades?

9 | Por que a frase seguinte é falsa?

As feiras medievais eram pequenos mercados instalados nas aldeias dos camponeses.

10 | Por que o mar Mediterrâneo foi importante para o comércio na Baixa Idade Média?

PESQUISA

Uma das grandes personagens da Guerra dos Cem Anos foi uma jovem camponesa chamada Joana D'Arc (1412-1431). Ela realizou várias conquistas para o Reino da França, mas teve um destino trágico. Em 1430, foi capturada e, no ano seguinte, condenada à pena de morte e queimada viva pelos ingleses.

- Em grupo, faça uma pesquisa sobre a história dessa mulher que ainda hoje é considerada uma heroína pelos franceses.

Daniel Thierry/Photononstop/Diomedia

Joana D'Arc na Batalha de Orléans, pintura mural de Jules-Eugène Lenepveu, c. 1890. Panteão, Paris, França.

The Bridgeman Art Library/Fotoarena

IMAGENS CONTAM A HISTÓRIA

Observe a imagem ao lado e responda às questões a seguir.

1 | Descreva o personagem representado na imagem e contextualize-o na crise do século XIV.

2 | Explique o título da iluminura: *Morte coroada*.

Erich Lessing/Album/Latinstock/Biblioteca Britânica, Londres, Inglaterra.

Morte coroada, iluminura de autor desconhecido do século XV. Coleção particular.

O PASSADO PRESENTE

Ao longo da história, o ser humano foi vítima de várias epidemias.

Em muitos casos, os conhecimentos científicos não foram suficientes para conter a propagação dos males. Condições ruins de higiene acabaram por favorecer, muitas vezes, a disseminação de doenças, como foi o caso da peste negra na Idade Média.

Uma epidemia que causou inúmeras mortes, séculos depois da Idade Média, foi provocada por um vírus chamado ebola.

Os primeiros surtos de ebola ocorreram no Congo, África, em 1976 e 1995; depois, em Uganda, em 2000; e novamente no Congo, em 2003 e 2007.

Um grave surto de ebola teve início em 2014, na Guiné, e logo se espalhou por países vizinhos. A Organização Mundial de Saúde pediu ajuda a vários países para tentar conter a epidemia. A organização Médicos Sem Fronteiras denunciou como catastrófica a situação.

Como o vírus é muito contagioso e não havia tratamento para combatê-lo, os índices de contaminação eram alarmantes. Além disso, as regiões afetadas tinham pouquíssimos recursos para lidar com a doença. Os pacientes tinham de ficar isolados, e os profissionais de saúde tinham de usar equipamentos especiais para tratar os doentes.

1 | Como países de outros continentes ajudaram países africanos no combate à doença?

2 | Discuta com seus colegas quais podem ser as diferenças de tratamento entre um surto epidêmico em um país com muitos recursos e em outro, com poucos.

3 | Pesquise uma epidemia que tenha ocorrido no Brasil e as medidas que foram tomadas para conter sua propagação. Apresente os resultados da sua pesquisa para a turma.

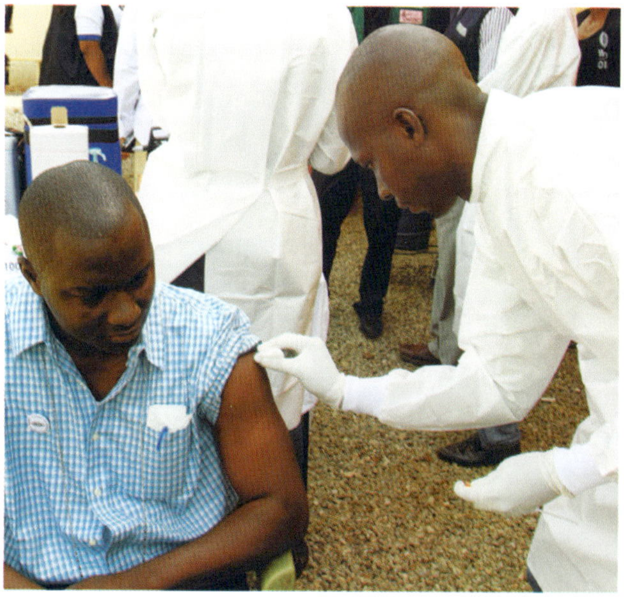

Youssouf Bah/Associated Press/Glow Images

Profissional da saúde limpando o braço de um homem antes de aplicar vacina contra ebola em Conacri, Guiné. Fotografia de 2015. Nessa época, uma vacina experimental foi testada em milhares de pessoas expostas ao vírus do ebola, na Guiné.

Representação de caravela nos tradicionais azulejos portugueses, Lisboa, Portugal. As caravelas não eram navios grandes. Ao contrário das pesadas barcas que navegavam no Mediterrâneo, a caravela era um navio adequado para carregar pequenas quantidades de mercadorias de alto valor. A tripulação das caravelas era de apenas 20 homens aproximadamente, que geralmente dormiam no convés, exceto quando chovia. Fotografia de 2017.

Alessandro0770/Deposit Photos/Glow Images

CAPÍTULO 2

A EUROPA DAS NAVEGAÇÕES OCEÂNICAS

PUXANDO PELA MEMÓRIA

Você conhece a relação entre cravo, canela, noz-moscada, pimenta e a expansão marítima europeia do século XV?

Créditos das imagens de baixo para cima: The Picture Desk/Agência France-Presse; The Bridgeman Art Library/Easypix; White Images/Scala, Florença, Itália.; The Bridgeman Art Library/Easypix; De Agostini Picture Library/Getty Images; akg-images/ Latinstock

A partir do século XII, os europeus começaram a estreitar seus contatos com o Oriente. Através das rotas comerciais terrestres e pelo mar Mediterrâneo, chegavam especiarias e tecidos da Índia e da China, mas esse comércio era controlado pelos muçulmanos. Os europeus, então, centraram esforços para chegar à terra das especiarias por outro caminho: o mar.

A expansão marítima europeia foi uma aventura de altos riscos. Muitos navegadores queriam chegar ao Oriente, onde havia muitas riquezas, mas poucos faziam ideia de qual caminho tomar. Várias embarcações não chegaram ao lugar desejado, naufragando nos mares agitados pelas tempestades. Muitos marujos morreram afogados ou devorados por tubarões.

Os portugueses levaram quase um século costeando a África até chegar ao oceano Índico. Apesar dos riscos dessas viagens, os ganhos dos comandantes e marinheiros eram gratificantes. A expansão marítima foi estimulada pelo lucro, mas também por um motivo religioso: expandir o cristianismo no mundo.

Bartolomeu, o navegador

Na cidade de Lisboa, em agosto de 1487, a esquadra portuguesa partiu para o oceano Atlântico. Não era a primeira vez que os portugueses navegavam em alto-mar, mas essa viagem era especial, pois a missão envolvia grande risco.

Os navegadores portugueses deveriam contornar o continente africano e ultrapassar o sul da África, rumo ao oceano Índico. Ninguém tinha ousado realizar uma expedição como essa.

O rei dom João II escolheu o navegador Bartolomeu Dias para comandar a expedição. Bartolomeu era muito estudioso, além de experiente. Conhecia Matemática e Astronomia e já tinha comandado outras viagens pela costa africana.

A tripulação estava ansiosa e apavorada. O medo era justificado, pois a esquadra tinha de atravessar a parte mais ao sul do continente africano, conhecida como cabo das Tormentas. Ali, ondas gigantescas atingiam mais de 15 metros de altura. Muitos achavam que a missão seria impossível.

Representação do navegador português Bartolomeu Dias. Gravura de autor desconhecido, século XIX. Coleção particular.

De Agostini Picture Library/Easypix

Esquadra: conjunto de navios.

Tripulação: equipe que realiza as operações em determinado meio de transporte (no caso, em navios).

Cabo: porção de terra que avança em direção ao mar.

Cabo da Boa Esperança, gravura de William Huggins, século XIX. As ondas do cabo da Boa Esperança dificultavam a navegação marítima. Coleção particular.

De Agostini Picture Library/Getty Images

FIQUE DE OLHO

AMADO, Janaína. *A magia das especiarias*. São Paulo: Atual, 1999.

Narrativa ilustrada sobre o fascínio das grandes navegações e a importância das especiarias orientais.

Um difícil desafio

Os navegadores europeus temiam o oceano Atlântico. Eles já realizavam longas viagens marítimas, desde a Antiguidade, pelo mar Mediterrâneo. Acreditavam que, se navegassem na mesma direção, logo avistariam terra.

Os navegadores europeus também estavam inseguros em relação ao que poderiam encontrar nos continentes africano e asiático. A África era um mistério e quase nada sabiam sobre a Ásia, exceto que era rica em especiarias. O principal relato que circulava na época era o do mercador italiano Marco Polo, que tinha viajado para o Oriente durante o século XIII. Mas essas informações que circulavam não serviam como roteiro de viagem, pois Marco Polo tinha viajado pelo Mediterrâneo e depois seguiu rotas terrestres até chegar à China.

1 Conhecimentos geográficos e religião

O conhecimento geográfico dos europeus no final da Idade Média não estava baseado somente em observações da natureza, mas também em relatos de viajantes, em fábulas e, principalmente, no modo como a Igreja católica representava o mundo. Muitas pessoas da época da expansão marítima europeia achavam que nosso planeta era o centro do Universo, conforme dizia a Igreja católica.

Representação de monstros marinhos atacando embarcações. Gravura de c.1560. Os navegadores acreditavam que no oceano havia seres amedrontadores e perigosíssimos. Biblioteca Nacional Braidense, Milão, Itália.

Costa/Leemage/Easypix

1434: Gil Eanes dobra o cabo Bojador, na costa ocidental africana.

Os mapas-múndi medievais, por exemplo, misturavam conhecimentos geográficos e religiosos. Os pontos de referência dos mapas eram Jerusalém – cidade sagrada para o cristianismo, vista como o centro do mundo – e o paraíso terrestre, lugar onde teriam vivido Adão e Eva antes do pecado original, segundo a Bíblia.

As fábulas também influenciaram o saber náutico e geográfico dos europeus, alimentando o imaginário deles. Durante muito tempo, eles acreditaram que, se navegassem no oceano Atlântico, os navios seriam devorados por monstros terríveis que saíam das águas ou que as embarcações seriam afundadas por ondas gigantescas. E, caso conseguissem alcançar o destino, os navegadores ainda poderiam encontrar homens sem cabeça, outros com corpo humano e cabeça de animal, povos canibais, gigantes, serpentes enormes, feras maiores e mais perigosas do que tigres ou leões...

Mapa-múndi: mapa que oferece uma visão de conjunto do mundo.

Náutico: diz respeito ao que é próprio da navegação.

Canibal: pessoa que se alimenta de carne humana.

Reprodução/Biblioteca Pierpont Morgan, Nova York, EUA.

Mapa-múndi de Rust Hanns, de c. 1480. Esse mapa segue os padrões religiosos do período medieval: o paraíso terrestre é representado no alto, de onde saem os rios Tigre, Eufrates, Nilo e Ganges; no centro está Jerusalém, considerada a cidade da Paixão de Cristo. Biblioteca Pierpont Morgan, Nova York, Estados Unidos.

Na dianteira das navegações

Os perigos reais e imaginários envolvidos na travessia do oceano Atlântico não impediram que os navegadores europeus se lançassem a esse desafio. Para eles, o objetivo de enriquecer compensava o alto risco.

Os navegadores estavam interessados em adquirir diretamente dos produtores algumas riquezas do Oriente, como as sedas e as especiarias, sem precisar comprar das cidades italianas de Veneza e Gênova, que revendiam esses produtos a preços muito altos. Os primeiros europeus que se lançaram à navegação atlântica foram os portugueses, no século XV. Alguns fatores explicam esse pioneirismo de Portugal na corrida em direção ao Oriente pelo oceano Atlântico:

Pioneirismo: qualidade de quem é pioneiro, ou seja, desbravador, que vem na frente.

- Sua localização geográfica era favorável. Situado no sudoeste da Europa, Portugal é banhado pelo oceano Atlântico, facilitando a saída das embarcações.
- Portugal era uma monarquia centralizada e financiava expedições marítimas dando início à expansão no século XV.
- Os portugueses reuniram técnicas náuticas para navegação de longo curso com base em conhecimentos náuticos adquiridos com os árabes, que ocuparam e dominaram durante séculos a península Ibérica, e também com os venezianos e os genoveses.

Vista de Gênova em pintura de Christoforo de Grassi, 1596, baseada em desenho de 1481. Quando Portugal se lançou nas expedições marítimas do oceano Atlântico, Gênova era um dos principais centros comerciais do mar Mediterrâneo. Museu Cívico Naval, Gênova, Itália.

The Bridgeman Art Library/Easypix

» Os recursos econômicos passaram a ser abundantes. Os mercadores portugueses, e também os italianos de Gênova, investiram na aventura portuguesa em busca das Índias. E, tão logo iniciada na África, a expansão marítima tornou-se muito lucrativa.

A importância da Revolução de Avis

A centralização da monarquia em Portugal, ainda no século XIV, favoreceu a expansão marítima, pois foi a Coroa que montou e dirigiu a aventura atlântica. Essa mudança política ocorreu com a Revolução de Avis, em 1383, que rompeu com a dominação do reino espanhol de Castela sobre Portugal.

A Revolução de Avis resultou de uma aliança entre a nobreza, que desejava a autonomia do reino, e os mercadores, interessados no negócio marítimo. Consolidada em 1385, a dinastia de Avis, liderada pelo rei dom João I, iniciou a expansão com a conquista de Ceuta, no Marrocos, em 1415.

AO MESMO TEMPO

Centralização do poder e navegações oceânicas

O pioneirismo português na expansão marítima esteve relacionado, portanto, com a ascensão da dinastia de Avis. Na mesma época, a vizinha Espanha, por exemplo, estava dividida em reinos independentes, como Castela, Aragão, Navarra e Galiza. No sul castelhano ainda havia um reino islâmico bem firme: Granada. Os espanhóis não possuíam um poder centralizado, e ainda lutavam para expulsar os muçulmanos da península Ibérica.

Reconquista cristã na península Ibérica

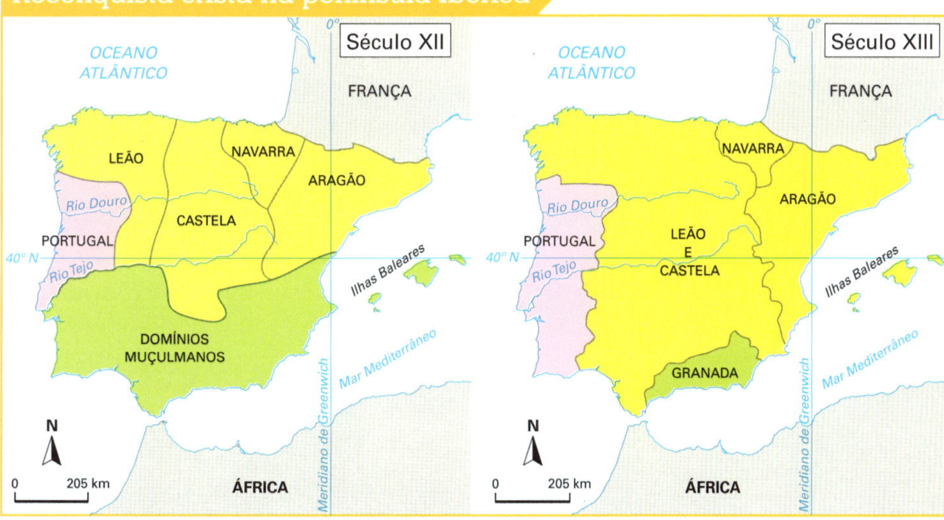

Ericson G. Luciano/Arquivo da editora

Fonte: elaborados com base em VICENTINO, Cláudio. *Atlas histórico.* São Paulo: Scipione, 2011. p. 89; ARRUDA, José Jobson de. *Atlas histórico básico.* São Paulo: Ática, 2009. p. 18.

- **O pioneirismo português tem a ver, entre outras condições, com a Revolução de Avis. O que isso quer dizer?**

Arte de navegar

O que os portugueses sabiam da navegação oceânica? Na teoria, sabiam tudo ou quase tudo. Estudaram os mapas antigos, capricharam no aprendizado dos **portulanos**, mapas técnicos para orientar a navegação. Os portugueses reuniram os melhores sábios da **cosmografia**, isto é, a parte da astronomia que estuda o universo. Afinal, para navegar era preciso conhecer muito bem as estrelas e constelações.

Os portugueses estudaram o que os árabes tinham escrito sobre a arte de navegar. Lembremos que os muçulmanos dominaram o Mediterrâneo durante séculos! Também se apoiaram no conhecimento dos italianos, veteranos no Mediterrâneo. Os judeus fugidos da Espanha também deram sua contribuição, pois entre eles havia muitos estudiosos.

White Images/Scala, Florença, Itália.

Representação de caravela, pintura em azulejo, século XV. Museu Naval, Lisboa, Portugal.

Tonelada: medida que corresponde a 1 000 kg.

Expedições marítimas portuguesas na costa africana (1415-1462)

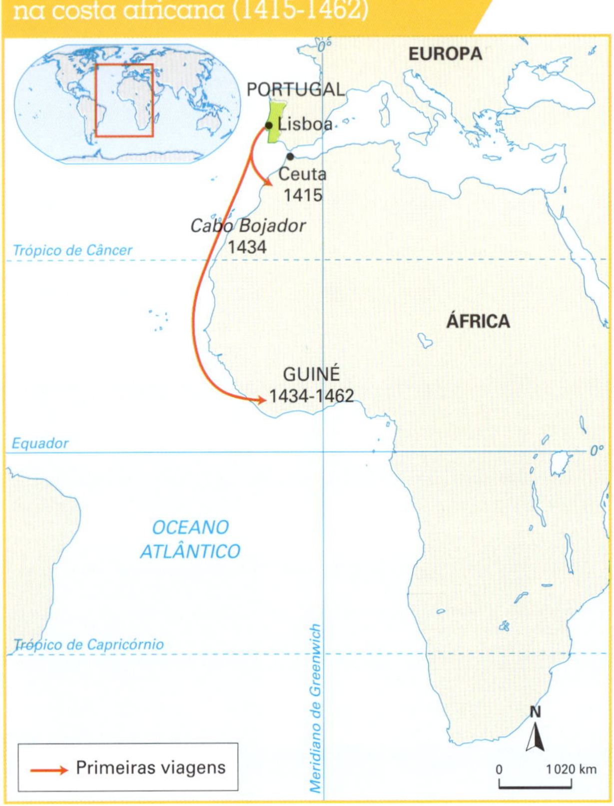

Ericson G. Luciano/Arquivo da editora

Fonte: elaborado com base em ARRUDA, José Jobson de. *Atlas histórico básico*. São Paulo: Ática, 2009. p. 19.

Instrumentos náuticos

Vale a pena destacar, pelo menos, três tecnologias de ponta utilizadas nas navegações daquele tempo.

Antes de tudo, a **caravela**. Era um navio leve, adequado para carregar mercadorias de grande valor. As caravelas podiam carregar até 50 toneladas de carga em mar aberto.

O segredo das caravelas estava no uso das velas latinas (triangulares), que permitiam ao navio navegar contra o vento, em zigue-zague. Os navios de Gil Eanes, navegador que contornou o cabo Bojador, na costa africana, em 1434, utilizavam velas quadradas (que chamavam de redondas, porque estufavam com o vento). Mas Bartolomeu Dias, ao ultrapassar o cabo das Tormentas, em 1488, navegou com velas latinas.

1494: Tratado de Tordesilhas divide o mundo ultramarino entre Portugal e Espanha.

A **bússola**, conhecida pelos marinheiros como agulha, é o instrumento de navegação mais importante a bordo. Inventada na China do século IV a.C., tem uma agulha magnética que é atraída pelo polo norte da Terra. Desse modo, facilita aos navegadores determinar os outros três pontos cardeais (sul, leste e oeste) e, assim, localizar-se no oceano.

Bússola europeia do século XVI. Coleção particular.

G. Cigolini/De Agostini/Getty Images

O **astrolábio**, outra tecnologia importante, era um antigo instrumento para medir a altura dos astros acima do horizonte. Consistia em um círculo, por cujo interior corria uma régua manejável. Passou a ser feito de cobre para ficar mais preciso. Duas pessoas eram necessárias para manejar o astrolábio: uma para suspendê-lo na altura dos olhos, alinhando a régua com o Sol, e outra para ler os graus marcados no círculo.

Astrolábio fabricado na Europa no século XIV. Coleção particular.

Roland and Sabrina Michaud/akg-images/Latinstock

AO MESMO TEMPO

As grandes navegações chinesas

No século XV, os chineses dominavam técnicas de navegação semelhantes às técnicas portuguesas. A própria bússola foi uma invenção chinesa. Além disso, enquanto os portugueses contornavam a costa da África no Atlântico, os chineses navegavam pelo oceano Índico, alcançando o Ceilão, no sul da Índia, e o atual Moçambique, na costa oriental africana. Faltou pouco para os chineses descobrirem o caminho marítimo para a Europa antes de os portugueses descobrirem a rota marítima para o Oriente.

- **Pesquise quem foi o principal navegador da China no século XV.**

Diogo Cão e o Reino do Congo

Os portugueses conseguiram o apoio do papa, que reconheceu o direito de Portugal à posse das terras descobertas na expansão marítima. Isso os estimulou a seguir adiante em busca de novas terras.

Em 1484, uma grande descoberta no continente africano: o rio Zaire, caminho natural para o importante Reino do Congo. O capitão da frota foi Diogo Cão; ele chegou a se encontrar com o rei local, que tinha o título de manicongo.

Alguns anos depois, o rei do Congo aceitou converter-se ao cristianismo, e o reino tornou-se um parceiro valioso de Portugal, abrindo para os portugueses o comércio de escravos na África centro-ocidental.

OUTRAS HISTÓRIAS ECONOMIA

Os reinos de Portugal e do Congo no tráfico de escravos

O apoio do rei do Congo ao tráfico português de escravos ilustra uma importante característica do tráfico naquela época.

Reis e chefes africanos praticavam havia muito tempo a captura e a venda de prisioneiros de guerra como escravos. Antes da chegada dos portugueses, vendiam escravos para o norte da África, além de os usarem como força de trabalho. Com a chegada dos portugueses, a captura e a venda se intensificaram no Reino do Congo, atendendo à demanda do mercado atlântico.

Wikipedia/Wikimedia Commons 1.0

Imagem que retrata o rei do Congo, dom Garcia, que reinou entre 1641 e 1661, recebendo o padre italiano Giovanni Cavazzi. Gravura de autor italiano desconhecido a partir de desenho de Cavazzi, Milão, 1690. Entre 1654 e 1667, Cavazzi se juntou à missão capuchinha no Congo.

- **Reflita sobre o texto e responda: é possível dizer que os africanos foram parceiros dos portugueses no tráfico de escravos?**

Apogeu das viagens portuguesas

Bartolomeu Dias sabia que ultrapassar o cabo das Tormentas não seria fácil, mas a riqueza do Oriente valia o risco. Ao dobrar o cabo das Tormentas, passaria do oceano Atlântico para o oceano Índico, abrindo o caminho marítimo para o Oriente.

A esquadra de Bartolomeu Dias partiu de Lisboa em agosto de 1487, mas só avistou o cabo das Tormentas meses depois, em janeiro de 1488. Enfrentou tempestades e raios e, após algumas tentativas, atravessou o trecho mais ao sul do continente africano.

Depois de dobrar o cabo das Tormentas, Bartolomeu Dias, não satisfeito, avançou em direção ao oceano Índico. Entretanto, como a tripulação estava exausta, ele ordenou o regresso de sua esquadra para Lisboa. Mas o caminho estava aberto.

O cabo das Tormentas passou, então, a ser chamado de **cabo da Boa Esperança**.

DOCUMENTO

O gigante do oceano

Luís de Camões (1524-1580) é um dos maiores poetas de todos os tempos. Participou da aventura portuguesa na África, onde perdeu um olho em batalha. Sua grande obra é *Os Lusíadas*, um elogio à expansão marítima portuguesa, publicada em 1572.

Leia com atenção um trecho dessa obra.

Tormentório: local em que há tormenta.

Promontório: parte mais alta, elevação.

– «Eu sou aquele oculto e grande Cabo
A quem chamais vós outros **Tormentório**,
Que nunca a Ptolomeu, Pompónio, Estrabo,
Plínio e quantos passaram fui notório.
Aqui toda a Africana costa acabo
Neste meu nunca visto **Promontório**,
Que para o Pólo Antártico se estende,
A quem vossa ousadia tanto ofende.
«Fui dos filhos aspérrimos da Terra,
Qual Encélado, Egeu e o Centimano;
Chamei-me Adamastor, e fui na guerra
Contra o que vibra os raios de Vulcano;
Não que pusesse serra sobre serra,
Mas, conquistando as ondas do Oceano,
Fui capitão do mar, por onde andava
A armada de Neptuno, que eu buscava.

CAMÕES, Luís de. *Os Lusíadas*. Canto V, 50 e 51. São Paulo: Abril, 1979.

- Em *Os Lusíadas*, Camões chama o cabo das Tormentas de Adamastor. Pesquise quem é Adamastor.

Marion Kaplan/Alamy/Fotoarena

O gigante Adamastor em painel de azulejos do século XIX. Palácio do Bucaço, Aveiro, Portugal.

CÁ ENTRE NÓS

Durante muito tempo, os estudiosos defenderam que a expansão marítima europeia foi motivada pela conquista de Constantinopla pelos turcos otomanos, em 1453. Porém, mesmo com o bloqueio turco à rota de especiarias que passava pelo mar Negro, o comércio com o Oriente não se fechou. A rota do mar Vermelho, no Egito, permaneceu controlada pelos italianos da cidade de Veneza até 1516. Além disso, a expansão marítima portuguesa começou em 1415, décadas antes da famosa conquista turca.

Chegando à Índia

Nos anos seguintes à façanha de Bartolomeu Dias, os portugueses se dedicaram a preparar a grande viagem para o Oriente.

O rei português dom Manuel nomeou Vasco da Gama para o comando dessa missão por conta de sua boa experiência em batalhas navais. A habilidade militar do navegante podia fazer a diferença quando a esquadra portuguesa entrasse em contato com os indianos, pois não se sabia como seria recebida.

A esquadra de Vasco da Gama partiu com apenas quatro navios, em julho de 1497. Fez várias escalas na costa africana até dobrar o cabo da Boa Esperança. Depois, a frota aportou na costa oriental da África, no atual Moçambique. Finalmente, em maio de 1498, chegou a Calicute, na Índia, após dez meses de viagem. Vasco da Gama estabeleceu um contato amistoso com o soberano local e iniciou comércio direto com a Índia. Retornou ao reino português com os navios repletos de especiarias.

As expedições de Bartolomeu Dias e Vasco da Gama

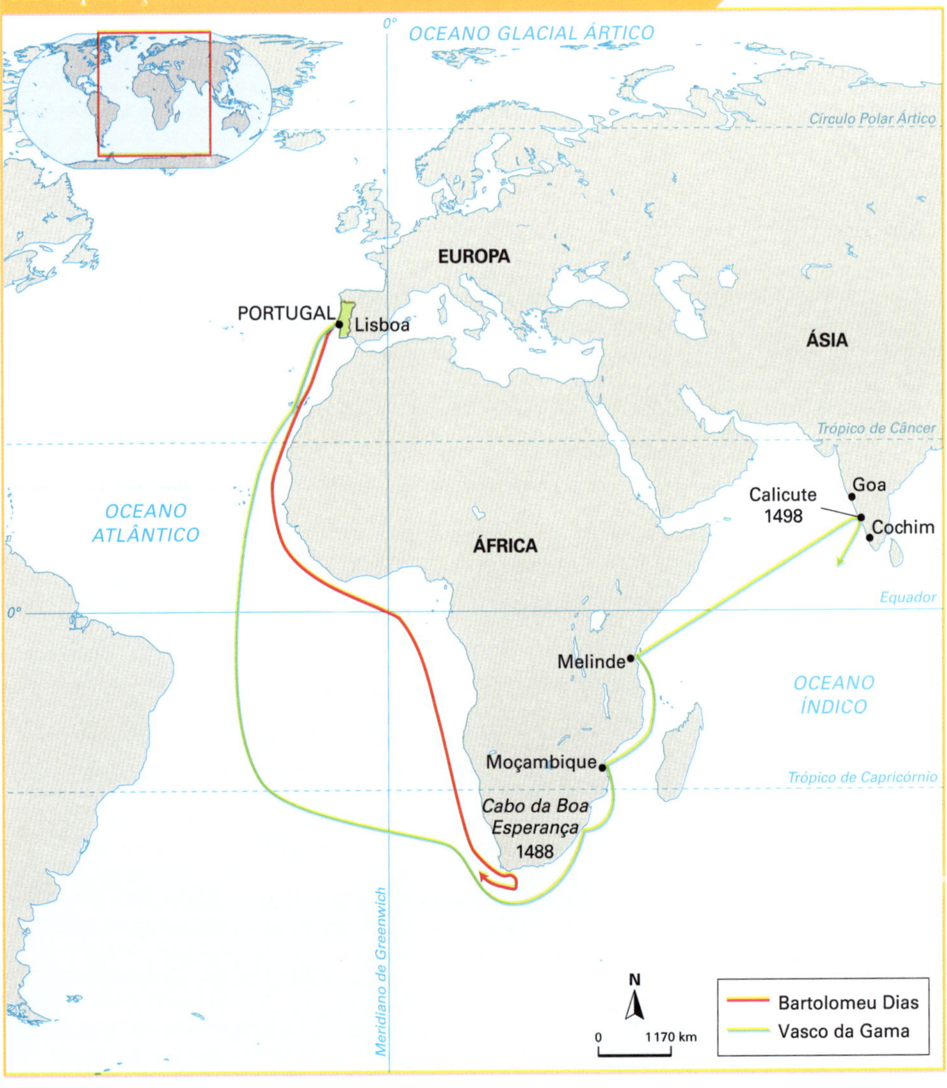

Ericson G. Luciano/Arquivo da editora

Fonte: elaborado com base em ARRUDA, José Jobson de. *Atlas histórico básico*. São Paulo: Ática, 2009. p. 19.

A HISTÓRIA NÃO ESTÁ SOZINHA

Geografia

Antes de os portugueses alcançarem o Oriente pelo oceano Atlântico, havia duas rotas para o comércio de especiarias: a terrestre e a marítima.

A rota terrestre, que vinha da China ou da Índia, atravessava a Pérsia, no Oriente Médio, e chegava ao mar Negro, terminando em Constantinopla. Os mercadores de Gênova compravam as mercadorias e as vendiam na Europa. Essa via foi interrompida com a conquista de Constantinopla pelos turcos.

A rota marítima passava pelo mar da China, pelo oceano Índico e desembocava no mar Vermelho. Foi controlada pelos mercadores de Veneza até 1517. Depois, os turcos tomaram também o Egito.

- Qual era a importância de Gênova e de Veneza no comércio europeu?

Um italiano entre espanhóis

Na década de 1490, quando os portugueses chegavam a lugares longínquos com as navegações oceânicas, a vizinha Espanha iniciava sua unificação política. Mesmo assim, sob a liderança do Reino de Castela, então unido ao Reino de Aragão, os espanhóis entraram na disputa marítima com os portugueses.

A expansão marítima espanhola foi iniciativa de um italiano nascido em Gênova chamado Cristóvão Colombo. Filho de um tecelão, Colombo era um homem simples, mas muito estudioso e interessado no comércio.

Em busca de apoio

Ao mesmo tempo em que trabalhava para banqueiros genoveses, Cristóvão Colombo estudava mapas e lia textos medievais que exaltavam as maravilhas do Oriente. Sonhava em se tornar um grande navegador, capaz de alcançar aquelas terras desconhecidas.

Cristóvão Colombo aproximou-se dos portugueses por meio dos negócios que os mercadores genoveses faziam em Portugal. Ele até integrou uma viagem comercial portuguesa à costa africana. O navio afundou, mas Colombo sobreviveu e se mudou para Lisboa. Lá, ele aprofundou seus estudos com os maiores cartógrafos e navegadores da época e amadureceu seu projeto de alcançar o Oriente. Baseou-se em uma carta de Toscanelli, um sábio italiano, para quem era possível chegar ao Oriente navegando na direção ocidental pelo oceano Atlântico, já que a Terra é redonda.

Depois de alguns cálculos, Colombo presumiu que seguir pelo oceano Atlântico seria a rota ideal, mas estava enganado. Embora estudioso, sua experiência como navegador era mínima. Seu plano era diferente do projeto dos portugueses, que conheciam muito melhor os segredos do mar. Buscou o apoio da Coroa portuguesa, mas não conseguiu.

OUTRAS HISTÓRIAS EPISÓDIOS

Colombo encontra o rei de Portugal

The Picture Desk/Agência France-Presse

No tempo em que morou em Lisboa, Colombo fez contatos importantes. O casamento com uma moça da pequena nobreza portuguesa lhe deu acesso ao palácio real.

Sempre insistente e bem falante, Colombo conseguiu uma audiência com o rei dom João II, em 1484. Apresentou seu plano de chegar ao Oriente navegando para o Ocidente. O rei não lhe deu nenhum crédito.

Retrato de Cristóvão Colombo, pintura de Ridolfo Ghirlandaio, século XVI. Museu Cívico Naval, Gênova, Itália.

- Indique algum episódio da expansão marítima portuguesa que possa ter motivado a reprovação do plano de Colombo pela Coroa portuguesa.

Na corte espanhola

Cristóvão Colombo decidiu buscar o apoio da Coroa espanhola. Apresentou seu plano, em 1485, a sábios da Universidade de Salamanca, mas foi novamente reprovado.

Seis anos depois, conseguiu uma audiência com a rainha Isabel de Castela. Sabendo que a rainha era muito religiosa, Colombo a convenceu de que a sua viagem glorificaria a religião cristã. Alegou que poderia reunir recursos suficientes para resgatar Jerusalém dos muçulmanos. A rainha resolveu apostar em Colombo.

The Bridgeman Art Library/Easypix

Cristóvão Colombo apresenta-se à rainha Isabel, óleo sobre tela de Emanuel Gottlieb Leutze, 1842. Museu de Arte do Brooklyn, Nova York, Estados Unidos.

Descoberta do Novo Mundo

A rainha Isabel deu apoio político e algum dinheiro a Colombo. O restante de que precisava, ele conseguiu com mercadores italianos e com os irmãos Martín e Vicente Pinzón, navegadores experientes.

Em agosto de 1492, Colombo partiu com três navios, garantindo que chegaria à Índia em trinta dias. No entanto, passaram-se os meses de agosto e setembro, e nenhuma terra era vista. A comida e a água estavam acabando, e os marinheiros se apavoraram.

Para evitar uma revolta, Colombo passou a registrar no diário de bordo uma distância menor do que a efetivamente percorrida. Atribuía a demora à calmaria dos ventos. Mas o fato é que a frota estava praticamente perdida no Atlântico.

QUE HÁ NA IMAGEM?

Caracterize o primeiro encontro entre os espanhóis e os indígenas a partir da imagem ao lado, sabendo que seu autor, o ilustrador belga Theodore de Bry, nunca esteve na América.

akg-images/Latinstock

Representação do primeiro desembarque de Cristóvão Colombo, em outubro de 1492. Gravura de Theodore de Bry, 1596. Coleção particular.

Novo Mundo ou falsa Índia?

O ânimo da tripulação da esquadra de Cristóvão Colombo mudou apenas na madrugada de 12 de outubro de 1492, quando um marujo gritou: "Terra à vista!". Foi uma festa! Pouco mais de dois meses depois de partirem da Espanha, os navios chegaram ao que parecia ser uma pequena porção de terra. Para Colombo, era alguma ilhota da Índia ou da China.

A porção de terra, contudo, não estava localizada no Oriente. Colombo havia chegado em uma ilha nas Antilhas, na América Central, e logo a chamou de São Salvador. Ao navegar um pouco mais pela região, descobriu também uma ilha que foi chamada Espanhola. Depois retornou para a Europa, e fez ainda mais três viagens à região.

FIQUE DE OLHO

VERNE, Julio. *Cristóvão Colombo.* São Paulo: Landy, 2005.

Em linguagem envolvente, o grande Julio Verne conta a história do aventureiro que desafiou o Atlântico.

Por mares nunca dantes navegados (Brasil). Direção de Regina Jeha, 2001. 26 min.

O documentário refaz a viagem entre Portugal e a Índia para contar a história do Brasil antes de 22 de abril de 1500.

Colombo não encontrou nem ouro nem as riquezas que buscava. A cada viagem ficava mais irritado ao tentar saber dos indígenas onde estavam as riquezas e onde morava o imperador da China, pois não entendia nenhuma palavra dita pelos nativos. Culpou os indígenas por não saberem dar as informações que desejava. Morreu sem saber que havia descoberto um novo continente – o Novo Mundo, posteriormente chamado de América.

Diomedia/Museu Salvador Dalí, São Petersburgo, EUA.

A descoberta da América por Cristóvão Colombo, óleo sobre tela de Salvador Dalí, 1958-1959. Museu Salvador Dalí, São Petersburgo, Estados Unidos.

Linhas imaginárias separam as novas terras

Bula: decreto estabelecido pelo papa com força de lei nos países católicos.

Desde a metade do século XV, os papas apoiavam os portugueses na expansão marítima por meio de diversas bulas, reconhecendo seu direito de conquista das terras ultramarinas. As decisões do papa eram tidas como leis a serem seguidas entre os reinos católicos.

Quando Colombo chegou ao Novo Mundo, a Espanha entrou na corrida da expansão marítima, e Portugal deixou de estar sozinho na conquista de novos territórios. Para atender aos interesses espanhóis, o papa soltou nova bula em 1493, que dividia as terras "descobertas e por descobrir" entre Portugal e Espanha. Chamada de **Bula *Inter Coetera***, significava a divisão do mundo ultramarino "entre os dois reinos".

A bula traçava uma linha imaginária cem léguas (cerca de quinhentos quilômetros) a oeste do arquipélago de Cabo Verde. As terras que ficassem a oeste dessa linha seriam espanholas, e as que ficassem a leste seriam portuguesas. Assim, as terras recém-descobertas por Colombo ficariam sob domínio dos espanhóis, enquanto as terras descobertas na África pelos portugueses seriam portuguesas.

A Bula *Inter Coetera* atendia aos interesses da Coroa espanhola, mas não da portuguesa. Muito antes da viagem de Colombo, os portugueses já desconfiavam de que havia terras a oeste do oceano Atlântico. Seria útil dispor de uma escala no oceano Atlântico para futuras viagens à Índia.

Contrariado, o rei de Portugal estava disposto a declarar guerra, caso não alterassem a decisão. Assim, em 1494, foi assinado entre os dois reinos o **Tratado de Tordesilhas** e logo aprovado pelo papa.

Segundo esse acordo, a linha que dividia as terras entre os dois reinos passava a ficar a 370 léguas, cerca de 2 mil quilômetros, a oeste de Cabo Verde. O rei de Portugal ficou mais satisfeito.

Em 1500, Bartolomeu Dias comandou um dos navios da esquadra de Pedro Álvares Cabral, que, seguindo para o Oriente, desviou para oeste e chegou a Porto Seguro. Assim, os portugueses descobriram ou se apossaram das terras que, tempos depois, chamariam de Brasil. Alguns dizem que Bartolomeu era o verdadeiro comandante da frota, pois Cabral conhecia pouco os segredos do mar.

Ao seguir viagem para a Índia, a esquadra foi surpreendida por forte tempestade no cabo da Boa Esperança. Quatro navios naufragaram, 380 homens morreram, entre eles Bartolomeu Dias. Morreu no cabo que o tornou famoso.

Arquipélago: conjunto de ilhas.

A Bula *Inter Coetera* e o Tratado de Tordesilhas

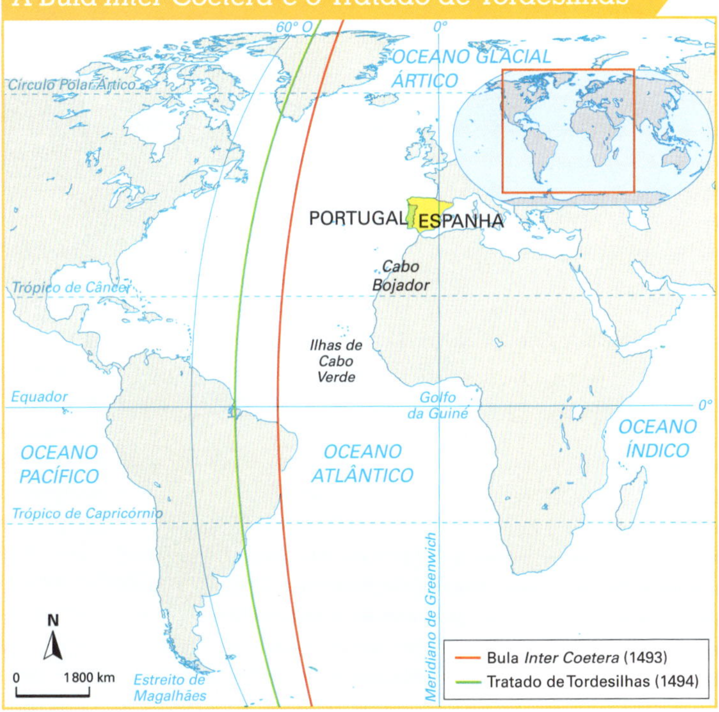

Ericson G. Luciano/Arquivo da editora

Fonte: elaborado com base em KINDER, Hermann; HILGEMANN, Werner. *Atlas histórico mundial*: de los orígenes a la Revolución Francesa. Madrid: Istmo, 1982. p. 236.

PUXANDO PELA MEMÓRIA

Após o estudo do capítulo, você manteria sua resposta à pergunta da página 26?

Créditos das imagens de baixo para cima: The Picture Desk/Agência France-Presse; The Bridgeman Art Library/Easypix; White Images/Scala, Florença, Itália.; The Bridgeman Art Library/Easypix; De Agostini Picture Library/Getty Images; akg-images/Latinstock

ROTEIRO DE ESTUDOS

O QUE APRENDEMOS?

1 | Em sua opinião, a expansão marítima portuguesa foi uma decorrência da tomada de Constantinopla pelos turcos-otomanos em 1453?

2 | Que lugar mencionado na Bíblia os europeus localizavam no Oriente?

3 | Por que o rei de Portugal não se interessou, em 1484, pelo plano de Colombo de chegar à Índia navegando pelo oceano Atlântico na direção ocidental (oeste)?

4 | Cite um exemplo de tecnologia de navegação utilizada na expansão marítima iniciada no século XV.

5 | Em qual região os portugueses concentraram a maior parte de suas viagens ultramarinas no século XV?

6 | Qual era a vantagem política de Portugal em relação à Espanha quando foi iniciada a expansão marítima?

7 | O que o poeta Luís de Camões, que viveu no século XVI, tem a ver com a expansão marítima portuguesa?

8 | Qual a relação entre o Tratado de Tordesilhas, assinado pelas monarquias portuguesa e espanhola em 1494, e a descoberta da América por Colombo, em 1492?

9 | Por que a frase seguinte é falsa?

Quando descobriu as Antilhas, no Caribe, Colombo não teve dificuldades de comunicação com os nativos, pois dominava a língua indígena.

10 | Por que ultrapassar o cabo das Tormentas, no sul da África, foi importante na história da expansão marítima portuguesa?

PESQUISA

Neste mapa-múndi do período medieval, o mundo aparece dividido em três partes pelos filhos de Noé, segundo a Bíblia: a Ásia, ao alto, pertence a Sem; a Europa, à esquerda, é de Jafé; a África, à direita, é a terra de Cam, o "filho maldito". A Ásia está representada no alto porque achavam que ali ficava o paraíso terrestre. Pesquisem, em grupos, sobre a maldição lançada sobre Cam e respondam às seguintes questões:

1 | Por que o relato bíblico apresenta Cam como "filho maldito" de Noé?

2 | Qual foi a pena lançada sobre Cam?

3 | Qual a relação entre a maldição de Cam e a África?

Mapa do século XV representando as três regiões do mundo. Biblioteca Real Alberto I, Bruxelas, Bélgica.

Reprodução/Biblioteca Real Alberto I, Bruxelas, Bélgica.

The Bridgeman Art Library/Easypix

IMAGENS CONTAM A HISTÓRIA

Planisfério é a representação em forma plana do globo terrestre. Datado de 1502, o mapa abaixo é o primeiro planisfério conhecido. Nele se pode ver a maior parte dos descobrimentos portugueses, incluindo o Brasil.

Planisfério de Cantino, 1502. Biblioteca Estense, Modena, Itália.

- Comparando este planisfério com o mapa-múndi do final da Idade Média, apresentado na página 29, quais semelhanças e diferenças você consegue notar?

O PASSADO PRESENTE

No dia 22 de abril de 2000, completaram-se 500 anos do descobrimento do Brasil pelos portugueses. Em comemoração, o governo federal promoveu uma grande cerimônia em Porto Seguro, lugar onde Cabral desembarcou.

Diversos grupos indígenas, integrantes do movimento negro e outros cidadãos organizaram uma passeata em protesto.

A polícia do estado da Bahia entrou em ação e dispersou os manifestantes com violência. O caso teve repercussão internacional, e o governo da Bahia foi obrigado a pagar uma indenização de 10 milhões de reais por dano moral coletivo e por impedir o direito de reunião garantido pela Constituição Brasileira.

- Discutam, em grupos, qual a razão do protesto de indígenas e afrodescendentes contra a celebração dos 500 anos do descobrimento do Brasil.

CONQVISTA DE MEXICO POR CORTES. N.7

VAMOS ESTUDAR

- IMPÉRIOS INDÍGENAS
- SACRIFÍCIOS ASTECAS
- EXPANSÃO INCA
- GUERRAS MAIAS
- SOCIEDADE TUPINAMBÁ
- CONQUISTA ESPANHOLA
- EXPLORAÇÃO DOS NATIVOS

Créditos das imagens de baixo para cima: Renato Soares/Pulsar Imagens; Album/akg-images; The Bridgeman Art Library/Easypix

2 UNIDADE

SOCIEDADES AMERÍNDIAS E CONQUISTA EUROPEIA

Em 1521, o conquistador espanhol Hernán Cortés comanda a invasão da cidade de Tenochtitlán (atual cidade do México), capital do Império Asteca. Centenas de soldados, sendo menos de 100 a cavalo, derrotaram 300 mil astecas. Os europeus não os venceram sozinhos: vemos, no lado esquerdo da imagem, indígenas lançando flechas de seus barcos. Eles eram os tlaxcaltecas, inimigos dos astecas havia muito tempo. Também foi com o apoio de aliados a conquista do Império Inca, na América do Sul. Os europeus se apoiaram nas rivalidades entre grupos indígenas para conseguir aliados. O resultado da conquista foi trágico para a maioria da população nativa do continente.

A captura de Tenochtitlán, óleo sobre painel de autor desconhecido, século XVII. Coleção particular.

The Bridgeman Art Library/Easypix

Werner Forman/Universal Images Group/Getty Images

Representação do deus asteca Tezcatlipoca no *Codex Cospi*, c. 1500. A vida dos astecas era dominada pela religião e eram muitos os deuses que compunham seu panteão. Coleção particular.

CAPÍTULO 3

IMPÉRIOS ASTECA, MAIA E INCA

Panteão: conjunto de deuses de uma religião politeísta.

O Império Asteca foi herdeiro de muitos outros estados indígenas que se sucediam na região do atual México há cerca de mil anos. Esse grupo dominava parte da Mesoamérica a partir da cidade de Tenochtitlán, atual Cidade do México. Os astecas se destacaram como agricultores, utilizando engenhosos sistemas de irrigação, e cultuavam uma divindade a quem se atribuía a fertilidade dos campos, denominada Tlaloc.

Entre os deuses cultuados pelos astecas, um se destacava: Tezcatlipoca, deus da noite, da morte e do fogo. Era chamado, também, "Senhor do Espelho Fumegante", talvez em função do espelho que costumava carregar e através do qual poderia ver toda a humanidade.

Temido e adorado, Tezcatlipoca representa a comunhão dos astecas com a guerra. Em muitas representações, ele aparece com a pele igual à de um jaguar, felino que se assemelha à onça-pintada brasileira. Em sua homenagem, uma das tropas de elite do Império Asteca era chamada Ordem dos Guerreiros-Jaguar.

São os impérios Asteca, Inca e Maia que vamos conhecer neste capítulo.

PUXANDO PELA MEMÓRIA

Você sabe qual é a relação entre o cacau, o Império Asteca, os espanhóis e o chocolate?

Créditos das imagens de baixo para cima: Costa/Leemage/Agência France-Presse; The Granger Collection/Glow Images; The Bridgeman Art Library/Easypix; Reprodução/Biblioteca da Assembleia Nacional, Paris, França.; The Bridgeman Art Library/Easypix; The Granger Collection/Glow Images

O Império Asteca

Na parte central do continente americano, onde hoje está localizado o México, situava-se o Império Asteca. Sua capital era Tenochtitlán, a atual Cidade do México.

Durante o Império Asteca prosperava a agricultura de milho, feijões, cacau, tomates, algodão e tabaco. Os camponeses astecas viviam em aldeias chamadas *altéptl*, cultivavam a terra para o próprio sustento e pagavam tributos para o soberano, os guerreiros, os sacerdotes e alguns funcionários da capital. O sistema de tributação asteca era eficiente, impedindo a necessidade de os chefes de aldeias ou de cidades do império se queixarem de excessos.

Império Asteca (século XV)

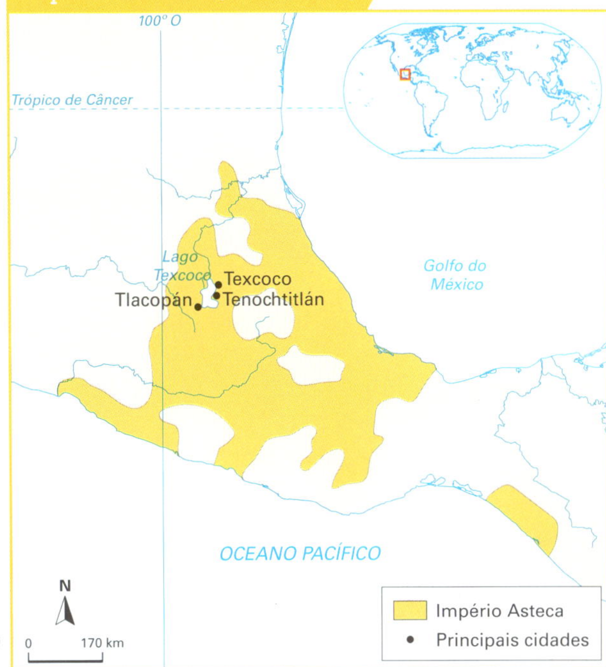

Ericson G. Luciano/Arquivo da editora

Fonte: elaborado com base em *Atlas da história do mundo*. São Paulo: Folha de S. Paulo, 1955. p. 144.

O Império Asteca estendia-se pela área que corresponde à parte central e sul do México. Além da capital, Tenochtitlán, havia ali outras cidades importantes. Nelas viviam os guerreiros, os sacerdotes e numerosos artesãos especializados.

The Picture Desk/Agência France-Presse

Tenochtitlán, mural de Diego Rivera, 1945. O nome da capital do Império Asteca,Tenochtitlán, significa "serpente do vento". No mural, pode-se ver a grandiosidade da cidade no tempo dos astecas. Palácio Nacional Cidade do México, México.

CÁ ENTRE NÓS

Estudiosos dizem que o Império Asteca era, na realidade, uma aliança de cidades lideradas por Tenochtitlán, Texcoco e Tlacopán. Na prática, Tenochtitlán mandava em todas. Algumas delas não suportavam seu domínio, mas eram incapazes de desafiá-lo.

CÁ ENTRE NÓS

A língua predominante dos povos indígenas que ocupavam a região do atual México era o ***náuatl***.

Nesse idioma, muitas palavras terminam com duas consoantes sucessivas, como **tl**. A palavra "chocolate", por exemplo, vem do *náuatl Chocolatl*.

Força militar

O soberano asteca era chamado de *tlatoani*, que, na língua *náuatl* daquele povo, significa "aquele que fala", isto é, que comanda. Ele era eleito pelo conselho dos chefes das aldeias astecas entre os principais guerreiros da capital.

Os astecas consideravam a guerra algo sagrado e essa função de comando militar era tida como divina. O *tlatoani* não era visto como um deus, mas seu poder, sim, era considerado sagrado.

A força militar dos astecas era indiscutível. Todos os homens serviam ao exército, que contava com tropas muito bem treinadas. Ela era dividida em ordens, entre as quais estavam os guerreiros-jaguar, que homenageavam o deus da noite (Tezcatlipoca), e os guerreiros-águia, que homenageavam o deus do vento (Ehecatl).

O principal deus dos astecas, porém, era o Sol, chamado, em *náuatl*, de Huitzilopchtli. Era para sacrificar prisioneiros ao Sol que os astecas faziam a guerra.

Guerras e prisioneiros

O exército asteca tinha de estar sempre alerta. Caso alguma cidade ou aldeia (chamada de *calpulli*) do império se revoltasse, os guerreiros entravam em ação. Mas, como vimos, havia um objetivo maior que justificava as guerras: a captura de prisioneiros. Não para escravizá-los, pois a escravidão quase não existia na sociedade asteca. Os poucos escravos, chamados *tlacotin*, trabalhavam como criados domésticos do soberano, dos chefes guerreiros e dos grandes sacerdotes. O objetivo era capturar prisioneiros para oferecê-los em sacrifício ao deus Sol e a outros deuses.

Representação do *tlatoani* Nezahualpilli, *Codex Ixtlilxochitl, fólio 108*. O *tlatoani* era eleito pelo conselho dos chefes das aldeias astecas entre os principais guerreiros da capital. Biblioteca Nacional da França, Paris.

Sacrifícios humanos

As batalhas feitas somente para capturar prisioneiros destinados ao sacrifício ficaram conhecidas como **guerras floridas**. Os astecas – assim como outros povos que viviam naquela região – estavam convencidos de que seus deuses precisavam de sangue humano. Acreditavam que, caso o Sol não recebesse o sangue dos sacrificados, deixaria de nascer no dia seguinte, e tudo seria como uma eterna noite.

Na cerimônia de sacrifício, o prisioneiro era levado ao alto de uma pirâmide. Cinco sacerdotes atuavam no ritual, quatro para segurar suas mãos e pés e um, o principal, que introduzia no peito da vítima uma faca de obsidiana. O coração inteiro do prisioneiro logo era arrancado e levantado em glória ao deus Sol.

Para os prisioneiros, era considerado uma honra morrer em sacrifício ao Sol, pois acreditavam que um guerreiro sacrificado voltaria à terra na forma de um colibri, um tipo de beija-flor.

Obsidiana: vidro de origem vulcânica, muito duro, escuro e resistente.

Sacrifício humano ilustrado no *Códice Florentino*, publicado pelo frei Bernardino de Sahagún, 1585. Para os astecas, ofertar o coração do sacrificado ao Sol era garantia de que este nunca os abandonaria. Biblioteca da Assembleia Nacional, Paris, França.

OUTRAS HISTÓRIAS LUGARES

Tenochtitlán

Abaixo encontra-se a planta de Tenochtitlán, a capital asteca, com destaque para três setores: Tlatelolco, ao norte, onde ficava o mercado local; o Templo Maior, ao centro, onde aconteciam os grandes rituais em honra ao deus Sol; Coyoacán, ao sul, que significava "lugar dos coiotes".

Coyoacán, antes da expansão asteca, era um local habitado pelos tepanecas, inimigos dos astecas que, por isso, eram por eles chamados de coiotes.

Coiote: mamífero parecido com o lobo.
A palavra **coiote** é de origem *náuatl*: *coyotl*.

The Picture Desk/Agência France-Presse

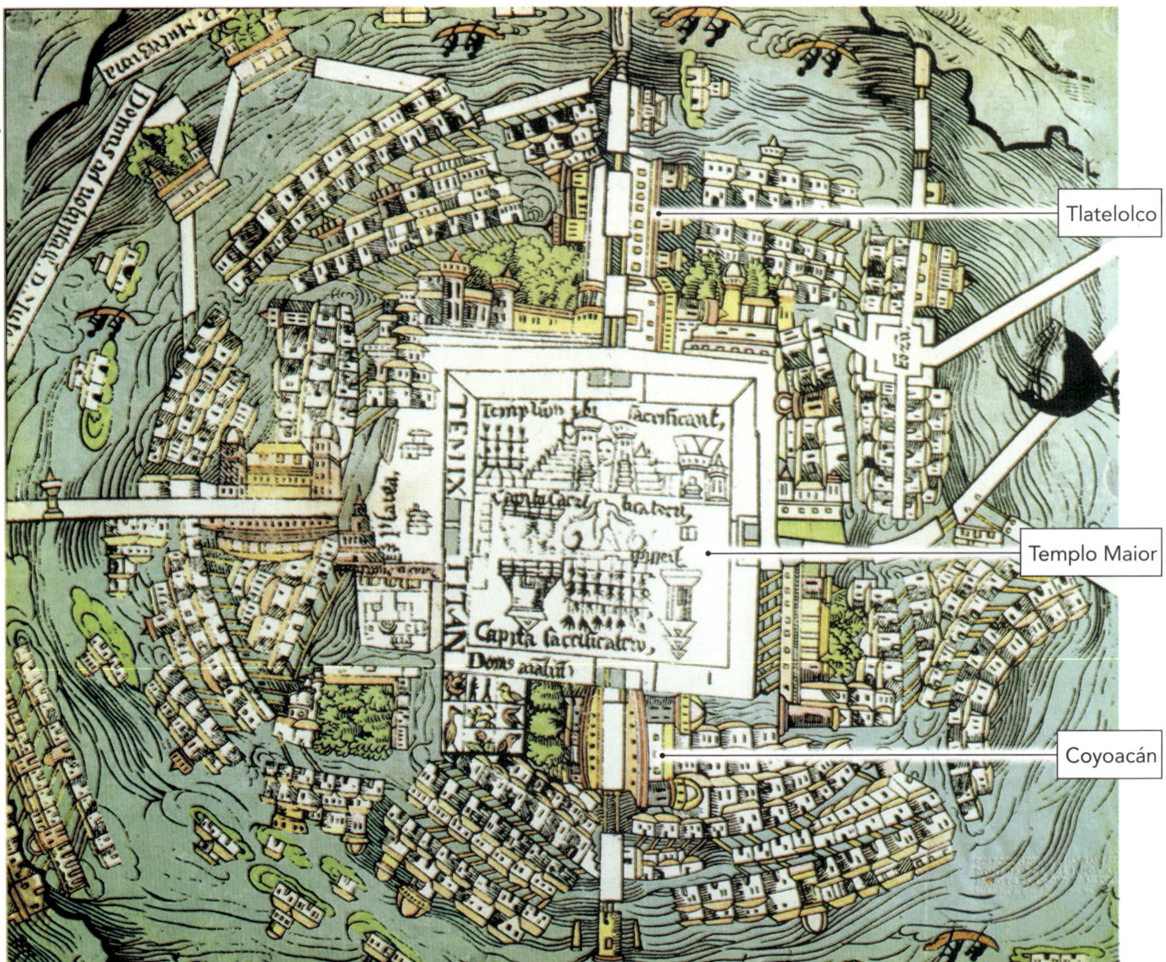

Mapa atribuído ao conquistador espanhol Hernán Cortés. Gravura do século XVI. Tenochtitlán possuía cerca de 300 mil habitantes no início do século XVI, população superior à das cidades da Europa ocidental na mesma época. Museu da Cidade do México, México.

- Coyoacán é, hoje em dia, um bairro da Cidade do México. Abriga um estádio de futebol que foi muito importante para o Brasil no século XX. Pesquise qual o nome do estádio e a razão de sua importância.

Agricultura e comércio

A economia do Império Asteca era diversificada e suficiente para atender à subsistência da maioria dos camponeses e sustentar guerreiros e sacerdotes.

Os camponeses eram obrigados a trabalhar nas terras controladas pelos soberanos astecas. Eles tinham que pagar tributos de variados tipos, como mantas de algodão, plumas, pedrarias, sementes de cacau, feijão e milho. Além disso, eram recrutados para construir estradas, templos e palácios. Esse recrutamento era conhecido como *cuatequil*.

Embora a sociedade asteca não fosse essencialmente mercantil, o comércio foi uma atividade importante. Havia até mesmo o comércio a longa distância, praticado por um grupo especial – os *pochteca* –, além do grande mercado de Tenochtitlán.

Os astecas não domesticaram animais de carga nem dominaram a tecnologia do ferro. A maior parte dos instrumentos era de pedra, embora trabalhassem o bronze e outros metais.

The Granger Collection/Glow Images

Representação de dois *pochteca*, segundo o *Códice Florentino*, de 1585. Os *pochteca* não eram numerosos, mas foram muito importantes, pois, além de facilitar o comércio viajando por todo o território dominado pelos astecas, garantiram a comunicação dentro do Império Asteca e além das suas fronteiras. Biblioteca da Assembleia Nacional, Paris, França.

OUTRAS HISTÓRIAS ECONOMIA

As moedas do comércio asteca

No mercado de Tlatelolco, ao norte de Tenochtitlán, praticava-se um intenso comércio na base da troca direta de produtos. Por vezes os astecas utilizavam ouro em pó, lascas de cobre e sementes de cacau como moeda.

The Picture Desk/Agência France-Presse

Representação do mercado de Tlatelolco. Museu Nacional de Antropologia, Cidade do México, México.

- Em sua opinião, por que as sementes de cacau eram usadas como moeda nos mercados astecas?

Biblioteca Manuel Gamio/Museu do Templo Maior, Guatemala, México.

Imagem representando atividade agrícola asteca (colheita de grãos), debulha em uma esteira e armazenagem em vasilhame. *Códice Florentino*, 1585. Biblioteca da Assembleia Nacional, Paris, França.

Agricultura avançada

Os astecas cultivavam milho, feijão, cacau, tomate, algodão e tabaco e desenvolveram técnicas agrícolas muito avançadas.

Eles elaboraram sistemas de irrigação e construíram canteiros em meio ao lago Texcoco, nas *chinampas*, onde cultivavam, entre outras coisas, milho, vários tipos de feijão, pimentas, tomates e flores.

Chinampas eram canteiros construídos com estacas que, fixadas no leito do lago, delimitavam a área de plantio. Depois, juncos e esteiras eram instalados entre as estacas, debaixo da água. Ali, dentro dessa delimitação, era colocada a lama do fundo dos lagos, até chegar à superfície. Árvores plantadas em torno da construção ajudavam a conter a terra.

CÁ ENTRE NÓS

Um produto muito apreciado pelos astecas era o cacau, fruto originário da América do Sul. Além de apreciar uma bebida bem amarga à base de cacau, os astecas costumavam comer uma espécie de torta salgada feita com cacau e feijão.

Foram os europeus, entretanto, que desenvolveram o chocolate – que tem como base o cacau – como nós o conhecemos hoje.

Chinampas, de José Muro Pico, século XVI. Museu da Cidade do México, México.

G. Dadgli Orti/Glow Images

A sociedade asteca

Os astecas viviam em rígidas hierarquias sociais.

Observe o esquema a seguir: no alto, acima de todos, está o *tlatoani*, o soberano asteca. Em seguida, a nobreza, constituída de guerreiros, sacerdotes e funcionários. Abaixo, os comerciantes, representados por um homem de capa com um bastão, seguido pelos artesãos, representados segurando um tecido colorido. Abaixo deles, os camponeses, transportando cestos, a maioria da população nativa. Por fim, os escravos, que faziam trabalho pesado, mas eram poucos.

QUE HÁ NA IMAGEM?

Observando a pirâmide social ao lado, responda: a existência da escravidão na sociedade asteca permite caracterizá-la como escravista, isto é, como uma sociedade na qual o trabalho escravo é dominante na economia?

Fonte: elaborado com base em CROSHER, Judith. *Os astecas*. São Paulo: Melhoramentos, 1990. p. 13-15, 26-27.

Leonardo Conceição/Arquivo da editora

Escrita e calendário

Os astecas não chegaram a desenvolver uma escrita fonética, cujo alfabeto exprime o som das letras e palavras. No entanto, eles conheceram formas ideográficas de escrita, ou seja, desenhos que representam situações ou coisas.

Quanto aos calendários, além do solar, parecido com o que usamos atualmente, havia um calendário que regulava os rituais.

Números na sociedade asteca

O sistema numérico asteca era vigesimal, isto é, com base no número 20. Mas os algarismos eram representados por meio de símbolos.

Alguns funcionários de Tenochtitlán se especializaram no desenho de ideogramas, incluindo os números. Veja a correspondência de alguns ideogramas e números:

- um ponto ou um dedo = 1;
- uma bandeira = 20;
- um galho de abeto = 400;
- uma bolsa = 8000.

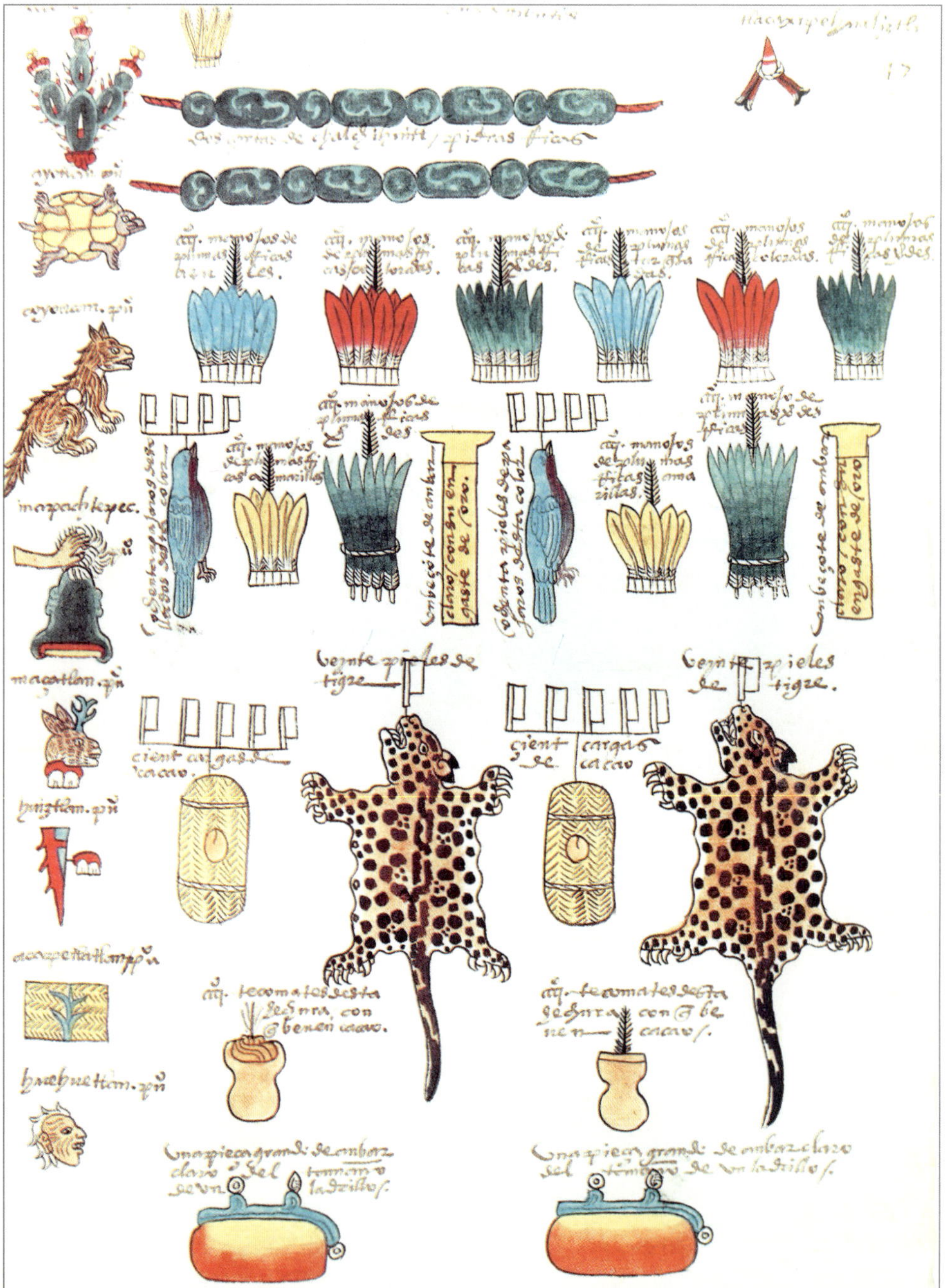

De Agostini/Getty Images

Página do *Codex Mendonza*, do século XVI, que mostra o pagamento de impostos para o Império Asteca. A ilustração de uma bandeira saindo da boca de uma onça significa que vinte peles desse animal foram dadas como pagamento de imposto. Museu Nacional de Antropologia, Cidade do México, México.

FIQUE DE OLHO

DEARY, Terry. *Assombrosos astecas*. São Paulo: Melhoramentos, 2004.

O livro apresenta alguns mistérios que permeiam o cotidiano dos astecas, como sacrifícios humanos, poderosos sacerdotes e os guerreiros diante dos conquistadores europeus em Tenochtitlán.

Calendários

Os astecas possuíam dois calendários: um calendário solar e um calendário ritual.

O calendário solar asteca, assim como o que utilizamos, era adequado às estações do ano e às atividades agrícolas. Entretanto, contava com 18 meses e cada mês tinha 20 dias.

O calendário ritual era composto de 260 dias, divididos em 20 meses de 13 dias cada um. Quando nascia uma criança, um sacerdote fazia todo tipo de cálculo, segundo o calendário ritual, para tentar saber o seu futuro. Os astecas acreditavam haver dias de sorte e dias de azar.

Houve um Império Maia?

No território que hoje corresponde ao sul do México e a alguns países da América Central, floresceu a **civilização maia**. Como os astecas, os maias eram povos agricultores e guerreiros. Também construíram obras de irrigação e desenvolveram um artesanato especializado.

Os maias edificaram templos monumentais, como indicam os sítios arqueológicos dos atuais países da Guatemala e de Honduras. Entre eles, Palenque, Uaxactun e Tikal, construídos a partir do século IV.

Alguns historiadores chamaram essa fase de Antigo Império Maia. Mas, na verdade, não chegou a existir um Império Maia nessa época, com poder sobre o conjunto do território. Tampouco os sítios arqueológicos da região chegaram a ser cidades com população urbana permanente. Eles abrigavam centros dedicados a cerimônias religiosas. A região foi despovoada por volta do século IX, em razão de uma alteração climática que produziu uma longa seca.

Território ocupado pelos maias (séculos II-XV)

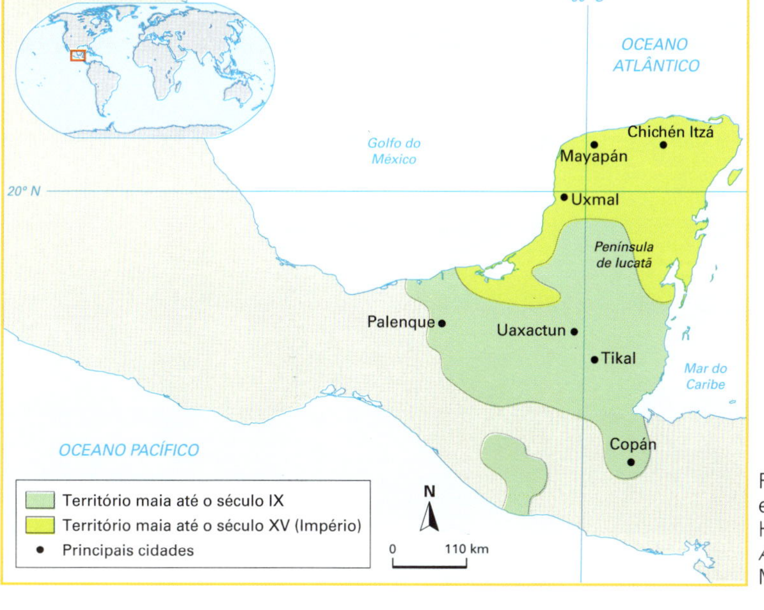

Ericson G. Luciano/Arquivo da editora

Fonte: elaborado com base em KINDER, Hermann; HILGEMANN, Werner. *Atlas histórico mundial.* Madrid: Istmo, 1982. p. 234.

O SEU LUGAR NA HISTÓRIA

Os povos que formaram o Império Maia, na América Central, são considerados indígenas, da mesma maneira que os povos que fizeram parte da nossa história, mesmo antes de existir o Brasil.

Pesquise, em grupo, o passado indígena de sua cidade, região ou estado.

Muito diferente foi o que ocorreu na península de Iucatã, no atual México, que abrigou os maias que abandonaram a América Central. Os maias lutaram, então, com os toltecas, povo de cultura *náuatl*, a mesma dos astecas. Mas acordos de paz fizeram com que os dois povos convivessem.

A partir do século X, a agricultura foi renovada e foram construídas cidades. Foi nessa região que surgiu o chamado Novo Império Maia – que foi o único, na verdade –, baseado na aliança entre as cidades de Mayapán, Chichén Itzá e Uxmal. Mas era a primeira delas que comandava, de fato, o território.

O império se formou no século XIV, mas logo se fragmentou em decorrência de disputas internas na capital combinadas com ataques de cidades rivais. Mayapán foi saqueada e destruída em meados do século XV. Os maias mantiveram uma organização política descentralizada. Quando os espanhóis chegaram à região, em 1519, encontraram, entre os maias, cidades independentes.

FIQUE DE OLHO

DREW, David. *Os incas*: vida cotidiana. São Paulo: Melhoramentos, 2005.

Além de contar como o Império Inca tornou-se tão poderoso, esse livro explica por que os rituais e as festas religiosas eram tão importantes para os incas, o incrível sistema de estradas, as maravilhosas cidades criadas pelos engenheiros incas, por que a prata e o ouro eram sagrados para esse povo, como o Império Inca foi destruído pelos espanhóis, entre outras informações.

Education Images/UIG/Getty Images

Vista das ruínas de Mayapán com o templo ao fundo, Iucatã, México. A cidade foi destruída em 1441 após uma revolta de cidades rivais. Fotografia de 2017.

O poderoso Império Inca

Por volta de 1438, no planalto dos Andes, formou-se o Império Inca. Chamava-se **Tawantinsuyo**, em quíchua, a língua dos incas, ainda hoje falada na região.

O Império Inca era imenso. Incluía os atuais Peru, Bolívia e Equador, o sul da Colômbia, parte do Chile e o noroeste argentino. Os incas estavam se expandindo em direção à região da Amazônia quando foram conquistados pelos espanhóis, na década de 1530.

Com sede na cidade peruana de Cuzco, o império cobrava tributos das aldeias vizinhas, chamadas *ayllus*.

FIQUE DE OLHO

Patrimônios da humanidade: os maias e os incas (EUA). TMS Entertainment, 2009. 75 min. (Coleção As Maiores Relíquias do Planeta).

Esse documentário mostra as civilizações maia e inca, que, depois de construir sofisticadas cidades, desapareceram ou foram destruídas há cerca de 500 anos.

A organização do império

Em relação aos astecas, o Império Inca era mais centralizado e possuía maior controle de seus domínios. De Cuzco, o soberano governava todo o império e também cobrava tributos da população camponesa.

Os sistemas de tributação adotados pelos astecas e incas confirmam a diferença da organização política desses impérios. No caso asteca, como vimos, embora o tributo pago em forma de trabalho (*cuatequil*) fosse essencial, predominava o pagamento em gêneros agrícolas e produtos artesanais, enviados a Tenochtitlán. A descentralização administrativa impedia os astecas de mobilizar camponeses em todo o território para trabalhos coletivos. Já no caso inca, cuja administração abrangia todo o território imperial, prevalecia o tributo pago na forma de trabalho, conhecido como **mita**.

Cuzco podia mobilizar camponeses de todas as províncias para trabalhos agrícolas ou construção de obras em grande escala. Esse trabalho era uma oferenda ao deus Sol, encarnado pelo próprio soberano, chamado também de **Inca**. Para os incas, o soberano era considerado um deus; já entre os astecas, a função de comando era divina, mas não a pessoa do soberano.

Império Inca (século XVI)

Fonte: elaborado com base em DUBY, Georges. *Atlas historique mondial*. Paris: Larousse, 2006. p. 237.

Costa/Leemage/Agência France-Presse

O contador, desenho de Poma de Ayala, século XVI. O quipo era composto de uma série de fios coloridos em que eram feitos diferentes nós. O tipo de cada nó indicava determinado número, e a disposição dos nós em um fio indicava unidades de 1, 10, 100 ou mais. Todos os fios estavam presos a um fio principal, ou a uma madeira, e o posicionamento dos fios com relação ao fio principal, bem como sua cor, indicava o que estava sendo contabilizado: ouro, milho, pessoas, etc. Coleção particular.

Para reforçar sua imagem divina, os soberanos incas costumavam visitar diversas aldeias nas épocas de plantio ou colheita, demonstrando assim que o deus Sol protegia o trabalho dos camponeses.

Os incas desenvolveram uma ferramenta de comunicação e contabilidade que não se baseava na escrita, que desconheciam. O sistema, chamado **quipo**, consistia na confecção de telas com nós coloridos que indicavam números e objetos, conforme o tipo e a cor do nó. O quipo servia para registrar informações sobre pessoas e coisas, e havia funcionários especialmente preparados para decifrá-lo.

Guerreiros incas

A formação do Império Inca ocorreu por meio de campanhas militares na primeira metade do século XV. Os incas primeiro conquistaram a região da serra e depois partiram para o litoral. O poder militar deles ficou tão conhecido que, muitas vezes, aldeias ou mesmo cidades preferiam solicitar o ingresso no império, evitando o confronto com seu exército.

A guerra era de suma importância na organização do Império Inca, mas não havia o sacrifício de prisioneiros, como ocorria entre os astecas. A força militar dos incas objetivava conquistar territórios, exigir tributos em trabalho das populações conquistadas e reprimir eventuais revoltas.

Leonardo Conceição/Arquivo da editora

A vestimenta indicava o posto de cada integrante do exército inca: 1) soldado; 2) capitão do povo do litoral; 3) general. Os soldados eram camponeses que o imperador recrutava regularmente para servir ao exército por determinado período.

Fonte: elaborado com base em BURLAND, C. A. *Os incas*. São Paulo: Melhoramentos, 1995. p. 18-21,39.

Agricultura

Espalhado em diferentes ambientes climáticos, por meio da conquista militar, desde o frio altiplano andino até a quente costa peruana, o Império Inca desenvolveu uma agricultura muito variada.

Altiplano andino: planície no alto de uma serra, no caso a cordilheira dos Andes.

Em cada uma dessas partes do império cultivavam-se produtos específicos. Na costa, os incas praticavam a cultura de grãos, com destaque para o milho. Nos altiplanos, cultivavam vários tipos de tubérculos, com destaque para a batata, que transportavam do alto da serra ao litoral em lombo de lhamas. Os incas foram os únicos nativos da América que domesticaram animais para o trabalho. Das lhamas, extraíam densa lã para tecer roupas e mantas. Também utilizavam o animal como meio de transporte.

Nas terras mais altas, com o auxílio de muitas pedras, os incas construíram terraços agrícolas dispostos em andares, ou degraus, encravados nas montanhas.

A região de floresta foi a menos explorada pelos incas, que ali praticaram a coleta de frutos silvestres, logo interrompida pela conquista espanhola.

QUE HÁ NA IMAGEM?

Em grupo, identifiquem dois elementos da gravura que confirmem o caráter religioso da cerimônia.

Desenho de Poma de Ayala, século XVII. A imagem mostra o início dos trabalhos agrícolas, que figurava como um ritual religioso. Homens e mulheres trabalham juntos. Enquanto os homens usam ferramentas, as mulheres abrem sulcos na terra com as mãos. Outra mulher lhes oferece *chicha*, uma bebida à base de milho. Todos são iluminados pelo Sol inca. Coleção particular.

The Granger Collection/Glow Images

Stefan Huwiler/imageBROKER/Glow Images

Terraços agrícolas nas ruínas de Pisac, Cuzco, Peru. Ainda hoje, no Peru, é possível ver terraços agrícolas construídos pelos incas. Fotografia de 2016.

A HISTÓRIA NÃO ESTÁ SOZINHA

Geografia

O Império Inca era tão extenso que abrangia regiões de características climáticas muito distintas: o litoral do atual Peru, boa parte da cordilheira andina (conjunto de serras paralelas) e a zona de floresta.

No **litoral**, caracterizado por áreas de clima árido (seco, pouca chuva) e tropical (típico das zonas intertropicais), praticamente não há inverno. Ali os incas cultivavam milho, por exemplo.

Nas **terras altas**, de clima de montanha, também chamado de clima alpino, predomina o frio, sobretudo à noite, e o oxigênio é mais rarefeito. Nessa região, os incas cultivavam batatas. Cuzco, capital do império, é uma cidade situada 3400 metros acima do nível do mar.

Na **zona de floresta**, na região amazônica, o clima é equatorial. O calor é forte sempre, e a umidade é muito elevada. Foi menos explorada pelos incas, que ali praticaram a coleta de frutos silvestres.

Climas da região do Império Inca (1532)

Fonte: elaborado com base em ARRUDA, José Jobson de. *Atlas histórico básico*. São Paulo: Ática, 2009. p. 21; CALDINI, Vera; ÍSOLA, Leda. *Atlas geográfico Saraiva*. São Paulo: Saraiva, 2013. p. 170; SIMIELLI, Maria Elena Ramos. *Geoatlas*. São Paulo: Ática, 2013. p. 24.

1 | Localize Cuzco, a capital do Império Inca, no mapa acima.

2 | Qual foi a segunda cidade mais importante do Império Inca, atualmente a capital de um país sul-americano? Pesquise.

DOCUMENTO

Atahualpa

A frase a seguir foi atribuída a Atahualpa, último soberano dos incas.

> No meu reino, não há folha que se mexa, nem ave que voe, se tal não for a minha vontade.
>
> HUBER, Siegfried. *O segredo dos incas.* Belo Horizonte: Itatiaia, 1996. p. 32.

The Granger Collection/Glow Images

Representação do primeiro encontro entre o conquistador espanhol Francisco Pizarro e o imperador inca Atahualpa. Ilustração de Poma de Ayala, século XVII. Coleção particular.

- **Em sua opinião, qual é o sentido figurado que a frase de Atahualpa contém?**

Tezcatlipoca e Atahualpa

Foi com Tezcatlipoca que iniciamos o capítulo, deus asteca da noite, da morte e de muitas outras coisas. Era comum que os deuses astecas fossem associados a vários fenômenos que, em nossa cultura, são contraditórios. Na deles, não.

Uma das façanhas atribuídas a Tezcatlipoca foi a instituição dos sacrifícios humanos, que os astecas consideravam algo positivo.

Mas, se os deuses astecas podiam representar várias faces da vida ou da morte, o *tlatoani*, como vimos, não representava nenhum deus. Era o primeiro servidor dos deuses, a começar pelo Sol, mas sua pessoa não era divina.

Tudo muito diferente de Atahualpa e de todos os soberanos incas. Nesse império, o próprio soberano inca era divino, considerado nada mais, nada menos do que o filho do Sol.

PUXANDO PELA MEMÓRIA

Após o estudo do capítulo, você manteria sua resposta à pergunta da página 46?

Créditos das imagens de baixo para cima: Costa/Leemage/Agência France-Presse; The Granger Collection/Glow Images; The Bridgeman Art Library/Easypix; Biblioteca da Assembleia Nacional, Paris França; The Bridgeman Art Library/Easypix; The Granger Collection/Glow Images

De Agostini/Getty Images

ROTEIRO DE ESTUDOS

O QUE APRENDEMOS?

1 | A guerra tinha algum sentido religioso para os astecas?

2 | Qual é o significado dos sacrifícios humanos praticados pelos astecas?

3 | Os maias organizaram um império semelhante ao dos astecas e dos incas?

4 | Indique exemplos do avanço da agricultura no México asteca e no Império Inca.

5 | Qual era a língua falada pelos incas? Dê um exemplo de palavra nessa língua.

6 | O que significa a palavra *tlatoani*?

7 | Apresente a diferença em relação à posição divina dos soberanos nas sociedades asteca e inca.

8 | Qual é a relação entre a grandeza dos templos e palácios astecas e incas e as comunidades camponesas do México e do Peru, respectivamente?

9 | Por que a frase seguinte é falsa?

A riqueza e a variedade dos objetos de ouro produzidos pelos astecas indica que aquela sociedade apreciava o luxo e valorizava metais preciosos.

10 | Por que a serra andina, onde floresceu o Império Inca, foi importante para a agricultura das populações indígenas?

PESQUISA

A base da alimentação asteca era o milho, que era consumido com sal após breve cozimento em água. Os astecas também usavam o milho para fazer uma espécie de pão fino, no qual colocavam feijão e outros alimentos. Outro prato, também à base de milho, era um mingau cuja massa era fervida em folhas de bananeira ou de abacate. Na maioria dos pratos, acrescentava-se muita pimenta, o que até hoje caracteriza a comida mexicana.

- Pesquise o nome do pão e do mingau feitos à base de milho na culinária asteca. Uma dica: o pão é hoje conhecido por um nome espanhol, enquanto o mingau conserva o nome nativo.

IMAGENS CONTAM A HISTÓRIA

A imagem que você vê ao lado mostra um soberano inca olhando para o Sol.

- Discutam em grupos por que a cena retratada pode ser classificada como uma representação religiosa do Império Inca.

The Bridgeman Art Library/Easypix

Detalhe de desenho elaborado por Poma de Ayala, século XVI. Coleção particular.

O PASSADO PRESENTE

Anualmente, em 24 de junho, os peruanos celebram a maior festa da cultura inca, o **Inti Raymi**, ou a Festa ao deus Sol. Milhares de pessoas participam dessa encenação, que acontece nos arredores de Cuzco, a antiga capital do Império Inca. A cerimônia começa com o imperador inca realizando uma invocação ao Sol no lugar onde ficava Coricancha, o templo do Sol. Dali, carregado em uma liteira, o imperador segue até as ruínas da fortaleza de Sacsayhuamán. Músicas e danças tradicionais indígenas acompanham o cortejo.

No tempo dos incas, essa festa marcava o início do ano. O imperador, seus oficiais e os camponeses oravam para que as colheitas fossem abundantes. Sacrificavam lhamas em honra ao deus Sol.

Depois da conquista espanhola, o templo do Sol foi destruído e uma igreja foi construída sobre suas ruínas. Os espanhóis proibiram a festa em 1572, por considerá-la pagã. Ela só voltou a ser celebrada no século XX e hoje atrai turistas de diversos continentes.

Art Images Archive/Glow Images

Inti Raymi, também conhecido como Festival do Sol, Cuzco, Peru. Neste festival, a população de Cuzco recria uma festividade inca. Fotografia de 2015.

- Considerando que o folclore exprime a memória de um povo, qual é a memória que os participantes da festa construíram sobre o passado incaico? Discutam em grupo.

Lienzo de Tlaxcala, século XVI. Coleção particular.

akg-images/Latinstock

CAPÍTULO 4

A CONQUISTA DA AMÉRICA

A conquista espanhola da América deu origem a um dos maiores impérios da história mundial. Milhões de ameríndios foram submetidos ao rei da Espanha e forçados a trabalhar para os conquistadores. O império espanhol nasceu sobre as ruínas dos impérios do Sol.

A imagem acima faz parte de um documento indígena chamado, em espanhol, *Lienzo de Tlaxcala* (Tela de Tlaxcala). A imagem é um dos 87 pequenos desenhos pintados nessa tela que contam a história da conquista do Império Asteca pelos espanhóis, em 1521. A tela, porém, só foi pintada na década de 1550.

O império espanhol foi o mais rico e cobiçado dos impérios coloniais na época moderna. Os metais preciosos da América invadiram a Europa. Prata e ouro foram transformados em moeda, estimulando o comércio internacional. A outra face dessa moeda foi o trabalho indígena no interior das minas, realizado em galerias profundas, mal iluminadas e inseguras. As frequentes mortes dos trabalhadores foram o preço pago pelas fortunas acumuladas na era mercantilista.

Este capítulo trata da história dos impérios e das sociedades coloniais no período moderno.

PUXANDO PELA MEMÓRIA

Qual é o motivo de existir ao sul do Brasil, em território que foi colônia da Espanha, o chamado "rio da Prata"?

Créditos das imagens de baixo para cima: Blue Lantern Studio/Corbis/Getty Images; Gianni Dagli Orti/Alamy/Fotoarena; Hulton Archive/Getty Images; Album/akg-images/Latinstock ; Felipe Guzman Poma de Ayala; G. Dagli Orti/De Agostini Picture Library/Getty Images.

Segredos de Malinche

Nascida entre 1496 e 1501, Malinche é também conhecida como Malintzin ou Malinalli, que, na língua *náuatl*, significa "a que fala com vivacidade", com inteligência. Os pais deram à menina um nome que parecia antecipar seu futuro: ela falava muito e sabia o que dizer...

Malinche era natural de uma região entre o Império Asteca e a península de Iucatã, que também pertence ao México atual. No século XVI, porém, Iucatã abrigava as cidades de um império desaparecido: o Império Maia.

Ela ficou órfã de pai muito cedo e foi vendida para comerciantes maias. Não se sabe como foi a vida de Malinche entre os maias. Sabe-se, porém, que ela foi uma das vinte escravas que os maias ofereceram aos espanhóis quando estes chegaram a Iucatã, em 1519. Malinche tinha, então, entre 19 e 23 anos. Os espanhóis tinham chegado ao Novo Mundo havia 27 anos, mas tinham se limitado a ocupar as Antilhas, no Caribe.

O chefe dos espanhóis que desembarcaram em Iucatã, Hernán Cortés, achou-a linda. Percebeu, também, que Malinche poderia ser útil, pois falava duas línguas: a dos astecas e a dos maias. E Cortés estava ali com o objetivo de conquistar o Império Asteca.

Lienzo de Tlaxcala, século XVI. Cortés e Malinche com Montezuma, em Tenochtitlán. Coleção particular.

akg-images/Latinstock

CÁ ENTRE NÓS

A comunicação escrita dos astecas não se baseava em qualquer alfabeto, mas em pictogramas, pequenos ícones cujo tema, forma e cor possuíam significados específicos. As telas onde se faziam os registros eram elaboradas com fibras de uma planta chamada agave. A notícia da chegada de Cortés foi comunicada a Montezuma por esse meio.

Um sinal do fim do mundo

Quando chegou a Iucatã, em 1519, a expedição comandada por Cortés tinha ordens do governador da ilha de Cuba para fazer o reconhecimento do litoral. Afinal, desde 1492, quando Colombo chegou às ilhas do Caribe, os espanhóis ainda não tinham se aventurado no continente americano.

No Império Asteca

A notícia de que haviam chegado homens vindos do mar em "caixas flutuantes" logo ficou conhecida em Tenochtitlán, a capital asteca. O mensageiro informou ao imperador Montezuma que os homens tinham o rosto coberto de pelos, soltavam fogo pelos braços, usavam capacetes reluzentes e montavam em animais de quatro patas e com casco. Montezuma se assustou. Até então, os astecas jamais tinham visto um navio, nem homens barbados, nem armas de fogo ou escudos de metal.

Qual foi a reação de Montezuma? Ficou mudo! O imperador asteca, o *tlatoani*, isto é, "aquele que fala", que comanda, ficou sem palavras diante das características dos europeus relatadas.

Mary Evans/Aisa Media/Easypix

Montezuma recebe mensageiros, óleo sobre tela de Adrian Unzueta, século XIX. Coleção particular.

No Império Inca

Alguns anos depois, por volta de 1530, a mesma coisa aconteceu no Império Inca. Bastou a notícia de que os "homens barbudos" tinham desembarcado na costa peruana para que o imperador Atahualpa entrasse em pânico. Eram homens? Eram deuses? Atahualpa não sabia. Nenhum inca sabia.

A reação de Montezuma e de Atahualpa pode ser resumida em uma palavra: medo. Não sabiam se eram deuses ou inimigos. Os incas temiam que o fim do mundo estivesse próximo, como diziam as suas conhecidas lendas.

Uma coisa era certa: com a chegada dos espanhóis, os dias do império do Sol estavam contados.

Conquistadores espanhóis

Os espanhóis que buscaram o Novo Mundo depois da viagem de Colombo tinham o objetivo de encontrar riquezas: ouro, pedras preciosas, pérolas. Tudo aquilo que diziam existir no Oriente, os conquistadores achavam que também haveria na América.

Afinal, se o próprio Colombo pensou que estava nas Índias quando chegou às Antilhas, por que os espanhóis não iriam pensar que ali havia tesouros fabulosos? Colombo morreu convencido de que tinha alcançado o "Outro Mundo" – não um Novo Mundo. Mas para os espanhóis daria no mesmo, desde que encontrassem ouro e riquezas sem fim.

Entre os conquistadores, que depois ganharam fama e títulos de nobreza, quase não havia nobres de origem. Eles eram soldados e marinheiros de profissão, e também sapateiros, açougueiros, alfaiates, pequenos mercadores. Os poucos nobres presentes nas expedições estavam falidos ou eram jovens sem herança.

O que havia em comum entre eles? O espírito de aventura e o desejo de subir na escala social. A frase típica desses homens era: "Vou ao Novo Mundo para valer mais!". Valer mais do que valiam na Espanha. Valer mais ou morrer em combate.

O encontro de Hernán Cortés e Montezuma. Óleo sobre tela de Juan Ortega, 1885. Coleção particular.

G. Dagli Orti/De Agostini Picture Library/Getty Images

Rebeldia de Cortés

Hernán Cortés era nobre, mas pobre. Começou a estudar Direito, mas não concluiu os estudos. Como faltava dinheiro, virou soldado.

Cortés tinha 35 anos de idade quando desembarcou em Iucatã. Ao chegar ao continente, soube que havia um império muito rico no vale central do México. Era o Império Asteca. Como vimos, Cortés estava autorizado apenas a observar o litoral e, em seguida, deveria regressar à ilha de Cuba.

Mas Cortés não seguiu as instruções, por um motivo: Malinche. Ela aprendeu o suficiente da língua espanhola para traduzir os diálogos entre Cortés e os maias. Mais tarde, traduziu os diálogos entre Cortés e os astecas.

Malinche tornou-se amante de Cortés. Dedicou-se ao aprendizado da língua que poderia resgatá-la do cativeiro. O convívio com o cavaleiro espanhol era um caminho perfeito para isso.

Quando soube da ordem de Diego Velázquez, governador de Cuba, de que deveria regressar à ilha, Cortés mandou queimar quase todos os seus navios para não ter de obedecer àquela ordem.

O exército de Cortés tinha cerca de 450 homens, alguns a cavalo, mas a maioria a pé, além de dezenas de canhões e centenas de arcabuzes (uma espécie de espingarda). Cortés teve muito sucesso nessa aventura. Encontrou e prendeu Montezuma e aliou-se a seus inimigos. Chegou ao México em 1519. Dois anos depois, conquistou o Império Asteca.

Rota de Cortés, de Cuba a Tenochtitlán

Fontes: elaborado com base em KINDER, Hermann; HIGELMANN, Werner. *Atlas histórico mundial*: de los orígenes a la Revolución Francesa. Madrid: Istmo, 1982. p. 236.

Ambições de Francisco Pizarro

O principal comandante espanhol na conquista do Império Inca se chamava Francisco Pizarro. Era homem simples e sem grande instrução. Mas também era ambicioso, inteligente e estava decidido a brigar por riqueza e prestígio para compensar a miséria de sua juventude.

Após duas expedições fracassadas, por falta de homens e suprimentos, Pizarro conseguiu encontrar guerreiros incas, confirmando a notícia de que ali havia um império tão ou mais rico que o dos astecas. Além disso, capturou jovens que, mais tarde, seriam valiosos intérpretes.

Em 1529, Pizarro recebeu autorização da Coroa espanhola para conquistar o Império Inca. Ele montou uma expedição com cerca de 200 homens, ou seja, nem a metade do exército de Cortés.

Apesar disso, Pizarro atingiu um de seus objetivos. Chegou ao litoral peruano em 1530 e, dois anos depois, foi convidado pelo imperador Atahualpa para um encontro na cidade inca de Cajamarca.

Pizarro já sabia que o Império Inca era muito centralizado. Se capturasse o imperador inca, suas chances de vitória aumentariam. Então decidiu sequestrá-lo no encontro de Cajamarca. Tão logo encontrou Atahualpa, os canhões espanhóis, que estavam escondidos, começaram a disparar. Os guerreiros incas fugiram em pânico e Atahualpa foi preso.

Ao capturar Atahualpa, Pizarro exigiu um resgate altíssimo para libertar o imperador. Muito ouro e prata. Pizarro recebeu o resgate e, mesmo assim, mandou matar o imperador. O Império Inca caiu em 1533.

As rotas de Pizarro

Ericson G. Luciano/Arquivo da editora

Fontes: elaborado com base em DUBY, Georges. *Atlas Historique*: toute l'histoire du monde en 300 cartes. Paris: Larousse, 2016. p. 154. VICENTINO, Cláudio. *Atlas histórico*: geral e do Brasil. São Paulo: Scipione, 2011. p. 94.

Album Art/Latinstock

Francisco Pizarro, conquistador do Império Inca. Óleo sobre painel de artista anônimo, 1520. Pizarro realizou expedições entre 1526 e 1533. A primeira partiu do Panamá. A última seguiu de Tumbes, no litoral do atual Equador, até Cajamarca, e dali foi para Cuzco, a capital inca. Museu da América, Madri, Espanha.

A HISTÓRIA NÃO ESTÁ SOZINHA

Geografia

No território do antigo Império Inca encontram-se hoje vários países da América do Sul. Compare os mapas abaixo.

América do Sul no tempo do Império Inca

Fonte: elaborado com base em DUBY, Georges. *Atlas historique mondial.* Paris: Larousse, 2006, p. 237.

América do Sul na atualidade

Fonte: elaborado com base em CALDINI, Vera; ÍSOLA, Leda. *Atlas geográfico Saraiva.* São Paulo: Saraiva, 2013. p. 100.

- **Com base na análise dos mapas, indique os atuais países da América do Sul com territórios que pertenceram ao Império Inca.**

Como explicar a conquista?

Como o exército de Cortés, que não tinha mais do que 450 homens, e o de Pizarro, que só tinha 200 soldados, puderam vencer os impérios Asteca e Inca com tanta facilidade?

Seria fácil responder a essa questão dizendo que os espanhóis tinham cavalos, armas de fogo, canhões, além de cães ferozes, e que os indígenas combatiam com armas de madeira e pedra. Mas, na realidade, a superioridade dos armamentos espanhóis não explica o que aconteceu.

Espadas, cavalos e canhões

A população asteca alcançava 25 milhões de pessoas e a do Império Inca passava dos 20 milhões. Os dois impérios possuíam exércitos treinados, que contavam com milhares de guerreiros. Para cada espanhol havia, no mínimo, 50 guerreiros indígenas, diferença que tornava a vitória dos espanhóis praticamente impossível.

O uso das armas pelos espanhóis, pouco numerosas diante da enorme quantidade de guerreiros indígenas, era prejudicado por várias razões:

- os altiplanos mexicano e andino são íngremes, o que certamente dificultou a mobilidade dos cavalos e das carroças que transportavam os canhões;
- o território era ignorado pelos espanhóis, com florestas muito fechadas e cheias de cobras e animais que eles desconheciam;
- atravessar rios com cavalos e canhões não era fácil. Além disso, a pólvora molhava com frequência e se tornava inútil.

Pólvora: substância de origem chinesa usada para disparar armas de fogo.

As armas indígenas, mesmo não usando pólvora ou metais, não eram menos eficientes. Os escudos, sim, por serem de madeira, eram inúteis diante de tiros de arcabuz ou golpes de espadas de aço.

As armaduras e elmos de metal dos conquistadores podiam aguentar, sem dúvida, alguns golpes das armas indígenas: machados com pontas de pedra cortantes, facas de obsidiana, lanças pontiagudas, ainda que feitas de madeira. Mas nem todos tinham armaduras para se defender. Qualquer descuido era fatal.

Na hora do combate, o uso do cavalo favoreceu os conquistadores. Como em todas as guerras antigas, os cavaleiros tinham a vantagem de atacar os inimigos por cima, golpeando-os com espadas ou lanças. Mas quantos cavaleiros havia entre os espanhóis? Algumas dezenas, não mais que isso.

FIQUE DE OLHO

VERNE, Júlio. *Os conquistadores.* Porto Alegre: L&PM Pocket, 2006.

Nesse livro, Júlio Verne fala de vários conquistadores que se aventuraram no Novo Mundo. Entre eles, dois personagens se destacam: Cortés e Pizarro. Dividido entre o horror e o fascínio, o autor conta a história desses homens: Cortés, sua chegada a Iucatã, a conquista do México e, finalmente, a vitória sobre o imperador Montezuma; Pizarro, a conquista do Peru, a queda de Atahualpa e a luta pelo poder até a morte.

Tesouros perdidos – As cidades perdidas dos incas (EUA). National Geographic, 2000. 53 min.

Documentário sobre a descoberta de Machu Picchu, a cidade sagrada dos incas e uma das maiores descobertas arqueológicas do século XX, feita em 1911, pelo pesquisador Hiram Bingham.

OUTRAS HISTÓRIAS TECNOLOGIAS

Importância das armas de fogo e do cavalo na conquista espanhola

Arcabuzes, mosquetes e canhões. Soldados a cavalo vestindo pesadas armaduras. A tecnologia militar dos espanhóis impressionou os nativos. Quando viram um cavalo pela primeira vez, os nativos não sabiam se o cavaleiro e o cavalo eram duas criaturas ou um monstro com duas cabeças.

Blue Lantern Studio/Getty Images

Conquista do México. Ilustração de Donn P. Crane, 1949. A cada tiro disparado, era preciso recarregar o arcabuz com chumbo e pólvora. As flechas indígenas eram disparadas em menos tempo. Coleção particular.

Hulton Archive/Getty Images

Detalhe do *Lienzo de Tlaxcala*, c. 1550. Conquistadores espanhóis e seus aliados de Tlaxcala atacam a cidade de Michuaca. Coleção particular.

Com base nas informações do capítulo, responda:

1 | A imagem 1 valoriza o uso das armas de fogo para explicar a vitória espanhola. Por que o uso de armas de fogo não foi decisivo na conquista espanhola?

2 | Observe com atenção a imagem 2. Ela apresenta o uso do cavalo pelos espanhóis. Por que os cavalos também não foram tão decisivos na conquista espanhola?

Inimigos ou deuses?

Além dos cavalos, os guerreiros astecas e incas nunca tinham visto armas de fogo. Eles acreditavam ser "coisa dos deuses". Há notícia, em alguns documentos, de que bastava um tiro de canhão para que os guerreiros saíssem correndo, sem combater. Não porque tivessem medo do combate, mas porque viam aquilo tudo como um sinal do fim do mundo. Dessa maneira, o pânico tomava conta dos nativos.

O fim do mundo

Nos dois impérios, havia lendas sobre o começo e o fim do mundo. Mas o cristianismo também falava disso. Diferentemente dos cristãos que acreditam, segundo a Bíblia, que o mundo teve um só começo e terá um só fim, incas e astecas acreditavam que o mundo tinha passado por várias eras. O mundo havia desaparecido e renascido das cinzas quatro ou cinco vezes por meio de ciclos sucessivos de criação e destruição.

Para os nativos, a chegada dos espanhóis foi vista como um sinal de que o mundo que conheciam estava no fim. Os espanhóis podiam não ser deuses, mas sim invasores – foi o que pensaram os imperadores nativos. Nesse caso, valia a pena conversar com eles, oferecer-lhes presentes, negociar.

Montezuma, no México asteca, e Atahualpa, no Império Inca, tentaram conversar com esses "deuses". Montezuma acabou refém de Cortés, depois de recebê-lo em Tenochtitlán. O mesmo aconteceu com Atahualpa, no encontro de Cajamarca.

FIQUE DE OLHO

STEELE, Philip. *Jornal dos astecas.* Belo Horizonte: Dimensão, 1996.

Por meio de reportagens, o livro conta como foram alguns dos grandes eventos políticos da história asteca, mostra como foi a inauguração do Grande Templo de Tenochtitlán e por que Montezuma tratou os espanhóis como se fossem deuses, entre outros acontecimentos.

DOCUMENTO

Cortés escreve ao rei espanhol

> Há uma mesquita principal que não existe língua humana que consiga descrever a sua beleza [...]. Ali é que ficam seus ídolos. Os principais destes ídolos e nos quais eles tinham mais fé eu derrubei de seus assentos e os fiz descer escada abaixo. Fiz também com que limpassem aquelas capelas, pois estavam cheias de sangue dos sacrifícios que faziam. No lugar dos ídolos, mandei colocar imagens de Nossa Senhora e de outros santos, apesar da resistência de Montezuma.
>
> CORTÉS, Fernando. *A conquista do México.* Porto Alegre: L&PM, 2007. p. 43.

- Por que será que Cortés usou o termo **mesquita** quando se referiu ao templo asteca?

Os aliados indígenas dos espanhóis

Astecas e incas enfrentaram o medo e trataram de se defender diante dos europeus. Perceberam que os espanhóis não eram deuses e passaram a lutar com bravura. Os espanhóis, por sua vez, se deram conta de que não poderiam vencer os nativos sem alianças locais.

Na conquista do México, mais rápida do que a do Império Inca, a grande aliada e conselheira de Cortés foi Malinche. Ela sabia quais eram os inimigos dos astecas, os povos e as cidades que não suportavam mais a tributação do império.

Assim, Cortés buscou fazer aliança com as cidades indicadas por Malinche, como Tlaxcala. Prometeu vantagens aos chefes das cidades rivais a fim de conseguir apoio das tropas nativas.

A conquista do Império Asteca foi concluída em 1521. Um ano depois, nasceu Martín, filho de Malinche e Cortés. Mas Cortés já era casado na Espanha, portanto nunca oficializou sua união com Malinche. Para ele, Malinche foi amante, intérprete e conselheira militar.

QUE HÁ NA IMAGEM?

Que elementos da imagem ao lado confirmam a importância de Malinche na conquista espanhola do Império Asteca?

akg-images/Fotoarena/Biblioteca Nacional, Paris, França.

Detalhe de *Lienzo de Tlaxcala*, século XVI. Pinturas confirmam que os nativos perceberam muito bem o papel decisivo de Malinche na conquista do México. Esta imagem mostra um encontro entre Cortés e um grupo asteca. Malinche, ao lado de Cortés, é a intérprete. Coleção particular.

Na conquista do Império Inca também aconteceu esse tipo de aliança entre Pizarro e os inimigos do imperador. O império estava dividido desde 1525 por uma disputa entre o imperador Atahualpa e seu irmão, Huáscar. Na briga pelo poder, Atahualpa mandou matar o irmão. Pizarro se aproveitou desse conflito e recrutou os partidários de Huáscar para derrubar o império.

Em outras áreas da América, a conquista espanhola seguiu o estilo da conquista dos impérios Asteca e Inca. Assim, o apoio de grupos nativos foi essencial para o sucesso dos conquistadores. A maioria dos indígenas, porém, pagou a conta da guerra com a própria vida.

CÁ ENTRE NÓS

A população asteca, de 25 milhões de pessoas em 1519, mal passava de 1 milhão em 1605.

Exploração e humilhação

O primeiro ato dos colonizadores foi o saque violento das sociedades indígenas. Os espanhóis pilharam os tesouros depositados em templos e palácios. Máscaras de ouro, estatuetas e joias foram convertidas em barras de ouro. Os espanhóis destruíram boa parte do patrimônio cultural nativo, transformando em moeda os objetos que, para os indígenas, possuíam valor sagrado.

Os nativos valem ouro e prata

Terminada a etapa do saque, veio a exploração mineradora do ouro e principalmente da prata, bem mais abundante. As principais minas de prata foram descobertas na metade do século XVI. Estavam localizadas no México atual (Zacatecas e Guanajuato) e na região de Potosí, na atual Bolívia.

A imensa maioria dos indígenas continuou sofrendo as consequências da conquista. Os espanhóis não os escravizaram, mas impuseram aos nativos um ritmo de trabalho desumano. Para recrutá-los, utilizaram os antigos sistemas locais – *mita* e *cuatequil* –, que adaptaram às exigências de uma economia colonial de exportação, com destaque para os metais preciosos.

Como os espanhóis haviam derrubado os impérios, não restou mais nenhum poder centralizado nos antigos territórios asteca e inca. A saída encontrada pelos conquistadores para manter o sistema de recrutamento de mão de obra das aldeias foi engenhosa. Simplesmente transformaram os chefes de aldeia em funcionários locais da Coroa espanhola.

O rei espanhol autorizou a doação de terras e outros benefícios a esses chefes, como a liberação do trabalho nas minas, deles e de suas famílias. Resultado: os chefes indígenas das aldeias colaboravam com a exploração dos nativos. Se algum chefe não concordasse, os espanhóis o substituíam por outro colonizador.

O fim de Malinche

Hernán Cortés morreu na Espanha, em 1547. Martín, filho de Cortés e Malinche, herdou títulos e propriedades do pai. Mas perdeu tudo por desafiar a autoridade do rei espanhol Filipe II.

E Malinche, como ficou? Em 1524, Cortés a levou como intérprete para reprimir uma revolta dos maias, na América Central. Mas ele só queria dela os serviços de tradutora e os valiosos conselhos. Arranjou, então, o casamento de Malinche com um espanhol, Juan Jaramillo. Ela passou, então, a ser conhecida como Dona Marina. A maioria dos historiadores garante que Malinche morreu em 1529, de varíola, como milhões de nativos da América.

PUXANDO PELA MEMÓRIA

Após o estudo do capítulo, você manteria sua resposta à pergunta da página 64?

Créditos das imagens de baixo para cima: Blue Lantern Studio/Corbis/Getty Images; Gianni Dagli Orti/Alamy/Fotoarena; Hulton Archive/Getty Images; Album/akg-images/Latinstock ; Felipe Guzman Poma de Ayala; G. Dagli Orti/De Agostini Picture Library/Getty Images.

ROTEIRO DE ESTUDOS

De Agostini/Getty Images

O QUE APRENDEMOS?

1 | Por que o pânico que tomou conta dos indígenas astecas e incas, no início da conquista espanhola, não deve ser entendido como covardia?

2 | Quais são as principais razões para compreendermos a rapidez e o sucesso da conquista do Império Asteca?

3 | Relacione a disputa entre Atahualpa e Huáscar e a conquista do Império Inca pelos espanhóis.

4 | O sucessor do imperador asteca Montezuma foi Cuahtémoc, que tentou massacrar os espanhóis em 1520. Qual é a diferença de sua atitude em relação à de Montezuma diante dos espanhóis?

5 | Por que o uso de armas de fogo, como os arcabuzes e os canhões, não foi decisivo para a vitória dos espanhóis sobre os indígenas?

6 | Os espanhóis que conquistaram os impérios indígenas pertenciam à alta nobreza espanhola?

7 | O que Malinche tem a ver com a conquista espanhola do Império Asteca?

8 | Qual é a relação entre os sistemas de trabalho usados nos impérios Asteca e Inca e a colonização espanhola?

9 | Por que a frase a seguir é falsa?

A elevada mortalidade indígena que sucedeu à conquista foi provocada pela brutalidade dos conquistadores espanhóis.

10 | Relacione a topografia acidentada dos planaltos mexicano e andino com a dificuldade que os espanhóis enfrentaram nas guerras de conquista.

PESQUISA

Após a conquista espanhola, alguns guerreiros se refugiaram, com suas famílias e tropas, na região de Vilcabamba, próxima de Cuzco. Liderados por um irmão de Atahualpa, chamado Manco Capac, em 1539 construíram uma fortaleza, que se tornou a sede do governo rebelde. O principal objetivo do movimento era reconquistar o império perdido através de uma rebelião geral, incluindo as comunidades sob domínio espanhol. Essa resistência, que durou mais de 30 anos, foi tão importante que o refúgio de Vilcabamba ficou conhecido como **Império Neo-inca** (Novo Império Inca). Mas tudo desabou em 1572, quando os espanhóis derrotaram os rebeldes e capturaram seu último governante.

Photo12/UIG/Getty Images

Representação da captura do último imperador inca de Vilcabamba. Desenho de Poma de Ayala, escritor de origem indígena. Manuscrito peruano, século XVI. Coleção particular.

- Consulte a internet para descobrir detalhes do movimento de resistência indígena na região andina.
  a) Como os rebeldes costumavam atacar os espanhóis a partir de Vilcabamba?
  b) Quem foi o último governante dos incas rebeldes?
  c) Qual foi o seu destino após ser capturado pelos espanhóis?

IMAGENS CONTAM A HISTÓRIA

A conquista espanhola resultou na sujeição da população indígena das regiões dominadas. A exploração do trabalho dos nativos foi somada à imposição do cristianismo como religião oficial. As lideranças indígenas foram incentivadas a colaborar com o colonizador em troca de algumas vantagens, como não trabalhar na economia colonial.

- Observe a imagem ao lado e discuta com seus colegas, em grupo: como a figura expressa as relações de poder na sociedade colonial ibero-americana?

Felipe Guzman Poma de Ayala/Coleção particular

Xilogravura de Poma de Ayala, mestiço que descendia da nobreza inca. Ele escreveu e ilustrou o livro *Nova crônica e bom governo* (1615). Coleção particular.

O PASSADO PRESENTE

Em 1910, estourou uma grande revolução no México. O governo, liderado por fazendeiros ricos, foi confrontado por uma aliança que incluía desde comerciantes nacionalistas até camponeses empobrecidos. Muitos desempregados, na cidade e no campo, aderiram à revolução. O objetivo dos revolucionários era derrubar o governo, que ganhava uma eleição atrás da outra por meio de fraudes.

Os revolucionários ainda acusavam o governo de favorecer os interesses econômicos dos Estados Unidos e defendiam a valorização das tradições indígenas no país. Passaram a usar a palavra **malinchismo** para caracterizar os grupos que vendiam o país para os estrangeiros. Esse termo se inspirou na figura de Malinche, a jovem que ajudou Cortés na conquista do Império Asteca. Até hoje a palavra **malinchismo** é usada, no México, como sinônimo de traição à nação mexicana.

- Em grupo, discutam se o conceito de **malinchismo** é fiel à **história** ou se resulta da **memória** construída pela Revolução Mexicana do século XX.

Fraude: ato contrário à lei; irregularidade.

Reprodução/Biblioteca Municipal Mário de Andrade, São Paulo, SP.

Gravura incluída na obra *Duas viagens ao Brasil*, de Hans Staden, 1557. Biblioteca da Universidade de Stanford, Califórnia, Estados Unidos.

CAPÍTULO 5

A SOCIEDADE TUPINAMBÁ EM PINDORAMA

A terra que mais tarde viria a se chamar Brasil, era chamada de diversas maneiras pelos povos que nela viviam na época da chegada dos portugueses. A mais comum era Pindorama, que significa, na língua tupi, "terra das palmeiras" ou "terra de árvores grandes e altas". Mas quais indígenas habitavam a terra das palmeiras? Como viviam?

Tudo é muito misterioso quando se trata da história dos indígenas antes da chegada dos portugueses. Como não possuíam escrita, só podemos saber sobre eles consultando relatos escritos pelos europeus que estiveram por aqui – cartas e diários de portugueses, e também de franceses, que logo depois disputaram o litoral com os portugueses.

Com essas pistas e as pesquisas arqueológicas e em história oral, muito foi descoberto e escrito sobre o modo de vida e a organização social desses grupos antes da chegada dos europeus à América.

São os povos indígenas originários do que hoje é o Brasil que vamos estudar neste capítulo.

PUXANDO PELA MEMÓRIA

Você conhece algum significado para o termo **tupi**? E o que ele tem que ver com palavras como **perereca**, **mingau**, **capivara** e **jiboia**?

Créditos das imagens de baixo para cima: Renato Soares/Pulsar Imagens; Reprodução/Biblioteca Municipal Mário de Andrade, São Paulo, SP; Renato Soares/Pulsar Imagens; Reprodução/Museu Nacional da Dinamarca, Copenhague, Dinamarca; Reprodução/Museu Nacional da Dinamarca, Copenhague, Dinamarca; Reprodução/Biblioteca Municipal Mário de Andrade, São Paulo, SP.

Entre 1000 e 1400: Povos tupis avançam do interior para o litoral do atual Brasil.

Cunhambebe

Cunhambebe era um grande guerreiro tamoio, grupo indígena que habitava a região compreendida entre Cabo Frio, no atual Rio de Janeiro, e Bertioga, no atual estado de São Paulo. Os tamoios eram falantes de tupi, língua da maioria dos grupos indígenas que habitavam o litoral antes da chegada dos portugueses.

Homem forte e mais alto do que a maioria dos indivíduos de seu grupo, Cunhambebe liderou frotas de canoas por angras e recôncavos. Combateu os tupiniquins, que viviam no planalto de Piratininga, e derrotou os temiminós, que viviam na baía da Guanabara antes que ali se fixassem os tamoios. Enfrentou também os portugueses colonizadores e aprendeu a usar armas de fogo. Chegou a colecionar, como troféus, uma espada e seis canhões tomados dos portugueses em batalha.

Bilwiss Edition/akg-images/Latinstock

Singularidades da França Antártica, ilustração de André Thevet, século XVI. Cunhambebe dizia ter comido mais de 10 mil inimigos. Coleção particular.

O povo e a língua tupi

Os indígenas tupis predominavam no litoral do atual Brasil nos anos 1500. Foram os primeiros a entrar em contato com os portugueses colonizadores. Eles estavam divididos em vários subgrupos, como tupiniquins, tamoios, temiminós, tupinambás e muitos outros. Podemos chamá-los de tupis porque possuíam um modo de vida comum e falavam a mesma língua, o tupi.

FIQUE DE OLHO

SCATAMACCHIA, Maria Cristina Mineiro. *O encontro entre culturas*. São Paulo: Atual, 2008. (Coleção A vida no tempo).

Por meio das crônicas escritas na época da chegada dos europeus, você vai perceber o choque cultural entre tupis e portugueses no século XVI.

CÁ ENTRE NÓS

Cultura é uma palavra que, no mundo de hoje, pode ser mais bem definida como o conjunto de valores, crenças e costumes de determinada sociedade, seja ela qual for. Muitas pessoas costumam usar o termo "cultura" como sinônimo de boa educação, aplicando-se também às pessoas que possuem muitos e variados conhecimentos. Por exemplo, é comum dizer que alguém é "culto" quando conhece literatura, artes, ciências, etc. Mas essa é uma definição eurocêntrica de cultura. Não vale para analisar as culturas indígenas.

A origem dos nomes indígenas

É preciso cuidado na atribuição de nomes aos diversos grupos tupis. Isso porque muitos nomes eram mesmo nativos, mas outros foram dados pelos europeus. Por vezes os portugueses chamavam os indígenas pelo nome do lugar em que viviam ou por alguma palavra usada com frequência pelos nativos. Nesse caso, os nomes indígenas resultaram de mal-entendidos, falhas na comunicação. Não exprimiam a identidade tradicional do grupo nativo.

Observe, no mapa abaixo, os nomes atribuídos aos grupos indígenas que habitavam o litoral brasileiro.

Brasil: principais grupos indígenas do litoral (século XVI)

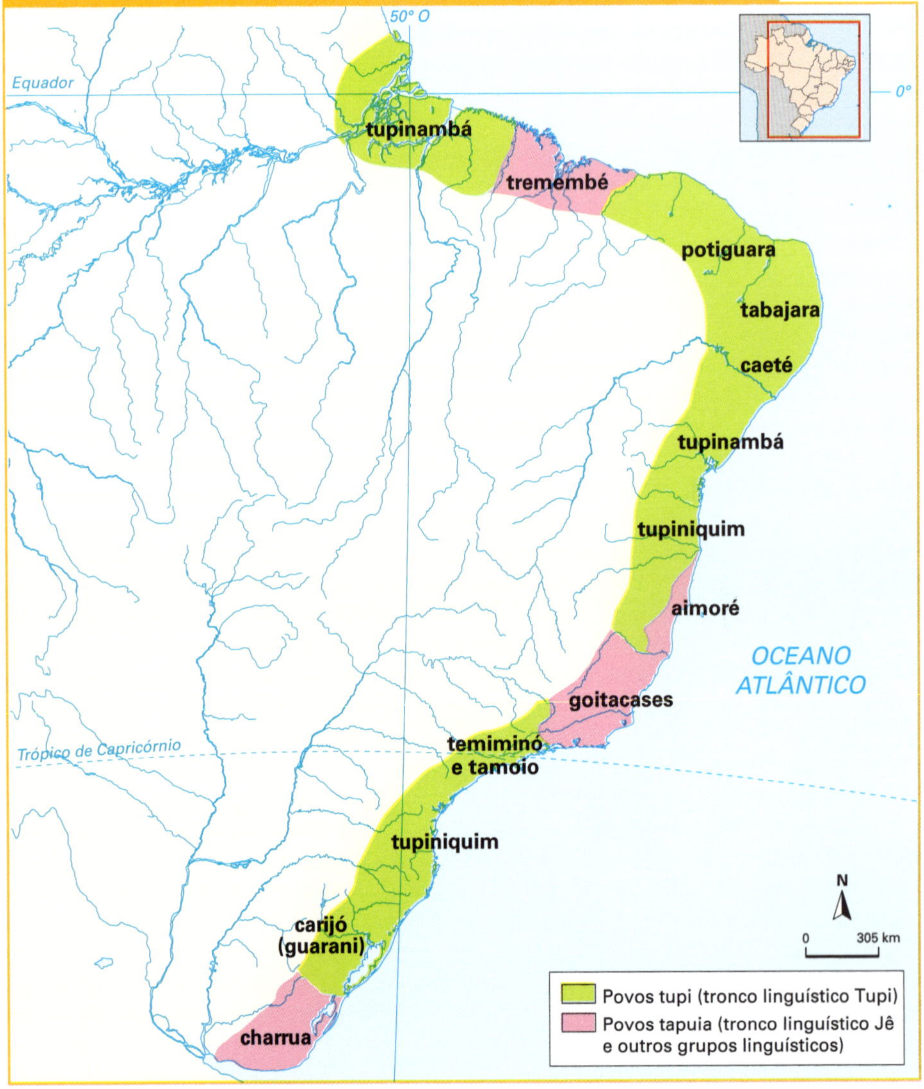

Fontes: elaborado com base em: BETHELL, Leslie. *História da América Latina*. São Paulo: Edusp, 1998. v. 1. p. 103; ALBUQUERQUE, Manoel Maurício de; REIS, Arthur Cézar Ferreira; CARVALHO, Carlos Delgado de. *Atlas histórico escolar*. Rio de Janeiro: Fename, 1978. p. 10.

Trata-se de um mapa que nomeia os principais grupos de nosso litoral no início do século XVI. No entanto, como a maioria dos mapas sobre a população indígena, ele distingue os tupis dos tapuias, embora indique o nome específico de cada subgrupo.

FIQUE DE OLHO

Antes do Brasil – episódio 1 (Brasil). Direção de Arthur Fontes, 2011. 25 min. (Série Histórias do Brasil). Disponível em: <http://tvbrasil.ebc.com.br/historiasdobrasil/episodio/antes-do-brasil-episodio-1>. Acesso em: 6 maio 2018.

O alemão Franz, confundido com um inimigo francês, é capturado pelos tupinambás. Seu destino é ser devorado pelos indígenas. Trata-se de uma recriação do relato de Hans Staden, usando nomes fictícios.

VOCÊ JÁ OUVIU FALAR

... que a Terra Indígena Parque do Araguaia abriga, atualmente, cerca de quinze grupos indígenas?

Entre os indígenas que vivem ali estão: carajás, javaé, tapirapés, tuxás e os avá-canoeiros, também conhecidos como caras-pretas, que rejeitam contato com os não índios e demais indígenas das aldeias mais próximas.

Podemos chamar os aimorés ou charruas de tapuias? Não, porque a palavra **tapuia** não designa um grupo indígena caracterizado por falar determinada língua. Tapuia é como os tupis designavam os povos indígenas que não falavam a língua tupi. Os portugueses adotaram essa designação desde o período colonial.

Os indígenas ditos tapuias falavam línguas diferentes do tupi, como a língua **jê**. Muitas dessas línguas são faladas até hoje por grupos indígenas no interior do Brasil, como os **crenaques**, que vivem em reservas indígenas em Minas Gerais, ou os **carajás**, na região do rio Araguaia (localizado entre as regiões Centro-Oeste e Norte do Brasil).

Vamos retomar o nome do guerreiro tamoio Cunhambebe. *Cunhã*, em tupi, quer dizer "mulher", por vezes mãe, e *bebé* significa "voar". Será que Cunhambebe significa "Mulher que Voa"? Alguns estudiosos acham que sim, mas é difícil acreditar nisso. Cunhambebe era guerreiro, uma atividade exercida somente pelos homens naquela sociedade. Naquela época, cabia às mulheres cuidar dos filhos, trabalhar na agricultura da mandioca e produzir o **cauim**, uma bebida alcoólica que os índios usavam em suas festas. Cunhambebe era homem, não mulher, e não voava, é claro.

FIQUE DE OLHO

Hetohoky – O ritual de iniciação dos meninos Karajá (Brasil). Museu do Índio, 2011. 4:34 min.

Disponível em: <http://pib.socioambiental.org/pt/povo/karaja/2368>. Acesso em: 23 maio 2018.

O vídeo trata da cerimônia de iniciação dos jovens carajás e de como esse povo valoriza sua cultura.

Reprodução/Museu Nacional da Dinamarca, Copenhague, Dinamarca.

Dança tapuia, óleo sobre tela do holandês Albert Eckhout, 1641. Além de documentos escritos, viajantes europeus pintaram imagens dos indígenas, inclusive dos chamados tapuias. Coleção Real de Arte, Copenhague, Dinamarca.

OUTRAS HISTÓRIAS MODOS DE VIVER

Cauim, uma bebida indígena

Cauim é uma bebida produzida à base de mandioca. Até hoje, o cauim é apreciado por grupos indígenas na Amazônia e em outras regiões da América.

Entre os tupis, eram as mulheres que produziam essa bebida. Elas mastigavam as raízes pré-cozidas até formar uma pasta, que cuspiam em uma panela de barro. Depois, colocavam a panela no fogo e mexiam com colher de pau até cozinhar. Por último, o cauim era reservado para fermentar. Em suas festas, os índios bebiam muito cauim, e por isso elas foram chamadas de **cauinagem** pelos estudiosos.

Mulheres preparando a bebida. Xilogravura incluída na obra *Duas viagens ao Brasil*, de Hans Staden, 1557. Biblioteca Brasiliana Guita e José Mindlin, Universidade de São Paulo, São Paulo.

- Será que os portugueses deixaram a sua bebida preferida e passaram a beber cauim? Pesquise qual era a bebida preferida dos portugueses e se eles adotaram o cauim.

Maloca, a casa indígena

Em todo o litoral atlântico, os índios tupis viviam em **malocas**, abrigos feitos de palha, talos de madeira e folhas de palmeira, sem janelas. Elas possuíam apenas duas aberturas laterais, para arejar e refrescar, e uma no centro, por onde entravam e saíam as pessoas. Eram sete ou oito malocas por aldeia. Nas malocas moravam várias famílias, somando de 50 a 200 pessoas.

As malocas não tinham divisão interna: o espaço interior, que podia chegar a duzentos metros quadrados, era tomado por redes penduradas em estacas de madeira, onde os índios dormiam, embora também dormissem no chão, deitados em esteiras de palha.

A maloca era, ao mesmo tempo, dormitório coletivo, lugar onde as mulheres faziam farinha, assavam mandioca, fermentavam cauim e, ainda, lugar de festas.

O chefe da maloca era sempre um grande guerreiro. Não por acaso, a palavra **maloca** significa "casa de guerra" – embora, no interior delas, prevalecesse a paz.

Cada grupo de malocas era protegido por uma paliçada feita de troncos de palmeira rachada.

Paliçada: fortificação composta de estacas cravadas no solo ao redor de um forte, aldeia ou vila.

Aldeia indígena fortificada. Detalhe de ilustração de Theodore de Bry, c. 1591. Museu da Marinha, Paris, França.

akg-images/Album/Fotoarena/Museu da Marinha, Paris, França.

VOCÊ JÁ OUVIU FALAR

... que, quando as mulheres indígenas pariam seus filhos, eram seus maridos que se deitavam na rede para descansar e receber os cumprimentos?

Os indígenas acreditavam que as crianças eram geradas somente pelos pais, homens. Na cultura tupinambá, em relação à reprodução, as mulheres eram consideradas o abrigo dentro do qual os bebês cresciam. Por isso, eram os homens que ficavam em repouso após o parto de suas mulheres.

FIQUE DE OLHO

GUARINELLO, Norberto. *Os primeiros habitantes do Brasil*. São Paulo: Atual, 2011.

A obra apresenta a diversidade das culturas indígenas no Brasil antes da chegada dos portugueses, contrastando povos nômades, como os aimorés, e semissedentários, como os tupinambás.

CÁ ENTRE NÓS

Entre os tupis havia vários nomes de significado incerto. **Tamoio**, por exemplo, nome do grupo indígena liderado por Cunhambebe, significa "avô", em tupi. Talvez fosse um nome que os indígenas usassem para identificar o próprio grupo. Quem sabe desejassem, com esse nome, mostrar que eram os mais antigos na região, especialmente para seus maiores inimigos, os temiminós, com os quais disputavam a região? Fatos como esse mostram que também as palavras têm história.

Guerreiros e canibais

A guerra era a atividade mais valorizada entre os tamoios e demais grupos tupis. Os guerreiros se preparavam para ela pintando o corpo, o cabelo e os pés de vermelho, com urucum. O rosto, eles pintavam de vermelho e também de preto, com jenipapo.

Combatiam com arcos feitos de paus resistentes, mas elásticos, de onde lançavam suas flechas de ubá, também chamada cana-brava ou cana-do-rio.

Chefes indígenas, como Cunhambebe, tinham várias esposas, o que somente era possível para os grandes guerreiros. E, para ser reconhecido como um grande guerreiro, era preciso sobreviver a muitas batalhas, matar muitos inimigos e, o mais importante, capturar prisioneiros.

Mas os tupis não capturavam os inimigos para escravizá-los. Ao contrário do que muitos escreveram sobre os indígenas brasileiros, chamando-os de preguiçosos, os tupis não tinham preguiça nenhuma. Esses povos indígenas gostavam de caçar e pescar e não produziam para vender, mas apenas para atender às necessidades básicas da comunidade. Não havia propriedade privada das terras, tudo pertencia ao grupo. Por vezes, havia trocas de alimentos ou de artefatos entre malocas de uma mesma aldeia, ou entre aldeias diferentes. Mas nada disso tinha por objetivo o lucro comercial.

Então, por que os tupis faziam prisioneiros? Para comê-los! Os indígenas tupis eram canibais. Não comiam os inimigos por crueldade ou gosto, mas por acreditar que, por meio disso, absorviam sua força e coragem, além de vingarem a morte de seus parentes, comidos por aqueles mesmos inimigos em rituais antropofágicos anteriores. No dia a dia, os tupis não comiam carne humana. Eles se alimentavam de pequenos animais de caça, peixes, frutas e raízes, com destaque para a mandioca.

Canibal: que se alimenta de carne humana. O mesmo que antropófago.

Renato Soares/Pulsar Imagens

Em 2015, estes indígenas da aldeia Jacaré, localizada no Parque Nacional Xingu, fazem a mesma pintura corporal usada por seus antepassados. A pintura vermelha, feita com urucum, não dura muito tempo no corpo. Entretanto, a tinta de jenipapo, preta, dura cerca de 15 dias.

OUTRAS HISTÓRIAS ECONOMIA

Paraíso da mandioca

A mandioca, base da agricultura indígena, era consumida de várias formas: simplesmente cozida, como farinha ou como pasta, entre outros alimentos, além de cauim e remédios. Os homens só participavam da agricultura no preparo do campo a ser cultivado através da coivara. O plantio e a colheita eram tarefas destinadas às mulheres.

A parte comestível da mandioca é sua raiz, assim como o rabanete, a cenoura e a batata-doce. A mandioca é consumida em todo o Brasil e recebe nomes diferentes nas diversas regiões. No Nordeste e no Norte é chamada de macaxeira ou aipim. No Sul e no Sudeste é conhecida como mandioca, mas no Rio de Janeiro ela é comumente chamada de aipim.

Reprodução/Museu Nacional da Dinamarca, Copenhague, Dinamarca.

Ilustração de mandioca feita por Albert Eckhout, holandês que visitou Pernambuco, óleo sobre tela do século XVII. Museu Nacional, Copenhague, Dinamarca.

- Pesquise o significado da palavra **coivara**.

A antropofagia tupi

Para capturar prisioneiros, os indígenas tupis viviam em guerra. A forma como matavam os prisioneiros era um ritual. Eles o amarravam com uma corda (*muçurana*) e o matavam com um golpe de maça ou pilão de madeira (*ibirapema*) no crânio. Depois, os comiam.

Antropofagia: costume de comer carne humana.

Os rituais antropofágicos reforçavam a identidade do grupo. Se, para a nossa cultura, o canibalismo é chocante, para a cultura daqueles grupos indígenas, comer os inimigos era condição para que se sentissem unidos e fortes. Cada sociedade tem seus valores. Cada tempo tem costumes próprios.

Reprodução/Biblioteca Municipal Mário de Andrade, São Paulo, SP.

A gravura, de 1592, foi elaborada por Theodore de Bry e incluída no livro do viajante alemão Hans Staden *Duas viagens ao Brasil*, século XVI. Hans Staden ficou preso por alguns meses pelos indígenas tupinambás. Por sorte, ele escapou antes de ser comido. Biblioteca Municipal Mário de Andrade, São Paulo.

O QUE HÁ NA IMAGEM?

Qual é o elemento da cena retratada ao lado que mais chama sua atenção? Justifique sua resposta.

The Bridgeman Art Library/Glow Images

Usando canoas, tamoios e temiminós combatem na Guanabara. Gravura de Theodore de Bry, de 1564. Acervo Histórico da Marinha, Vincennes, França.

DOCUMENTO

Os pajés

Escrevendo da Bahia, em 1549, o padre jesuíta Manuel da Nóbrega assim descreveu a atuação dos grandes pajés nas cerimônias tupis.

> De certos em certos anos, vêm uns feiticeiros de mui longes terras, fingindo trazer santidade [...]. Em chegando o feiticeiro com muita festa ao lugar, entra em uma casa escura e põe uma cabaça que traz em figura humana [...] e mudando a sua voz para a de menino, junto da cabaça, lhes diz que não cuidem de trabalhar, nem vão à roça, que o mantimento em si crescerá, e que nunca lhes faltará o que comer [...] e que as enxadas irão a cavar e as flechas irão ao mato por caça [...]. Acabando de falar o feiticeiro, começam a tremer, principalmente as mulheres, que parecem demoinhadas (como de certo o são), deitando-se em terra e escumando pelas bocas, e nisto lhes persuade o feiticeiro que lhes entra a santidade...
>
> NÓBREGA, Manuel da. Informação das terras do Brasil. In: *Cartas do Brasil (1549-1560)*. Rio de Janeiro: Imprensa Nacional, 1886. p. 99-100.

- Depois de ler o documento, pesquise e troque ideias com seus colegas sobre o significado da palavra **pajé**. Resumam qual é a função por ele exercida no culto descrito pelo observador.

Os tupis no início da colonização

Os tupis souberam aproveitar, desde o início, as disputas entre os colonizadores europeus pelas riquezas do Brasil.

Na baía da Guanabara, por exemplo, os tamoios, chefiados por Cunhambebe, aliaram-se aos franceses para combater os portugueses, que tinham o apoio dos temiminós, liderados por Arariboia, nome que significa "Cobra Feroz".

Isso não quer dizer que os indígenas apenas foram usados pelos europeus em suas disputas coloniais. Tamoios e temiminós eram povos inimigos antes de os europeus disputarem o domínio sobre a Guanabara. Esses povos indígenas também usaram os europeus. As alianças que faziam, portanto, poderiam ajudá-los a derrotar seus inimigos locais.

Nessa nova guerra, os temiminós saíram vitoriosos, em 1567. Segundo o padre Simão de Vasconcelos, um dos primeiros a escrever sobre o Brasil, "dos tamoios, não ficou um com vida".

Praticamente todo o litoral do Brasil foi conquistado pelos portugueses por meio de alianças com indígenas.

A HISTÓRIA NÃO ESTÁ SOZINHA

Geografia

Você já sabe o que é acidente geográfico, não é mesmo? É um aspecto da paisagem que se diferencia do relevo da região. Saber quais são os acidentes geográficos interessa à Geografia, à História e à vida de cada um. Em História, sempre – ou quase sempre – temos de falar de lugares, rios, mares, montanhas, planícies, etc. Muitas batalhas foram definidas em função de um acidente geográfico. As comunidades indígenas e as cidades geralmente se estabeleceram em um local escolhido em função de alguma característica geográfica, como a proximidade de um rio, por exemplo.

Diego Grandi/Shutterstock

O nome da baía da Guanabara, em torno da qual se formou a cidade do Rio de Janeiro, é de origem indígena. Em tupi, **guanabara** significa "braço de mar" ou "mar de enseada". A fotografia de 2018 destaca a enseada de Botafogo, o morro do Pão de Açúcar e o morro da Urca.

- **Pesquise um acidente geográfico do Brasil cujo nome seja de origem indígena e descubra o significado desse nome. Se possível, imprima uma imagem do lugar pesquisado. Apresente o resultado da pesquisa em sala de aula.**

CÁ ENTRE NÓS

Padres jesuítas são sacerdotes católicos da **Companhia de Jesus**, uma ordem religiosa fundada por Santo Inácio de Loyola no século XVI. Destacaram-se por sua ação missionária na América, na África e na Ásia, onde evangelizaram diversas populações. Chegaram ao Brasil em 1549, liderados pelo padre Manuel da Nóbrega.

Tupiniquins

Nas cercanias de São Vicente, no litoral paulista, viviam os **tupiniquins**, indígenas tupis. Seu grande chefe era Tibiriçá (que significa "Vigilante da Terra"), principal guerreiro da aldeia de Inhapuambuçu, a mais povoada da região.

Os tupiniquins liderados por Tibiriçá sempre combateram os guaianases e os carijós da região. Além de lutar contra indígenas de outros grupos, os tupiniquins brigavam entre si. Os guerreiros de Tibiriçá lutavam contra as aldeias tupiniquins Jurubatuba, chefiada por Caiubi, e Ururaí, chefiada por Piquerobi.

Assim como Cunhambebe, chefe dos tamoios, Tibiriçá tinha várias esposas e, como Arariboia, chefe temiminó, também se aliou aos portugueses.

Quando Martim Afonso de Sousa chegou a São Vicente, em 1532, foi Tibiriçá quem o apoiou na colonização. Para tanto, contou com a ajuda de João Ramalho, um português que vivia há anos entre os indígenas depois de sobreviver a um naufrágio. Como um verdadeiro tupiniquim, João Ramalho andava nu e participava das guerras, com grande destaque. Entre suas esposas indígenas, uma era filha de Tibiriçá, de nome Bartira ("Flor de Árvore").

Tibiriçá apoiou os portugueses porque viu nessa aliança a chance de derrotar os antigos inimigos do lugar. Uniu-se a Caiubi contra Piquerobi, vencendo a guerra. Venceu outras guerras contra os carijós e os guaianases. Ajudou Martim Afonso a começar a economia açucareira na região, vendendo seus prisioneiros de guerra aos portugueses, para que trabalhassem como escravos. Tudo em troca de armas de fogo, pólvora, espadas e machados de ferro. Tibiriçá apoiou, ainda, os padres jesuítas na fundação do Colégio de São Paulo de Piratininga.

FIQUE DE OLHO

CAMPOS, Raimundo. *O Brasil quinhentista de Jean de Léry*. São Paulo: Atual, 2000.

Adaptação para jovens do relato escrito pelo viajante francês Jean de Léry, que esteve na Guanabara no século XVI.

Índios do Brasil 3. Boa viagem Ibantyu! (Brasil). Direção de Vincent Carelli, 2000. 18 min. (Série Índios no Brasil).

Filme-documentário atual sobre a viagem de quatro jovens até a aldeia dos krahô, situada no estado do Tocantins.

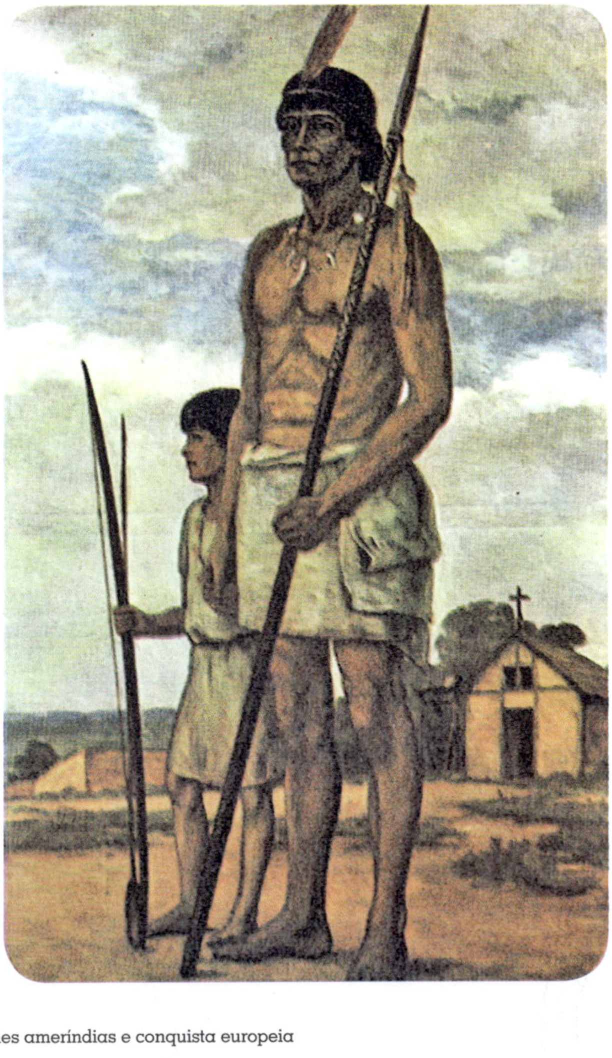

Retrato de Tibiriçá e seu neto, óleo sobre tela de José Wasth Rodrigues, século XX. Por sua aliança com os colonizadores, Tibiriçá foi premiado pela Coroa portuguesa com um título de nobreza e uma pensão anual. Museu Paulista, São Paulo.

Tupinambás

No início, os indígenas do grupo tupinambá, espalhados pela Bahia, combateram os portugueses e aliaram-se aos franceses para fazer comércio de **pau-brasil** – árvore de cuja resina se extrai uma tinta vermelha, que era muito valorizada nas tecelagens europeias. Chegaram a matar e a comer, em ritual antropofágico, o **donatário** da capitania baiana, o português Francisco Pereira Coutinho, em 1547.

Com a instalação do Governo Geral, os tupinambás mudaram de lado. E, assim como em São Vicente, foi um sobrevivente de naufrágio, que vivia entre os indígenas desde 1510, que negociou a nova aliança dos tupinambás com os portugueses na Bahia atual. Seu nome era Diogo Álvares, chamado pelos nativos de **Caramuru**, que, em tupi, significa "Filho do Trovão" ou "Homem de Fogo".

Caramuru tinha se tornado um grande guerreiro indígena e, como tal, também tinha várias esposas. A principal delas era Paraguaçu, filha de um grande chefe tupinambá chamado Taparica. Além de ajudar muito os portugueses na colonização da Bahia, Caramuru virou traficante de escravos indígenas e convenceu muitos chefes a aceitar a catequese iniciada pelos jesuítas.

CÁ ENTRE NÓS

Na década de 1530, a Coroa portuguesa dividiu o litoral brasileiro em lotes de terra chamados **capitanias**. Os que as recebiam eram chamados donatários ou capitães, e o benefício era hereditário (podia ser transmitido de pai para filho). Cada donatário governava sua capitania. Em 1549, a Coroa instituiu um Governo-Geral, sediado na Bahia, para supervisionar os donatários.

Potiguares e tabajaras

O grande chefe dos potiguares, no atual Rio Grande do Norte, chamava-se Zorobabé. Ele também se envolveu em "guerra de brancos" no século XVI, isto é, nas disputas entre portugueses e franceses pelo comércio de pau-brasil com os povos indígenas.

Enquanto os potiguares se aliaram aos franceses, os tabajaras, liderados por Piragibe ("Braço de Peixe"), aliaram-se aos portugueses. Quando os franceses foram expulsos da região, em 1598, Zorobabé mudou de lado. Passou a apoiar os portugueses, à frente de 1 500 guerreiros. Os potiguares tinham guerreiros tão bem preparados que um governador da Bahia convocou Zorobabé, em 1603, para combater os aimorés, um grupo "tapuia" que não dava descanso aos colonos.

No regresso à sua terra, recebeu ordem do governador para atacar um quilombo de escravos africanos, próximo do rio Itapicuru, e depois entregar os fujões a seus donos. Zorobabé atacou, mas não seguiu à risca as instruções do governador. Matou muitos quilombolas e escravizou outros tantos, que vendeu no caminho de volta, em troca de cavalos, tambores e roupas.

Zorobabé não recebeu título de nobreza, mas ganhou uma pensão do rei português pelos serviços prestados à colonização. Seu antigo inimigo, Piragibe, foi mais premiado pelo apoio à conquista da região onde se situa hoje o estado da Paraíba, ganhando pensão e título.

O SEU LUGAR NA HISTÓRIA

Qual ou quais grupo(s) indígena(s) habitava(m) o lugar onde você mora? Pesquise.

Os tupis foram aliados ou vítimas da colonização?

Em muitos momentos, os indígenas foram fortes opositores dos portugueses, como no caso dos aimorés, na Bahia. Em outros, eles combateram os portugueses, mas se aliaram aos franceses. Foi o caso do tamoio Cunhambebe, na Guanabara, e do potiguar Zorobabé, no Nordeste, antes de mudarem de lado. Enfim, alguns grupos indígenas se uniram aos portugueses desde o início da colonização; outros aderiram a eles com o passar do tempo.

Aliados de primeira hora foram, por exemplo, o temiminó Arariboia, o tupiniquim Tibiriçá e o tabajara Piragibe. Esses aliados podem ser chamados de **indígenas coloniais**. Preservaram a cultura tradicional até onde foi possível, mas adotaram a religião e diversos costumes trazidos pelo colonizador.

Epidemias arrasadoras

Inimigos ou aliados dos europeus, os grupos indígenas sofreram muito com o início da colonização, no século XVI.

Se houve grupos e chefes premiados, houve também os que morreram na luta ou foram escravizados.

Além disso, aldeias inteiras desapareceram da noite para o dia, atacadas por epidemias mortais.

Uma gripe podia matar milhares de indígenas, que não tinham anticorpos contra esse tipo de vírus. A varíola, outra doença trazida pelos europeus, também foi fatal.

Epidemia: quando uma doença se espalha muito rapidamente em determinado lugar, infectando desde centenas até milhares de pessoas.

Vírus: agentes infecciosos microscópicos que contaminam o corpo humano, gerando diversas doenças, como a gripe. Podem ser transmitidos pelo ar.

Varíola: doença infectocontagiosa mortal causada por um vírus que infecta o aparelho respiratório. Gera feridas pelo corpo.

AO MESMO TEMPO

Varíola e sífilis: as doenças têm história

No século XVI, enquanto a varíola matava milhares de indígenas no Brasil, a sífilis fazia o mesmo com os europeus.

A sífilis é uma infecção sexualmente transmissível (IST), causada por infecção bacteriana.

Muitos estudiosos afirmam que a bactéria da sífilis tem origem na América, embora nunca tenha se tornado epidemia entre as populações nativas. O contato sexual entre europeus e indígenas, segundo essa teoria, teria ativado a bactéria em proporção gigantesca. Os primeiros casos de sífilis na Europa ocorreram pouco depois de a frota de Colombo regressar da América.

Bacteriano: relativo a bactéria, microrganismo unicelular. Embora minúsculas, as bactérias são maiores que os vírus. Atingem o ser humano por meio de contato físico com alguém infectado, embora algumas possam infectar por via aérea.

- Como os indígenas foram infectados pela varíola?

População nativa

Quantos eram os nativos do Brasil em 1500? Muitos afirmam que a população indígena variava entre 1 milhão e 10 milhões de pessoas, números muito imprecisos. Cálculos mais cuidadosos, entretanto, sugerem que havia de 1 milhão a 3 milhões de tupis no litoral colonizado pelos portugueses. Se somarmos a eles os grupos do interior e os da Amazônia, é possível que a população indígena total chegasse a 5 milhões de pessoas.

Mas essa população foi, pouco a pouco, arrasada com o avanço da colonização, sobretudo por conta das epidemias.

Na Bahia, por exemplo, uma epidemia de gripe matou cerca de 30 mil indígenas, em 1562. No ano seguinte, a varíola matou um terço dos tupinambás.

No Rio de Janeiro, a aldeia de São Lourenço, chefiada por Arariboia, tinha cerca de 3 mil indígenas temiminós. Um século depois, eles não passavam de 300 indivíduos. O próprio Arariboia foi vítima de uma dessas epidemias, em 1589. Tibiriçá morreu de disenteria, em 1562. Zorobabé escapou das doenças trazidas pelos europeus, mas não escapou dos portugueses. Desconfiado de sua lealdade, o governador mandou prendê-lo e o despachou para Portugal, onde morreu na prisão.

Cunhambebe, valoroso guerreiro tamoio, também foi vítima de uma epidemia. Não morreu lutando nem foi comido pelos inimigos. Morreu de varíola, como milhares de indígenas do Brasil.

The Granger Collection/Glow Images

Indígenas tupinambás vítimas da varíola. Gravura de Theodore de Bry, 1592. Na imagem, um pajé, com seu chocalho, afasta os maus espíritos. Acervo Histórico da Marinha, Vincennes, França.

PUXANDO PELA MEMÓRIA

Após o estudo do capítulo, você manteria sua resposta à pergunta da página 78?

Créditos das imagens de baixo para cima: Renato Soares/Pulsar Imagens; Reprodução/Biblioteca Municipal Mário de Andrade, São Paulo, SP.; Renato Soares/Pulsar Imagens; Reprodução/Museu Nacional da Dinamarca, Copenhague, Dinamarca; Reprodução/Museu Nacional da Dinamarca, Copenhague, Dinamarca; Reprodução/Biblioteca Municipal Mário de Andrade, São Paulo, SP.

De Agostini/Getty Images

ROTEIRO DE ESTUDOS

O QUE APRENDEMOS?

1 | Qual é o produto mais importante da agricultura indígena? Dê exemplos de seu uso.

2 | Por que a maioria da população indígena que vivia no litoral, em 1500, ficou conhecida como tupi?

3 | **Malocar** é um verbo que também significa "guardar" ou "esconder muito bem". Você acha que esse verbo tem relação com a cultura dos indígenas tupis?

4 | Por que os grupos tupis viviam em guerra permanente?

5 | É possível dizer que todos os grupos indígenas resistiram à colonização portuguesa?

6 | Quantos eram, aproximadamente, os indígenas que viviam no Brasil em 1500?

7 | Qual é a relação do chefe potiguar Zorobabé com o combate dos portugueses aos aimorés travado na Bahia?

8 | Qual é o papel da cauinagem na cultura tupi?

9 | Por que a frase a seguir é falsa?

Em 1500, havia dois grandes grupos indígenas no Brasil, diferentes nos costumes, na língua e na economia: os tupis e os tapuias.

10 | Por que a baía da Guanabara foi importante nas guerras entre tamoios e temiminós durante o século XVI?

PESQUISA

Foi enorme o impacto da colonização portuguesa sobre as culturas e populações nativas do Brasil. Os indígenas foram, pouco a pouco, perdendo sua identidade tradicional. E, mais grave, foram perdendo a vida, seja por massacres, seja em consequência de epidemias. A população indígena do Brasil atual não chega a 10% do que era em 1500.

1 | Pesquise sobre algum episódio no qual ocorreu o massacre de populações indígenas em nosso país. Você pode escolher fatos que ocorreram desde o período colonial até os dias de hoje.

2 | Em casa ou na escola, acesse a página eletrônica da Fundação Nacional do Índio (Funai), fundada em 1967, e pesquise o motivo pelo qual esse órgão foi criado e sobre a sua função atual no Brasil. Disponível em: <www.funai.gov.br>. Acesso em: 24 out. 2018.

Renato Soares/Pulsar Imagens

Criança da etnia kaiapó, da aldeia Moycaracô, Terra Indígena Kaiapó. São Félix do Xingu, Pará. Fotografia de 2016.

IMAGENS CONTAM A HISTÓRIA

Os holandeses tiveram forte presença em parte do Nordeste brasileiro, no século XVII. Nessa época, vários pintores holandeses retrataram a paisagem, a natureza e a gente da terra.

- Descreva a imagem ao lado e discuta, em grupo, a seguinte questão: a colonização alterou a cultura tupi? Justifiquem com elementos da imagem.

Mulher tupinambá em Pernambuco. Óleo sobre tela de Albert Eckhout, c. 1641. Museu Nacional, Copenhague, Dinamarca.

O PASSADO PRESENTE

Em 6 de junho de 2013, lideranças do povo Munduruku se reuniram com o ministro da Secretaria-Geral da Presidência, em Brasília. O objetivo era discutir a suspensão de empreendimentos energéticos na Amazônia.

No período colonial, os colonizadores tomaram as terras dos indígenas e escravizaram muitos para trabalhar na lavoura de cana-de-açúcar. Várias aldeias se revoltaram e muitos chefes reclamaram junto às autoridades portuguesas. Em pleno século XXI, outra vez, os indígenas têm motivo de queixa junto às autoridades brasileiras.

- Com base no capítulo e no texto acima, discutam, em grupos, esta questão: é possível dizer que nada mudou para os indígenas do Brasil?

Reunião dos Munduruku com o governo, Brasília. Fotografia de 2013.

VAMOS ESTUDAR

- OS MESTRES DO RENASCIMENTO CULTURAL
- HUMANISMO E EXPERIÊNCIA CIENTÍFICA
- PROTESTANTES DESAFIAM A IGREJA CATÓLICA
- O PODER ABSOLUTO DOS REIS

Créditos das imagens de baixo para cima: Reprodução/Museu Nacional do Palácio de Versalhes e Trianon, Versalhes, França.; Universal History Archive/Getty Images; Reprodução/Galeria Uffizi, Florença, Itália.

3

UNIDADE

A MODERNIDADE NO OCIDENTE EUROPEU

A religião estava presente em todos os aspectos da vida cotidiana, explicava o mundo e dominava os sentimentos coletivos no fim da Idade Média.

A grande inquietação dos europeus era com os caminhos da alma: era necessário fazer de tudo para fugir do Inferno e alcançar o Paraíso.

Essa inquietação religiosa esteve no centro das Reformas protestantes contra a Igreja católica. Também marcou o Renascimento cultural, estimulando ou inibindo a arte. Misturou-se com a política, em meio ao fortalecimento das monarquias. A religião era, então, decisiva para definir o poder dos reis.

Obra-prima do pintor italiano Rafael (1483-1520), a *Escola de Atenas* é um dos quatro afrescos pintados no Palácio Apostólico do Vaticano. Apresenta os filósofos gregos Platão e Aristóteles ao centro, cercados por outros filósofos de diversas épocas, personificação do espírito clássico do Renascimento italiano. Foi pintado entre 1509 e 1511 por encomenda do papa Júlio II.

Primavera, têmpera sobre madeira de Sandro Botticelli, 1482. Galeria Uffizi, Florença, Itália.

CAPÍTULO

6 RENASCIMENTO E HUMANISMO

O Renascimento é definido por muitos historiadores como uma grande revolução artística na Europa ocidental. Porém, o movimento foi muito além das artes.

Na época renascentista houve muitos avanços na ciência e muitas mudanças nas ideias e na maneira de pensar o mundo.

Muitos pensadores passaram a observar e a estudar os astros e planetas. Desafiaram a ideia religiosa e amplamente aceita de que a Terra era o centro do Universo. Outros defenderam a liberdade de consciência, a liberdade de pensar por si próprio, como o valor mais importante do ser humano.

Mas foi nas artes, sem dúvida, que as mudanças proporcionadas pela modernidade ficaram mais evidentes. Retomaram temas clássicos, principalmente aqueles ligados à Antiguidade greco-romana.

No século XVI, os artistas do Renascimento fizeram uma verdadeira revolução na pintura e na escultura do mundo ocidental.

PUXANDO PELA MEMÓRIA

Você sabe o que significa **renascimento**, não é? Significa "nascer de novo". Por que o período histórico que recebeu esse nome foi assim considerado?

Cronologia do capítulo

1499: Michelangelo conclui sua escultura *Pietà*.

Leonardo, um sábio do Renascimento

Provável autorretrato de Leonardo da Vinci, c. 1512. Biblioteca Real de Turim, Itália.

Leonardo da Vinci, considerado um dos maiores gênios da história, era de origem humilde. Nasceu em 1452, na província italiana da Toscana. Fruto de um amor casual, Leonardo era filho de um escrivão, Piero da Vinci, e de uma camponesa chamada Catarina.

Desde criança, Leonardo trabalhou como aprendiz de pintor, o que despertou seu talento artístico. Estudou Artes e Ciência por conta própria e suas primeiras obras datam de 1469, quando ainda tinha 17 anos de idade. Dez anos depois já era um artista de renome. Vivia de sua arte, pintando retratos encomendados por nobres e comerciantes de Florença e Milão, além de vender quadros com temas religiosos para a Igreja.

O artista e o cientista

Leonardo da Vinci também se dedicou à Ciência. O estudo da anatomia serviu de base para suas representações artísticas relacionadas ao corpo humano. Dissecou cadáveres para entender a relação entre os feixes musculares e os movimentos do corpo humano e, com isso, tornou mais realistas as cenas e pessoas retratadas.

Leonardo também buscava relacionar a anatomia humana com a Matemática. Por isso, aprofundou-se no estudo da Geometria, preocupado com a proporção das formas. Sua versão do homem vitruviano tornou-se famosa. Nesse desenho, a representação do corpo humano está inserida em duas figuras geométricas: um círculo e um retângulo. É um exemplo de como Leonardo valorizava a proporção entre cabeça, tronco e membros, bem como os ângulos formados pelo movimento de pernas e braços.

A vocação científica de Leonardo não se revela apenas em sua arte. Ele se dedicou a projetos que só se realizaram plenamente além de sua época, como os desenhos de planadores que fez observando o voo dos pássaros. Leonardo chamou seu planador de ornitóptero – uma aeronave capaz de alçar voo batendo as asas, como um pássaro. É por isso que muitos o consideram um dos precursores da aeronáutica, e ele é citado em muitos livros sobre a história da aviação.

Anatomia: ramo da Medicina que estuda o corpo humano.
Geometria: ramo da Matemática dedicado ao estudo das formas e suas posições no espaço.
Vitruviano: deriva de Vitrúvio, arquiteto romano da Antiguidade (século I a.C.) que propôs o modelo de representação do corpo humano com base em figuras geométricas.

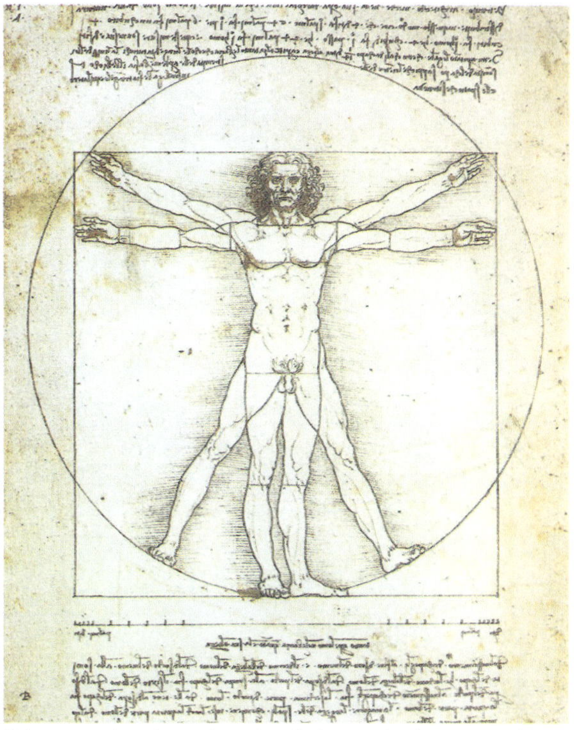

O homem vitruviano, desenho de Leonardo da Vinci, 1492. Galeria da Academia, Veneza, Itália.

1504: Michelangelo conclui sua escultura *Davi*.

FIQUE DE OLHO

OLIVIERI, Antonio Carlos. *O Renascimento*. São Paulo: Ática, 2004. (Coleção O Cotidiano da História).

Nesse livro, o leitor terá um panorama sobre a revolução artística do Renascimento.

ACKER, Teresa van. *Renascimento e Humanismo*. 2. ed. São Paulo: Atual, 1992. (Coleção História Geral em Documentos).

A arte e as ideias do Renascimento contadas em uma narrativa leve e divertida.

Leonardo da Vinci é exemplo completo de um sábio do Renascimento: um homem com a mente aberta, dedicado a conhecimentos sem fronteiras. Matemática, anatomia, música, pintura eram vistas em perfeita harmonia.

Bridgeman Images/Easypix Brasil/Biblioteca Real do Castelo de Windsor, Londres, Inglaterra.

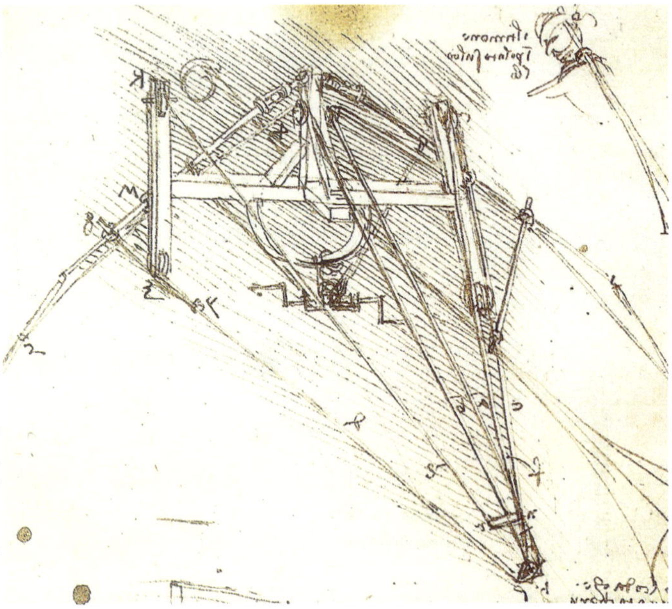

Projeto para uma máquina voadora, idealizada por Leonardo da Vinci entre 1487 e 1490. Esse desenho de Leonardo confirma o valor da experiência científica para os mestres do Renascimento. Biblioteca Real, Windsor, Reino Unido.

Características da pintura renascentista

A pintura de Leonardo da Vinci oferece um grande exemplo de como os artistas do Renascimento revolucionaram a arte no Ocidente.

Na época do Renascimento, as ideias circulavam bastante. Os artistas se conheciam, e conheciam as obras uns dos outros. Trocavam ideias sobre técnicas artísticas, estilo e materiais.

As duas principais características da arte renascentista foram:

- estilo clássico greco-romano – os artistas do Renascimento adotaram os critérios de beleza da cultura greco-romana. Por esse motivo, havia um especial cuidado em representar a anatomia humana nos quadros e nas esculturas;
- perspectiva na pintura – os pintores renascentistas desenvolveram estudos e técnicas para representar os temas de suas obras em três dimensões, ou seja, em perspectiva.

Reprodução/Museu do Louvre, Paris, França

Mona Lisa, óleo sobre madeira de Leonardo da Vinci, 1503-1506. Em um de seus quadros mais famosos, Da Vinci procurou dosar luz e sombra na pintura do retrato, técnica chamada de *sfumato*, muito utilizada na pintura renascentista. A Mona Lisa do famoso retrato era Lisa Gherardini, casada com um rico mercador de seda chamado Giocondo; por esse motivo, o quadro também é conhecido como *Gioconda*. Museu do Louvre, Paris, França.

1506: Leonardo da Vinci conclui a *Mona Lisa*.

Diferenças entre a pintura medieval e a renascentista

Os critérios da arte renascentista eram diferentes daqueles que orientavam a arte medieval. As pinturas românicas do século XI, por exemplo, não representam cenas em três dimensões.

A *Batalha de Hastings* é um exemplo. A obra representava o movimento de uma luta, com todos os eventos em um só plano. Com essa representação não é possível distinguir o que está à frente do que está no fundo da mesma cena.

Universal History Archive/Getty Images

Batalha de Hastings, tapeçaria de Bayeux, 1070. Museu da Tapeçaria, Bayeux, França.

As diferenças entre as obras do Renascimento e as obras da Idade Média não surgiram imediatamente. Os pintores italianos começaram a adotar novos critérios antes mesmo de surgir o Renascimento. Giotto, por exemplo, considerado pré-renascentista, já desenvolvia técnicas de perspectiva em suas pinturas no início do século XIV.

The Bridgeman Art Library/Easypix

A lamentação de Cristo, afresco de Giotto di Bondone, 1305. Capela Scrovenhi, Pádua, Itália.

FIQUE DE OLHO

COX, Michael. *Leonardo da Vinci e seu supercérebro.* São Paulo: Companhia das Letras, 2004. (Coleção Mortos de Fama).

Ao conhecer as invenções, os desenhos e o diário de Leonardo da Vinci, você descobrirá, nesse livro, o que ele pensava sobre o mundo, a vida e o *minestrone* (a típica sopa italiana de legumes e macarrão).

Vincenzo Fontana/Corbis Historical/Getty Images

O deus do vinho, *Baco*, escultura de Michelangelo. Na mão esquerda, ele segura uma taça de vinho; na direita, um cacho de uvas saboreado por Fauno. A escultura foi encomendada por um mercador de Florença para enfeitar o jardim de sua casa. Museu Nacional do Bargello, Florença, Itália.

Michelangelo, outro mestre da arte

Outro importante mestre do Renascimento foi Michelangelo, nascido em 1475 na pequena vila de Caprese, região da Toscana. Seu pai, Ludovico, era um funcionário municipal de duas vilas próximas a Florença. Logo percebeu o talento de seu filho para as artes e o enviou a Florença, para estudar com outros artistas.

Michelangelo pintou seu primeiro quadro com apenas 13 anos de idade. Alguns anos depois, já era tido como um mestre de renome tanto na pintura quanto na arte de esculpir.

Em 1499, ele foi convidado pela Igreja católica para fazer uma escultura da Virgem Maria com Jesus Cristo morto em seus braços. Esculpida em mármore, a obra se chamou *Pietà* (Piedade).

O artista e sua obra

Os temas religiosos foram muito frequentes nas obras de Michelangelo. Encomendadas pela Igreja católica ou pelas autoridades de Florença, muitas obras retratavam passagens ou personagens bíblicos, tanto do Antigo como do Novo Testamento.

Uma das obras mais belas de Michelangelo é o teto da Capela Sistina. Encomendados pelo papa, os afrescos do teto da capela representam a narrativa cristã da História do mundo desde sua criação até o Juízo Final, ilustrando passagens bíblicas. Michelangelo começou a obra em 1508 e só a terminou em 1541. Fez questão de trabalhar sozinho porque não queria que ninguém visse os afrescos antes de concluídos.

Lucas Schifres/Getty Images

Pietà, outra escultura de Michelangelo, 1499. Basílica de São Pedro, Vaticano.

As obras de Michelangelo não retrataram somente temas cristãos. Assim como Leonardo da Vinci e muitos artistas daquela época, Michelangelo fora muito influenciado pelas noções de beleza e de arte da Antiguidade clássica. Assim, também pintou e esculpiu deuses da mitologia greco-romana, celebrando temas pagãos.

AO MESMO TEMPO

Renascimento e descobrimentos marítimos

Em 1498, ano em que Vasco da Gama descobriu o caminho marítimo para as Índias, Cristóvão Colombo realizou sua terceira viagem ao Novo Mundo. Em 1499, Michelangelo concluiu sua escultura monumental conhecida como *Pietà*. Em 1506, ano em que Colombo morreu, Leonardo da Vinci terminou seu quadro mais famoso: a *Mona Lisa*.

- De que forma é possível relacionar os fatos citados?

A alma do Renascimento

A expressão **Renascimento**, utilizada para se referir à renovação artística ocorrida nas cidades italianas a partir do século XV, foi criada pelo italiano Giorgio Vasari, considerado o primeiro historiador da arte ao escrever a biografia de artistas italianos. Segundo ele, a vigorosa produção artística da Antiguidade greco-romana havia entrado em decadência durante a Idade Média, mas renascido no século XV.

Já vimos, porém, que o Renascimento não se limitou às artes, estimulando também a experiência científica e revolucionando a maneira de ver e de pensar sobre o mundo na Europa ocidental.

Durante o Renascimento, as artes e as ciências deixaram de ser produzidas apenas pela Igreja católica, o que promoveu a difusão de uma cultura laica, isto é, desvinculada da religião e do clero.

Reprodução/Galeria Uffizi, Florença, Itália.

Autorretrato, óleo sobre tela de Giorgio Vasari, século XVI. Galeria Uffizi, Florença, Itália.

O Humanismo do Renascimento

Antropocentrismo: palavra formada por **antropo**, que significa "homem", e **centrismo**, que diz respeito ao centro. Portanto, significa "o ser humano no centro das coisas".
Teocentrismo: palavra formada por **teo**, que significa "Deus", e **centrismo**. Significa, portanto, "Deus no centro".

O período do Renascimento foi marcado pelo despertar de uma nova visão do mundo, conhecida como **Humanismo**, que valorizava a capacidade criadora do ser humano a partir de sua sensibilidade e do seu pensamento. Por essa razão, muitos definem o Humanismo renascentista como antropocentrismo. Era o contrário do teocentrismo medieval.

Apesar de serem humanistas, os renascentistas não duvidavam dos princípios bíblicos nem da existência de Deus. A própria Igreja foi uma das grandes patrocinadoras dos artistas renascentistas, contratados para pintar ou esculpir cenas bíblicas.

Durante o Renascimento a valorização dos indivíduos enquanto seres racionais, capazes de criar e descobrir os mistérios da natureza, dos seres vivos e do próprio Universo, e não só como criaturas de Deus, foi estimulada.

Quando a Igreja católica percebeu o impacto que o Renascimento tinha provocado na cultura europeia, passou a se preocupar. Mesmo que muitos artistas celebrassem temas e valores cristãos em suas obras, certas ideias divulgadas nos livros começaram a incomodar. Era tempo de intolerância religiosa.

O nascimento de Vênus, têmpera sobre tela de Sandro Botticelli, 1483-1485. Nessa obra, Botticelli celebrou Vênus, deusa romana da beleza e do amor. Com frequência, os artistas do Renascimento escolhiam temas pagãos para suas obras. Galeria Uffizi, Florença, Itália.

Erasmo e a loucura

O principal escritor humanista foi o holandês Erasmo de Roterdã. Embora sempre tenha sido leal ao papa, escreveu muitos livros no século XVI criticando a Igreja católica. Pretendia renová-la, torná-la mais próxima dos cristãos.

Erasmo escreveu, em 1511, um livro chamado *Elogio da Loucura*. Naquele período, era muito perigoso confrontar abertamente a Igreja. Por isso, recorreu à Loucura, uma personagem que Erasmo utiliza para criticar os abusos da Igreja. Por ela ousar fazer tal crítica, Erasmo a chama de louca. Mas como era o próprio Erasmo quem discordava dos rituais excessivos do catolicismo, ele a elogia.

Anos depois, Erasmo escreveu o livro *O livre-arbítrio* (1524), no qual fez uma defesa apaixonada da liberdade de consciência e de escolha. Disse que cada um deve ter o direito de pensar o que quiser, pois todo ser humano deve ser capaz de diferenciar o bem e o mal.

Erasmo era um humanista. Acreditava no potencial do ser humano e na razão humana. A Igreja, porém, considerou seus livros perigosos e proibiu sua divulgação.

Reprodução/Biblioteca Nacional, Paris, França.

Retrato de Erasmo de Roterdã, óleo sobre painel de Hans Holbein, o Novo, 1523. Biblioteca Nacional Francesa, Paris, França.

O SEU LUGAR NA HISTÓRIA

Os artistas do Renascimento ganharam fama universal porque revolucionaram a arte ocidental. Em toda parte, em qualquer tempo, alguns indivíduos se tornam artistas reconhecidos por seu talento.

Indique um artista natural de sua cidade ou região que foi reconhecido pelo seu talento na pintura, na escultura, na literatura ou em qualquer outro campo das artes.

Utópico: vem de **utopia**, palavra de origem grega que significa "nenhum lugar".

Thomas e a utopia

Os humanistas apostavam na capacidade criadora, na inteligência e na sensibilidade humanas. Isso quer dizer que tinham uma visão otimista do mundo? Em parte sim, em parte não.

Esses pensadores demonstravam certo desconforto com o mundo. Lamentavam o rigor da Igreja, as injustiças sociais, as guerras permanentes e as tiranias. Sonhavam com um mundo novo.

Essa inquietação e a esperança de uma realidade melhor resultaram no surgimento da literatura chamada utópica, na qual são imaginados lugares perfeitos onde reinam a paz, a justiça, a liberdade e a fartura. Em 1515, o inglês Thomas More escreveu a obra *Utopia*, na qual descreve uma ilha imaginária, situada na América recém-descoberta, onde prevaleciam a igualdade e a tolerância: uma sociedade perfeita.

Archiv Gerstenberg/Ullstein Bild/Getty Images

Retrato de Thomas More, óleo sobre painel de Hans Holbein, 1527. Thomas More se recusou a apoiar o rei Henrique VIII da Inglaterra quando este se divorciou de Catarina de Aragão para se casar com Ana Bolena, desafiando a proibição do papa. More foi condenado à morte e executado em 1535. Coleção Frick, Nova York, Estados Unidos.

A revolução científica

O Renascimento plantou a semente de uma revolução científica que floresceu no século XVI e, principalmente, no XVII. Basta lembrar de alguns desenhos de Leonardo da Vinci, como o planador.

Nicolau Copérnico, óleo sobre tela de autoria desconhecida, 1579. Copérnico revolucionou a astronomia ao propor o Sol como centro do sistema planetário em que vivemos. Museu Nicolau Copérnico, Fromborck, Polônia.

Copérnico e o heliocentrismo

Um dos avanços científicos mais importantes do século XVI foi a teoria heliocêntrica ou **heliocentrismo**, defendida pelo polonês Nicolau Copérnico. Segundo essa teoria, o corpo celeste que se encontra no centro do Universo é o Sol, ao redor do qual gira um sistema de planetas, incluindo a Terra.

O heliocentrismo contrariava a doutrina católica baseada no **geocentrismo**. De acordo com essa teoria, o centro do Universo é ocupado pela Terra, ao redor da qual giram todos os corpos celestes, incluindo o Sol. A doutrina católica estava baseada no pensamento do filósofo grego Aristóteles, que defendia que a Terra era o centro do Universo.

Copérnico defendeu o heliocentrismo em 1543 no livro *Da revolução das esferas celestes*. Mas, por contrariar a doutrina da Igreja, essa teoria foi condenada. Alguns cientistas e filósofos, entretanto, estudaram a obra de Copérnico e se entusiasmaram com seu pensamento.

Galileu Galilei, óleo sobre tela de Justus Susterman, 1635. Galeria Palatina, Florença, Itália.

Galileu e a Inquisição

Um dos cientistas que estudaram a teoria heliocêntrica de Copérnico foi Galileu Galilei (1564-1642). Ele não se contentou apenas em desenvolvê-la. Buscou sua comprovação nas observações que fez dos corpos celestes com uma luneta astronômica.

Publicou suas descobertas no livro *O mensageiro das estrelas*, em 1610. Retomou, ali, a teoria heliocêntrica, defendendo que o sistema solar pertencia a uma galáxia, ou seja, um sistema composto de poeira cósmica e de bilhões de estrelas, umas vivas, outras apagadas. A galáxia ficou conhecida como Via Láctea.

Contrariada, a Igreja católica advertiu Galileu Galilei, em 1616, exigindo que ele se desmentisse. Galileu se recusou e, por isso, foi preso pela Inquisição. Posteriormente, para escapar da morte na fogueira, disse publicamente que estava errado. Morreu infeliz, com quase 80 anos.

1637: Descartes publica *Discurso sobre o método*.

1686: Newton divulga a Lei da gravitação universal.

DOCUMENTO

O centro do Universo

> [...] Na Natureza se encontra uma substância de natureza espiritual, constante e dotada de grande velocidade, que, difundindo-se pelo Universo, penetra todos os lugares sem encontrar resistência, aquece, vivifica e torna fecunda todas as pessoas vivas... O corpo do Sol é o seu principal repositório, donde se expande uma imensa luz pelo Universo... Pode-se afirmar que este espírito fundador e esta luz difusa por todo o mundo confluem para o corpo solar, onde se unem e se fortificam, e por isso está ele colocado no centro do Universo.
>
> CARTA de Galileu a Pietro Dini, 1614. In: GARIN, Eugene. *Ciência e vida civil no Renascimento italiano.* São Paulo: Unesp, 1994. p. 176-177. (Galileu, 1626).

- Com base no texto acima, procure identificar por que a Igreja reagiu ao pensamento de Galileu.

Razão e ciência

A revolução científica avançou no século XVII, apesar das perseguições da Igreja católica. Foi inspirada pelo racionalismo filosófico, um sistema de pensamento que, sem negar a existência de Deus, buscava a fundamentação do conhecimento na razão humana.

O francês René Descartes é considerado o pai do racionalismo moderno. Uma de suas principais obras foi publicada em 1637 com o título *Discurso sobre o método*. É dele a famosa frase "Penso, logo existo".

Outro pensador da época que revolucionou o pensamento científico foi o inglês Isaac Newton. No livro *Principia* (1686), Newton se propôs a explicar por que os corpos e os objetos caem. Segundo sua teoria, todos os objetos da Terra são suficientemente pesados para serem atraídos pela força do planeta.

A origem da descoberta é uma lenda: Newton estaria sentado ao pé de uma macieira quando caiu sobre sua cabeça uma maçã madura. Ele percebeu que a Terra possuía uma força de atração sobre os corpos: a Lei da gravidade. Com essa descoberta, Newton foi considerado o pai da Física.

A revolução científica do século XVII deve muito ao Renascimento. Leonardo da Vinci idealizou um planador no século XVI, mas não soube fazê-lo voar. Isaac Newton nunca foi artista, mas percebeu que corpos no ar estavam condenados a cair, sem uma força que os mantivesse no alto.

Mas ambos tinham algo em comum: achavam que as respostas não podiam ser dadas pela religião.

PUXANDO PELA MEMÓRIA

Após o estudo do capítulo, você manteria sua resposta à pergunta da página 96?

Créditos das imagens de baixo para cima: Archiv Gerstenberg/Ullstein Bild/Getty Images; Vincenzo Fontana/Corbis Historical/ Getty Images; Reprodução/Galeria Uffizi, Florença, Itália.; Universal History Archive/ Getty Images; Reprodução/Palácio Pitti, Florença, Itália.; Reprodução/Biblioteca Nacional, Paris, França.

ROTEIRO DE ESTUDOS

O QUE APRENDEMOS?

1 | Qual é a principal característica do pensamento humanista do Renascimento?

2 | É possível dizer que o Renascimento era contra o cristianismo? Justifique.

3 | Cite uma personagem bíblica que foi representada em pintura ou escultura por um grande artista do Renascimento.

4 | O que levou os artistas do Renascimento a representar tão detalhadamente o corpo humano?

5 | Cite um dos principais avanços do Renascimento em relação ao conhecimento científico sobre o Universo.

6 | "Penso, logo existo." De quem foi essa frase, típica do racionalismo no século XVII?

7 | Qual é a relação entre Michelangelo e a arte religiosa na época do Renascimento?

8 | Qual é a relação entre a Inquisição católica e o pensamento científico estimulado pelo Renascimento?

9 | Por que a seguinte frase é falsa?

As experiências científicas de Leonardo da Vinci demonstram que a aviação foi uma descoberta do Renascimento.

10 | Por que a península Itálica foi importante para o Renascimento?

PESQUISA

Vimos que, durante o Renascimento, diversos escritores produziram obras sobre ilhas imaginárias, onde havia fartura, paz e justiça social, em situações diferentes do tempo e da sociedade nos quais viviam.

- A palavra **utopia** passou a ser utilizada em diversas situações, com diferentes significados. Pesquise como essa palavra foi utilizada por movimentos sociais a partir do século XIX.

Nesta gravura do século XVI, publicada no livro de Thomas More, a representação da ilha de Utopia, na qual reinava a igualdade entre os habitantes, está cheia de castelos e palácios. Coleção particular.

IMAGENS CONTAM A HISTÓRIA

Michelangelo, como vimos, produziu obras magníficas, seja como pintor, seja como escultor.

Analise as esculturas *Moisés* e *Davi*, reproduzidas a seguir, considerando o que você estudou no capítulo. Depois, responda às questões propostas.

G. NIMATALLAH/De Agostini/Getty Images

Moisés, escultura de Michelangelo, 1513-1515. Basílica de São Pedro Acorrentado, Roma, Itália.

The Picture Desk/Agência France-Presse

Davi, escultura de Michelangelo, 1501-1504. Galeria da Academia, Florença, Itália.

1 | Qual é o aspecto inovador da representação da escultura *Moisés*?

2 | Nessa escultura, o que demonstra a relação entre a arte renascentista e a Igreja?

3 | Com base no que você aprendeu sobre a arte renascentista, qual é a característica principal da escultura *Davi*?

O PASSADO PRESENTE

"Morro como mártir por minha própria vontade." Essas foram as últimas palavras de Giordano Bruno, um sábio do Renascimento. Adotou a teoria heliocêntrica de Copérnico, contestando o geocentrismo. Esse foi um dos motivos que o levaram a ser preso pela Inquisição. Como não desmentiu o que tinha escrito, ao contrário de Galileu, foi condenado a morrer na fogueira, em 1600. Uma prova da intolerância da Igreja católica naquela época.

Em pleno século XX, a Igreja católica voltou a censurar ideias. Na década de 1980, condenou a chamada Teologia da Libertação, movimento católico surgido na América Latina que pregava que o mais importante dos ensinamentos de Cristo era o combate às injustiças sociais e econômicas do mundo. No Brasil, o franciscano Leonardo Boff foi o principal defensor da Teologia da Libertação. Foi condenado no Vaticano, em 1985, a um ano de silêncio, isto é, foi proibido de manifestar-se publicamente sobre assuntos religiosos. Abandonou a Igreja em 1992.

- A ação da Igreja contra o frei brasileiro Leonardo Boff é uma prova de que a intolerância da Igreja católica se prolongou até o século XX? Reúnam-se em grupos e discutam esse tema.

Detalhe de *Os sete pecados capitais*, óleo sobre painel de Jerônimo Bosch, século XV. Museu do Prado, Madri, Espanha.

The Bridgeman Art Library/Easypix

CAPÍTULO 7

REFORMAS RELIGIOSAS

No século XVI, o sentimento religioso da população europeia estava abalado.

Muita gente passou a discutir sobre qual seria o melhor caminho para salvar a alma. Esse tema tomou conta da mente de muitas pessoas naquela época. Um sentimento apavorava a todos: o medo do Inferno, pois era para lá que iam os pecadores... Como fazer para agradar a Deus e não ter destino tão terrível? O que fazer para chegar ao Paraíso?

Em várias partes da Europa, procissões de fiéis penitentes se açoitavam em público, suplicando a Deus o perdão de seus pecados. Assim, muitos europeus iniciavam o século XVI mergulhados em profunda desesperança.

A cristandade ocidental estava em crise. Religiosos devotados à pureza da espiritualidade cristã defendiam uma religiosidade mais sincera e profunda para se livrar do mal e dos pecados. Fugir do pecado virou uma obsessão naquele tempo. As lutas sociais desencadeadas pelo sentimento religioso misturavam-se com ambições materiais, protestos sociais e projetos políticos de vários tipos.

Este capítulo vai contar como e por que ocorreu esse processo.

PUXANDO PELA MEMÓRIA

Na imagem está retratado um dos sete pecados que a Igreja cristã considerava gravíssimos. Você sabe dizer qual é? E por qual motivo ele foi tema de pinturas do século XV?

Créditos das imagens de baixo para cima: Reprodução/Museu Poldi Pezzoli, Milão, Itália.; akg-Images/Latinstock; Ipsumpix/Corbis/Getty Images; Fred de Noyelle/Godong/Corbis/Getty Images; The Bridgeman Art Library/Easypix; G. Dagli Orti/The Bridgeman Art Library/Fotoarena

Lutero, o monge que desafiou o papa

Eisleben é uma cidade do estado da Alta Saxônia, na atual Alemanha. Seu nome significa "viver no gelo". Imagine o frio que faz ali no inverno. Cidade pequena, foi integrada ao Patrimônio da Humanidade em 1997.

Você sabe por que essa pequena cidade do interior da Alemanha ficou tão famosa? Porque foi lá que nasceu, em 1483, Martinho Lutero, que desafiou a poderosa Igreja católica e a autoridade do papa.

O pai de Martinho Lutero era supervisor de uma mina de cobre. A mãe cuidava da casa e dos quatro filhos.

Ao perceber a destacada inteligência de Martinho, seu pai encaminhou-o para a Universidade de Erfurt, no centro da Alemanha atual, na esperança de vê-lo formar-se advogado ou, quem sabe, tornar-se funcionário de algum príncipe da Saxônia. Era o ano de 1501, e Martinho estava com 18 anos. Foi um estudante excelente. Lia muito e gostava de música. Aprendeu a tocar alaúde e, com frequência, tocava para os colegas.

O jovem Lutero era um homem religioso. Adorava ler a Bíblia – em latim, claro, pois ela ainda não estava traduzida para nenhum outro idioma. Portanto, somente aqueles que conheciam o latim – estudantes, professores e padres – podiam ler a Bíblia.

De Erfurt, Lutero só saía para visitar os pais. No regresso de uma dessas visitas, em 1505, um acontecimento transformou sua vida. Caminhava pela estrada quando caiu uma forte tempestade. Lutero achou que iria morrer. Desesperado, fez uma promessa a Santa Ana: "Ajudai-me, Sant'Ana, a me livrar dessa tempestade, que juro entrar para a Igreja como monge".

Lutero escapou da tempestade e cumpriu sua promessa. Recolheu-se em um mosteiro, passando a viver exclusivamente para a religião. Sua grande preocupação, no início, era com a salvação da própria alma. Dedicou seu tempo ao estudo da Teologia. Em 1507, foi ordenado padre, além de monge.

VOCÊ JÁ OUVIU FALAR

... do **alaúde**, um instrumento musical que foi muito usado entre os séculos XVI e XVIII? Alguns dizem que foi o precursor da guitarra.

CÁ ENTRE NÓS

Lutero entrou para o mosteiro dos agostinianos, seguidores de Santo Agostinho, em Erfurt. Desde a Idade Média havia mosteiros dedicados a vários santos, como os franciscanos, que seguiam a regra de São Francisco de Assis, ou os dominicanos, que seguiam a de São Domingos de Gusmão.

Monumento a Martinho Lutero. Escultura de Rudolf Sienaering, 1883. Eisleben, Alemanha.

dugdax/Shutterstock

O SEU LUGAR NA HISTÓRIA

O Brasil não tem uma religião oficial. Diversas manifestações de fé são aceitas no país.

Em grupo, façam uma pesquisa com, pelo menos, vinte pessoas. Podem ser vizinhos da rua ou do prédio, frequentadores da praça, funcionários da escola, etc. Perguntem: você segue uma religião? Qual? Apresentem os resultados da pesquisa em sala de aula.

Purgar: tornar puro; livrar-se de impurezas.

Paraíso e inferno

Lutero temia pela própria alma. Mas temer a morte é um sentimento humano e universal. Esse medo é sentido de diferentes maneiras, conforme a pessoa, a época e a sociedade em que vive.

Na Europa do século XVI, homens e mulheres temiam a morte física, claro, mas sentiam pavor ainda maior da morte espiritual: a condenação de sua alma. Durante a Idade Média, a Igreja católica tinha convencido os cristãos de que o Inferno aguardava os pecadores após a sua morte. Os padres diziam que poucos conseguiriam salvar a própria alma e alcançar o Paraíso.

Para escapar do Inferno, não bastava garantir bom comportamento e boas ações, rezar sempre, não faltar à missa e confessar os pecados aos padres da paróquia. Era preciso fazer doações à Igreja católica pagando o **dízimo** – dez por cento do que se ganhava no mês ou no ano.

O medo do Inferno, como vimos, era maior do que o medo da morte. Para dar alguma esperança de salvação aos cristãos, a Igreja católica criou durante a Idade Média a ideia de "inferno provisório", chamado Purgatório. Um lugar onde as almas purgavam os pecados até que, purificadas, fossem autorizadas a entrar no Paraíso.

Entretanto, a Igreja católica passou a cobrar pelo remédio. Para que a alma do morto escapasse do Purgatório, os parentes deviam pagar por missas e fazer doações.

O QUE HÁ NA IMAGEM?

Observe com atenção a pintura ao lado, que representa o Purgatório. Descreva-a em relação ao tema do capítulo.

Reprodução/Museu do Brooklyn, Nova York, EUA.

Virgem com o menino e o Purgatório, óleo sobre tela de Diego Quispe Tito, século XVII. Museu de Arte do Brooklin, Nova York, Estados Unidos.

1525: Revolta camponesa liderada por Thomas Müntzer.

Enquanto isso, na Roma dos papas

Os cardeais da Igreja católica viviam em meio à riqueza e ao luxo, às vezes indiferentes às misérias da população. O alto clero se contentava em ver cumpridos os sacramentos.

A Igreja enriquecia. Nobres sem vocação espiritual viravam bispos, cardeais e até papas. A Capela Sistina, em Roma, pintada pelo grande artista Michelangelo, mostra bem qual era a preocupação do alto clero católico: investir nas artes, construir monumentos, celebrar a grandiosidade da Igreja.

Vimos, no capítulo anterior, a beleza das pinturas e esculturas religiosas do Renascimento. Não se pode negar que uma obra como a Capela Sistina, resultado do empenho do papa Sisto VI, é um tesouro do Renascimento italiano. Mas também é fato que o alto clero romano se preocupava mais com o próprio luxo do que com as obrigações do sacerdócio.

Sacerdócio: ofício desempenhado pelo padre.
Relíquia: no catolicismo, objeto digno de veneração associado à vida de Cristo, da Virgem Maria ou de santos (como o manto de Jesus, o santo sudário, a túnica de Maria, etc.).

Votos desrespeitados

O comportamento de muitos sacerdotes do baixo clero (os padres das paróquias) deixava a desejar. Apesar dos votos de castidade, celibato e pobreza que faziam para ser ordenados padres, muitos ignoravam suas promessas.

Seguidores de Nicolau e do mago Simão

A pessoa que se ordenava padre da Igreja católica tinha de fazer o voto de celibato, ou seja, de não casar. Porém, muitos padres daquela época costumavam namorar. Alguns até viviam com mulher e filhos em casa. Havia sacerdotes que lastimavam o mau exemplo dos colegas que desrespeitavam o voto de castidade e os acusavam de "nicolaístas". Isso porque, no início do cristianismo, um padre chamado Nicolau teria defendido que os sacerdotes podiam namorar e casar.

Entretanto, a Igreja católica estava diante de um impasse: ou deixava que os padres se casassem, abolindo o celibato, ou mantinha o celibato, porém, enquadrando os padres. A Igreja não fez nem uma coisa nem outra. Os "seguidores de Nicolau" continuaram a desmoralizar a Igreja.

Além dos nicolaístas, havia padres que gostavam de riqueza, o que era proibido pela Igreja, pois, ao escolher o sacerdócio, todo padre fazia voto de pobreza. No entanto, muitos sacerdotes não seguiam as regras. Alguns chegavam ao ponto de vender objetos sagrados, as chamadas relíquias. Vendiam pedaços de tecido, dizendo que eram do manto de Jesus, ou pedaços de madeira, garantindo que eram da cruz de Cristo, ou até um osso de um defunto, alegando ter pertencido a algum santo. Chamavam esse comportamento de "simonia", por conta de um famoso relato contido na Bíblia: um mago chamado Simão, depois de converter-se ao cristianismo, tentara comprar do apóstolo Pedro o dom de transmitir o Espírito Santo a quem o quisesse.

A Igreja pouco fazia para impedir a prática da simonia. Mais grave que isso: ela própria passou a explorar a boa-fé da população, vendendo nada menos do que a salvação eterna da alma!

VOCÊ JÁ OUVIU FALAR

... que castidade e celibato são coisas diferentes? **Castidade** significa evitar qualquer tipo de relação sexual, mesmo em um simples namoro. **Celibato** é o mesmo que ficar solteiro – o que não impede que o indivíduo namore. Uma pessoa pode ser celibatária ou solteira sem manter a castidade. Os padres católicos, em virtude de seus votos, tinham (e têm) a obrigação de se manterem castos e celibatários.

Salvação à venda: indulgências

A partir do final da Idade Média, os papas da Igreja católica autorizaram a venda de um documento oficial chamado **indulgência**, caracterizando uma espécie de "certificado de perdão" que supostamente livrava seu portador de todos os pecados cometidos em sua vida.

Agora, não se tratava mais da venda de falsas relíquias por sacerdotes do baixo clero (os padres). Era o alto clero (os bispos e cardeais) que desrespeitava a boa-fé dos cristãos, e com o apoio do papa.

Nas cidades, os cristãos faziam fila para comprar as indulgências – algumas muito caras, outras mais baratas –, convencidos de que aquele documento garantiria a salvação eterna de sua alma. Naquele período, a Igreja enriquecia cada vez mais.

OUTRAS HISTÓRIAS ARTE

Os padres no inferno

Uma das formas de manifestar nosso pensamento e nossas opiniões, contra ou a favor de determinada ideia ou situação, é por meio da arte.

No exemplo a seguir, uma pintura do século XVI, o artista manifesta seu desagrado com relação ao clero, mostrando padres sendo cozidos no caldeirão do diabo. Observe-a com atenção.

The Bridgeman Art Library/Easypix

Detalhe de *O inferno*. Óleo sobre painel de autor português desconhecido, 1510-1520. Museu Nacional de Arte Antiga, Lisboa, Portugal.

- **Que elementos da pintura permitem identificar os religiosos? E o diabo? Discuta com os colegas e o professor.**

1530: Confissão de Augsburgo, origem da Igreja protestante.

Lutero desafia a Igreja

Não era todo o clero que desrespeitava as leis da Igreja. Diversos frades do clero regular – o clero dos mosteiros – lutavam pela defesa de uma religião cristã que estivesse de acordo com os Evangelhos, com a palavra e o exemplo de Jesus Cristo.

Evangelho: cada um dos quatro livros escritos pelos apóstolos de Jesus Cristo: Mateus, Marcos, Lucas e João. Narram a vida, os ensinamentos e a ressurreição de Cristo. Os Evangelhos compõem o Novo Testamento, que integra a Bíblia.

O desafio de 1517

Em 1517, o papa Leão X ordenou uma grande venda de indulgências para financiar a reforma da Basílica de São Pedro, sede da Igreja de Roma.

Naquele ano, um frade, chamado João Tetzel, apareceu na cidade alemã de Wittenberg para vender indulgências em nome do papa. Lutero morava lá desde 1508, onde ensinava Teologia na universidade.

Ao se deparar com o negócio das indulgências, Lutero perdeu a paciência. Redigiu um texto com 95 artigos, conhecidos como as **Teses de Lutero**, em que criticava a prática da venda das indulgências e outros abusos da Igreja. Lutero pregou o papel com suas teses na porta da catedral da cidade.

Ipsumpix/Corbis/Getty Images

Lutero afixa suas críticas à Igreja na porta da catedral de Wittenberg. Gravura de autoria desconhecida, do século XIX.

Lutero não queria romper com a Igreja. Apenas queria "reformá-la", aproximá-la dos cristãos. Queria facilitar o acesso de todos à religião evangélica que, para ele, não se resumia aos sacramentos.

A Igreja católica reagiu, exigindo que Lutero se desculpasse por seu atrevimento. Mas ele confirmou tudo o que havia escrito, pois queria denunciar uma situação com a qual não concordava.

O clima esquenta

Vários emissários do papa tentaram convencer Lutero de que era melhor desculpar-se com a autoridade máxima da Igreja. Mas Lutero não abriu mão de suas ideias, pois acreditava que a salvação estava na dedicação de cada indivíduo a Deus. Ele dizia que Deus não era um mercador que cobrava pedágio para os cristãos entrarem no Céu.

Em 1521, o papa publicou uma bula declarando a excomunhão de Lutero, iniciando uma perseguição que poderia resultar na sua pena de morte.

Bula: decreto estabelecido pelo papa com força de lei religiosa para os católicos.
Excomunhão: pena espiritual imposta pela Igreja contra os católicos que a desafiam ou causam transtorno à comunidade; proibição de fazer a comunhão e receber qualquer sacramento.

Doutrina luterana e Reforma

Entre 1517 e 1521, Lutero amadureceu suas ideias e construiu uma nova doutrina cristã, que pode ser resumida em três pontos:

» **A salvação da alma de cada cristão depende de sua fé**, desde que seja uma fé sincera, dedicada às palavras do Evangelho, um sentimento íntimo de comunhão com Deus. Não depende de fazer obras piedosas, muito menos de comprar indulgências. Essa ideia ficou conhecida como "doutrina da justificação pela fé".

» **Todo bom cristão pode ser pastor de seu rebanho**, desde que se dedique ao estudo do Evangelho. Ninguém precisa fazer votos de castidade e pobreza para pregar o Evangelho. Um bom conhecedor da Bíblia pode ser pregador e viver como qualquer cristão: casar-se, construir família e, inclusive, ganhar dinheiro em trabalho honesto. Essa ideia, que atacou diretamente o clero, ficou conhecida como "doutrina do sacerdócio universal".

» **A verdade cristã se encontra na Bíblia e somente nela**. Nada que esteja escrito na Bíblia pode ser contestado. Os homens podem falhar, porque são humanos, sujeitos a diversas tentações. Todos podem errar, até mesmo o papa. Somente a Bíblia é infalível, não o papa, dizia Lutero, porque é divina, contém as palavras de Deus. Essa foi sua "doutrina da infalibilidade da Bíblia".

Lutero traduziu a Bíblia para a língua alemã, em 1522, fato que estimulou traduções para outras línguas. A doutrina luterana teve ampla repercussão na Europa, favorecida por uma das maiores invenções da época: a **imprensa**. Ela tornou possível divulgar livros e folhetos em uma escala até então inédita.

A divulgação das ideias de Lutero seria impossível sem a invenção do **tipógrafo**. Esse aparelho foi desenvolvido pelo alemão Johannes Gutenberg. Tinha tipos de letras e acentos gráficos móveis, feitos em metal, que permitiam compor e imprimir o mesmo texto inúmeras vezes.

Ilustração do século XIX representando a prensa de livros de Gutenberg do século XV.

akg-Images/Latinstock

O impacto da doutrina luterana foi tão grande que provocou o movimento conhecido como **Reforma**. Esse movimento não se deu de forma imediata. Aos poucos, Lutero encontrou apoio para levá-lo adiante. Ele correu grande perigo ao desafiar o papa e só escapou da fogueira por contar com poderosos aliados.

Lutero, retrato de Lucas Cranach, o Velho, 1529. Aos 46 anos, Lutero vivia sob a proteção dos nobres. Museu Poldi Pezzoli, Milão, Itália.

A nobreza alemã entra em cena

Lutero estava ciente de que o rompimento com a Igreja católica poderia interessar à nobreza germânica. Presumiu que os nobres desejavam livrar-se do poder papal em seus territórios, do pagamento de tributos à Igreja e, quem sabe, pretendiam até confiscar as terras da Igreja.

De fato, muitos nobres alemães se engajaram na Reforma religiosa. Em contrapartida, o imperador do Sacro Império Romano-Germânico, Carlos V, tomou as dores da Igreja católica. Proibiu a doutrina de Lutero e o declarou inimigo político em 1521.

Excomungado pelo papa, naquele mesmo ano, Lutero conseguiu a proteção do príncipe da Saxônia, que o abrigou em seu castelo. Ele contava com o apoio de grande parte da nobreza alemã que, em 1530, apresentou ao imperador um documento que ficou conhecido como **Confissão de Augsburgo** (cidade localizada no sul do estado alemão da Baviera). Esse documento continha os preceitos da **doutrina luterana**.

A reunião dos nobres alemães com o imperador terminou em clima de guerra. Carlos V já havia assinado o **Édito de Worms**, que proibia o luteranismo e declarava Lutero fugitivo, herege e criminoso, além de prescrever suas obras. Os nobres **protestaram** contra tal decisão. Essa é a razão pela qual a Reforma luterana ficou também conhecida como **Reforma protestante**, dando origem ao termo **protestantismo**.

Confiscar: tirar a propriedade em nome da autoridade ou sob força da lei.

Carlos V recebe dos grandes nobres alemães a Confissão de Augsburgo, considerado o documento fundador da Igreja luterana. Gravura do século XIX. Coleção particular.

OUTRAS HISTÓRIAS LUTAS SOCIAIS

Camponeses se revoltam

O teólogo Thomas Müntzer entendeu que a Reforma protestante poderia, além de purificar o cristianismo, melhorar a vida do campesinato. Em 1525, liderou uma rebelião que reuniu quase 10 mil homens. Os camponeses rebeldes saquearam igrejas, campos e castelos na região da Turíngia, ao norte da Baviera.

A reação da nobreza foi feroz. Milhares de camponeses morreram na luta. Müntzer foi preso e decapitado naquele mesmo ano.

Müntzer redigiu um texto contendo doze reivindicações, entre as quais se destacam: a) a eleição popular dos pastores; b) a abolição das taxas senhoriais; c) a extinção da servidão camponesa.

Lutero não se omitiu diante da revolta camponesa liderada por Müntzer. Citando Jesus Cristo, ele disse: "Quem usa a espada morre pela espada". Em viagem pela região da Turíngia, onde ocorriam as revoltas camponesas, Lutero escreveu:

> Hordas assassinas de camponeses ladrões [...]. Temos que despedaçá-los, degolá-los e apunhalá-los [...]. Matem todos que possam matá-los, como se mata um cão furioso! Por isso, queridos senhores, ouvi-me e matai, degolai sem piedade [...].
>
> VEIGA, Luiz. *A Reforma protestante*. 8. ed. São Paulo: Ática, 2011. p. 18.

Leemage/Agência France-Presse

Gravura representando a rebelião camponesa de 1525 na Baviera. Coleção particular.

No documento acima, Lutero toma o partido dos príncipes e senhores feudais alemães. Reúna-se em grupos para responder às seguintes questões.

1 | Com base nas informações do capítulo, expliquem as razões da escolha política de Lutero.

2 | Lutero se apoia em argumentos religiosos para justificar o massacre dos camponeses?

Expansão do protestantismo

O avanço da Reforma luterana estimulou outros movimentos protestantes na Europa.

Nos Países Baixos, além dos nobres descontentes, os comerciantes também apoiaram a Reforma protestante, desejando se livrar da Igreja católica, que considerava o lucro um pecado.

Países Baixos: região europeia banhada pelo mar do Norte, assim chamada porque boa parte do seu território fica abaixo do nível do mar. Daí a importância dos diques, barreiras construídas para impedir que o mar invada o território.

Na França, parte da nobreza, apoiada por comerciantes, aderiu à Reforma para combater o centralismo do rei.

Na Inglaterra, o próprio rei Henrique VIII proclamou a reforma religiosa para se livrar do poder político do papa, fundando a Igreja anglicana.

A expansão do protestantismo foi enorme nos países do norte europeu. Quanto mais longe de Roma, mais chance de sucesso tinham os movimentos protestantes.

FIQUE DE OLHO

VEIGA, Luiz Maria. *A Reforma protestante*. São Paulo: Ática, 2007.

Acompanhando os passos dos irmãos Hermann e Lund, o livro apresenta como se deu a Reforma protestante e mostra as sucessivas crises da Europa do século XVI, que desmoronava em meio a guerras, peste e fome.

Expansão do protestantismo (séculos XVI e XVII)

Fonte: elaborado com base em KINDER, Hermann; HILGEMANN, Werner. *Atlas histórico mundial*: de los orígenes a la Revolución Francesa. Madrid: Istmo, 1982. p. 256.

Fred de Noyelle/Godong/Corbis/Getty Images

Gravura representando João Calvino lendo a *Instituição da fé cristã*. Coleção particular.

Calvino e o calvinismo

Um dos maiores seguidores da Reforma protestante foi o francês João Calvino. Formado em Teologia e Direito, ele aderiu ao movimento em 1533. Com o apoio de alguns mercadores, nobres e religiosos, Calvino fundou congregações religiosas independentes de Roma nas atuais França e Suíça.

Em 1559, as comunidades calvinistas mandaram representantes para uma grande reunião na cidade francesa de La Rochelle. Ali foi redigido um documento, denominado Confissão de La Rochelle, contendo os princípios fundamentais da religião reformada, denominada **calvinista**.

O catolicismo continuou a ser a religião da maioria da população francesa, mas o calvinismo cresceu muito na França. Os católicos reagiram com violência e o país mergulhou em um longo período de lutas religiosas.

Calvino via com bons olhos o trabalho e o lucro comercial. Sua doutrina incentivou, sem dúvida, o surgimento de uma sociedade mercantil. Era contra a devoção aos santos, defendendo um culto mais simples e a leitura da Bíblia. Atacou mais do que Lutero o culto à Virgem Maria.

DOCUMENTO

A doutrina de Calvino

Calvino formulou suas doutrinas no livro *Instituição da fé cristã*, publicado em 1559. Sua principal convicção, a chamada "predestinação da alma", indicava que Deus escolhia quem iria para o Paraíso ou para o Inferno antes que as pessoas nascessem.

Em suas doutrinas, Calvino escreveu o trecho que segue. Leia-o com atenção e responda à questão.

> Chamamos de predestinação ao eterno decreto de Deus com que determinou o que deseja fazer a cada um dos homens: porque Ele não cria a todos em uma mesma condição e estado; mas ordena a uns a vida eterna e a outros a perpétua condenação. Portanto, segundo o fim a que o homem é criado, dizemos que está predestinado à vida ou à morte.
>
> SEFFNER, Fernando. *Da Reforma à Contrarreforma*. São Paulo: Atual, 2011. p. 56.

- Na doutrina de Calvino, um ladrão terá sua alma condenada por roubar, descumprindo assim o sétimo mandamento da lei de Deus que diz: "Não roubarás"?

A reação de Roma

A Igreja católica não ficou de braços cruzados diante dos movimentos da Reforma. Em 1545, o papa Paulo III convocou uma reunião do alto clero para montar uma política de combate aos protestantes. Essa reunião ficou conhecida como **Concílio de Trento**.

No Concílio, que durou até 1563, todos confirmaram a tradição católica. As missas continuariam a ser rezadas apenas em latim, e o papa manteria sua autoridade inquestionável. A reação da Igreja de Roma contra o protestantismo ficou conhecida como **Contrarreforma** (ou Reforma católica).

No entanto, o clero reconheceu que a Igreja precisava mudar e se convenceu de que, se ela ficasse mais próxima dos cristãos, ninguém ousaria desafiá-la. Assim, decidiram preparar melhor o clero católico, incentivando a fundação de escolas e seminários especiais com o objetivo de formar sacerdotes que se dedicassem verdadeiramente ao catolicismo.

Stefano Bianchetti/CORBIS/Corbis/Getty Images

Cardeais reunidos no Concílio realizado em Trento, cidade italiana localizada na região dos Alpes. Gravura do século XVI. Coleção particular.

A Paz de Augsburgo

Enquanto o protestantismo se espalhava e o Concílio se reunia, o Sacro Império Germânico continuava dividido entre as duas religiões: catolicismo e protestantismo. Foram quase vinte e cinco anos de lutas, que só terminaram em 1555, com a **Paz de Augsburgo**.

Decidiu-se, então, que "os povos deviam seguir a religião de seu príncipe". Portanto, nos territórios em que os nobres e príncipes alemães tinham adotado o luteranismo, os súditos deveriam ser luteranos; onde eles fossem católicos, o povo deveria ser católico.

Lutero não viveu para ver a Paz de Augsburgo. Morreu em 1546, aos 63 anos de idade. No auge da Reforma protestante, casou-se com uma ex-freira, Catarina de Bora, e foi pai de cinco filhos. Consta que se tornou um homem amargurado. Seus inimigos lhe deram o apelido debochado de "papa de Wittenberg", uma espécie de antipapa.

PUXANDO PELA MEMÓRIA

Após o estudo do capítulo, você manteria sua resposta à pergunta da página 108?

Créditos das imagens de baixo para cima: Reprodução/Museu Poldi Pezzoli, Milão, Itália.; akg-Images/Latinstock; Ipsumpix/Corbis/Getty Images; Fred de Noyelle/Godong/Corbis/Getty Images; The Bridgeman Art Library/Easypix; G. Dagli Orti/The Bridgeman Art Library/Fotoarena

ROTEIRO DE ESTUDOS

O QUE APRENDEMOS?

1 | Que episódio marca o início da Reforma luterana?

2 | Qual grupo social deu apoio político e militar à Reforma luterana?

3 | Como podemos associar a Bíblia à doutrina defendida por Lutero?

4 | O que significa a doutrina da predestinação formulada por Calvino?

5 | Por que os protestantes, de maneira geral, rejeitavam o culto católico aos santos?

6 | Qual foi o reino europeu em que o próprio rei realizou a Reforma protestante?

7 | Qual a relação entre Lutero e Calvino?

8 | O que Thomas Müntzer tem a ver com a Reforma luterana?

9 | Por que a frase seguinte é falsa?

A Reforma luterana atendeu às expectativas da burguesia comercial alemã, que pretendia romper com o feudalismo defendido pela Igreja.

10 | Por que a cidade italiana de Trento é importante na história da Reforma protestante?

PESQUISA

Igrejas evangélicas no Brasil

Iniciadas no século XVI, as Reformas protestantes se expandiram pela Europa e pelo mundo ocidental.

Mesmo no Brasil, colonizado por um reino católico, Portugal, o protestantismo ganhou importância desde o século XIX.

Em 2010, segundo dados do Instituto Brasileiro de Geografia e Estatística (IBGE), o protestantismo era o segundo grupo religioso em número de fiéis no país, só perdendo para os católicos.

As diversas igrejas protestantes contavam com 42,3 milhões de fiéis ou cerca de 22% da população brasileira.

Entre as igrejas protestantes mais antigas, destacam-se as **batistas**, com quase 4 milhões de seguidores. Entre as igrejas mais novas, chamadas **evangélicas**, **pentecostais** ou **neopentecostais**, prevalece a Assembleia de Deus, com mais de 12 milhões de fiéis.

1 | Qual é a doutrina do chamado pentecostalismo ou neopentecostalismo? Se necessário, pesquise.

2 | Indique três diferenças entre a doutrina ou organização da Igreja neopentecostal e a da Igreja católica.

IMAGENS CONTAM A HISTÓRIA

O calvinismo se expandiu em várias províncias dos Países Baixos, especialmente na Holanda, que contava com uma vigorosa burguesia mercantil. O rei espanhol Filipe II, que herdou os Países Baixos de seu pai, praticou ali uma forte política fiscal, além da intolerância religiosa com os calvinistas, acirrando as disputas entre católicos e protestantes e levando-os a entrar em guerra.

G. Dagli Orti/The Bridgeman Art Library/Fotoarena

A rebelião calvinista de 1566, retratada por Franz Hogenberg. Museu Britânico, Londres.

- Observe a imagem com atenção. Sabendo que a cena principal se passa em uma igreja, indique elementos do quadro que revelam o sentimento calvinista dos revoltosos.

O PASSADO PRESENTE

Apesar da rivalidade, católicos e protestantes tinham em comum a rejeição à homossexualidade, amparada na antiga tradição bíblica. Já no Antigo Testamento consta que "abominável" é a relação sexual entre dois homens, como se um deles "fosse mulher" (*Levítico*, 18:22). No Novo Testamento, o apóstolo Paulo, que viveu no século I d.C., também condenou a sensualidade "de homens com homens" (*Epístola aos Romanos*, 1:27). A condenação bíblica aos homossexuais se transformou em uma perseguição implacável nos séculos XVI e XVII. Nesse período, na Espanha, o Tribunal da Inquisição mandou queimar 85 homens por essa conduta sexual. Na França, 38 foram executados pela mesma causa. Nos países calvinistas, cem homens foram queimados: trinta na Suíça e setenta na Holanda. Em 2013, porém, o papa Francisco I afirmou: "Se uma pessoa é *gay* e procura Jesus, e tem boa vontade, quem sou eu para julgá-la?".

Abominável: detestável.

Com base no texto acima, responda às seguintes questões.

1 | Há evidências, no Brasil atual, de assassinatos de homossexuais, como havia no século XVI ou XVII? Pesquise.

2 | Como interpretar a posição do papa Francisco I sobre o assunto?

Ilustração do famoso romance histórico do francês Alexandre Dumas (1802-1870): *Os três mosqueteiros*, publicado em formato de livro em 1844. A imagem é da edição de 1894, ilustrada pelo pintor francês Maurice Leloir (1851-1940). O livro foi traduzido para diversas línguas, e o enredo é tema de filmes, desenhos e sátiras até os dias atuais.

The Granger Collection/ Glow Images

CAPÍTULO 8

MONARQUIAS ABSOLUTISTAS

A Idade Moderna europeia conheceu um grande avanço do poder real em relação às monarquias do período medieval. Uma grande diferença entre os reis da Idade Média e os da Idade Moderna residia no poder militar que eles detinham.

O rei medieval tinha seu próprio exército, mas dependia do apoio de seus nobres vassalos para combater inimigos externos ou vassalos rebeldes.

A partir do século XV, o exército dos reis aumentou e se fortaleceu. Eles passaram a contratar cavaleiros profissionais e a recrutar camponeses para a infantaria. Os reis criaram um exército permanente, permitindo a eles submeter a maioria dos nobres ao poder da monarquia.

Uma característica especial dos reis absolutistas consistia na crença do povo de que eles eram capazes de fazer milagres. Como se o poder do rei fosse sobrenatural.

Na Idade Moderna, a crença era a de que o poder do rei vinha de Deus, era divino. Muitos reis absolutistas souberam se aproveitar disso.

PUXANDO PELA MEMÓRIA

Na imagem no alto da página, vemos a ilustração de um romance do escritor francês Alexandre Dumas. Você sabe onde a história se passa e quem são os personagens?

Créditos das imagens de baixo para cima: Reprodução/Museu do Louvre, Paris, França; Reprodução/Museu Nacional do Palácio de Versalhes e Trianon, Versalhes, França.; Liszt Collection/Alamy/Fotoarena; The Bridgeman Art Library/Easypix; Reprodução/Palácio Velho, Florença, Itália.; TThe Bridgeman Art Library/Easypix

1513: Maquiavel escreve *O príncipe*.

Milagres reais

Luís XIII foi coroado rei da França aos 9 anos de idade, em 1610. Naquele ano, o menino Jean, aos 10 anos de idade, já trabalhava como auxiliar de um perfumista em Paris.

As crianças trabalhavam desde muito cedo naquele tempo.

Jean era filho de camponeses pobres. Aos 7 anos, ele foi praticamente vendido a um mercador, que o repassou ao perfumista. Tornou-se um criado doméstico, em troca de casa e comida. Acordava às 6 horas da manhã para servir o pão, o leite e o queijo para o patrão e arrumar a oficina de perfumes, tarefa que podia durar horas.

O fato mais emocionante que Jean presenciou quando menino ocorreu perto do palácio real do Louvre. Ele levava uma encomenda para o patrão quando viu uma enorme fila com pessoas ansiosas para chegar perto de Luís XIII, o menino recém-coroado.

Mas o que aquelas pessoas esperavam do rei? Um milagre. Era um antigo costume da monarquia francesa, e também da inglesa, receber os súditos para curá-los de uma certa doença: a escrófula.

Perfumista: artesão que fabrica perfumes à base de essências florais.
Súdito: aquele que está sujeito ao rei por ter nascido em seu reino.
Escrófula: doença causada por microbactéria que contamina os vasos sanguíneos, fazendo surgir calombos enormes na pele, atacando braços, pescoço, rosto, etc. Muitas vezes, as escrófulas são sintomas de tuberculose, doença pulmonar que, por muito tempo, foi fatal.

De Agostini/Getty Images

Luís IX, da França, cura as escrófulas de um súdito. Óleo sobre tela de Louis Licherie, 1629-1687. Museu de Belas Artes, Rouen, França.

CÁ ENTRE NÓS

Os perfumes franceses são famosos até hoje e fabricados desde o final da Idade Média.

A profissão de perfumista é desde então muito valorizada na França. Muitos camponeses prosperaram ao cultivar flores para a fabricação de perfumes.

FIQUE DE OLHO

DUMAS, Alexandre. *Os três mosqueteiros.* São Paulo: Scipione, 2002. (Coleção Reencontro Literatura).

D'Artagnan quer ser mosqueteiro do rei e vai a Paris em busca de seu sonho. Lá conhece Athos, Porthos e Aramis, que seguem o lema "Um por todos e todos por um". O jovem se junta a eles para ajudar a rainha a escapar de uma armadilha arquitetada pelo cardeal Richelieu, político e primeiro-ministro do rei Luís XIII, da França.

O povo acreditava que o rei podia curar simplesmente tocando a pele do súdito doente. A crença popular de que o rei era capaz de curar as escrófulas tinha origem medieval e cresceu muito no século XVII. Consta que o rei Luís XIII tocou 450 doentes naquela sessão de cura "milagrosa".

Jean jamais esqueceu o que viu naquele dia, convencido de que o toque do rei era mágico. Fugiu da perfumaria aos 16 anos e fez de tudo um pouco para ganhar a vida. Aos 35 anos, alistou-se no exército, lutando em várias batalhas por dez anos. Em uma delas, foi aprisionado pelos espanhóis e condenado a servir nos navios do rei Filipe IV. Em 1640, o navio em que trabalhava foi atacado por piratas ingleses. Foi libertado. Passou a viver em Londres, trabalhando em uma manufatura de tecidos de lã. Também presenciou uma cena de cura das escrófulas pelo rei da Inglaterra, Carlos I, em 1642.

Por que os reis eram tão poderosos?

Luís XIV, filho de Luís XIII, também recebeu milhares de súditos doentes para curá-los com seu toque "mágico". Ele foi o mais importante rei francês de todos os tempos. Perguntado, em certa ocasião, sobre o que era o Estado, Luís XIV teria respondido: "O Estado sou eu!".

Como um rei chegou a dizer que a monarquia era ele mesmo? A monarquia era um tipo de governo ou se confundia com a pessoa do rei?

Antes de tudo, os reis da Idade Moderna chefiavam monarquias, regime em que o poder era vitalício e hereditário. O rei só deixava o poder quando morria, quando se constatava uma doença grave que o impedia de governar ou quando abdicava do poder. Assim era na Idade Moderna, e permanece nas monarquias de hoje, caso de Inglaterra, Holanda e Espanha, por exemplo.

Quando deixam o trono, os reis são sucedidos pelo filho mais velho, como na França ou na Espanha. Em alguns reinos, a filha mais velha pode assumir o poder como rainha.

Estado: conjunto de instituições que compõem o poder maior de determinado território ou país (monarquia, república, império), incluindo a administração civil e militar.
Vitalício: que dura a vida inteira.
Hereditário: que se transmite por sucessão ou herança de pais para filhos ou outros descendentes.
Abdicar: renunciar, desistir por vontade própria.

Monarquia absolutista

Se comparados aos reis medievais, os reis da Idade Moderna eram tão poderosos que ficaram conhecidos como monarcas absolutistas. O termo **absolutista** significa poder absoluto, porque os reis concentravam todo o poder em suas mãos: faziam leis, mandavam no governo, julgavam seus súditos. A palavra do rei absolutista era a lei.

Na Idade Média, os reis compartilhavam o poder com os nobres, senhores de feudos, duques, condes, marqueses. Em vários casos, os nobres eram mais poderosos que os próprios reis pela quantidade maior de vassalos – cavaleiros prontos a servir em guerras. A lealdade militar de um nobre (vassalo) em relação a outro nobre (suserano), em troca de um benefício feudal (terras), valia mais do que a lealdade ao rei.

Na Idade Moderna, ao contrário, os nobres foram submetidos aos reis. Mas como ocorreu essa mudança?

DOCUMENTO

Amado ou temido?

Considerado o maior pensador político do século XVI e um dos maiores de todos os tempos no Ocidente, o italiano **Nicolau Maquiavel** acreditava que o poder dos reis deveria estar acima de tudo e de todos, inclusive da Igreja católica.

Seu principal livro, *O príncipe*, foi escrito em 1513, como um manual para aconselhar o nobre italiano Lorenzo de Médici. Entretanto, só foi publicado em 1532, cinco anos depois da morte de Maquiavel.

Ao escrever sobre os sentimentos que os príncipes ou reis deveriam inspirar no povo, Maquiavel levantou um grande dilema: vale mais o rei ser amado que temido ou mais temido que amado? Leia a seguir o que o próprio autor respondeu.

> Ambas as coisas seriam de desejar, mas porque é difícil juntá-las, é muito mais seguro ser temido que amado, quando haja de faltar uma das duas. Porque dos homens se pode dizer, de uma maneira geral, que são ingratos, volúveis, simuladores, covardes [...].
>
> MAQUIAVEL, Nicolau. *O príncipe*. Tradução Maurício Santana Dias. São Paulo: Companhia das Letras, 2010. p. 102.

Nicolau Maquiavel (1469-1527) nasceu e morreu em Florença, na Itália. De uma família muito rica, ele pertencia à alta burguesia comercial da cidade. Óleo sobre tela de Santi di Tito, século XVI. Palazzo Vecchio, Florença, Itália.

1 | É certo dizer que Maquiavel considerava a tirania a melhor forma de governo?

2 | Por que Maquiavel considerava que, para o governante, era melhor que o povo o temesse do que o amasse?

Tirania: tipo de governo caracterizado por abuso de poder, violência e opressão.

FIQUE DE OLHO

MAQUIAVEL, Nicolau. *O príncipe*. São Paulo: Escala Educacional, 2008. (Versão em quadrinhos.)

Nessa obra, apresentada em quadrinhos, você conhecerá a fase do autoritarismo político e as qualidades que um príncipe ou governante precisa ter para se manter no poder através do medo, da repressão e da hipocrisia.

CÁ ENTRE NÓS

Burguesia comercial é o nome que se dá ao grupo de mercadores que se formou a partir do século XI, estimulado pelo chamado Renascimento comercial e urbano. O fortalecimento desse grupo e o surgimento de corporações de artesãos nas cidades modificaram a economia da Europa ocidental, que deixou de ser somente rural.

Eclesiástico: relativo à Igreja.

Quem apoiava os reis?

Na Baixa Idade Média, diversos reis negociaram com a nobreza um novo acordo de governo. Por meio dele, os nobres continuavam a comandar seus domínios rurais, mas deveriam aceitar o poder soberano do rei. Todos temiam possíveis revoltas camponesas.

Enfraquecida pelas Reformas protestantes, como vimos no capítulo anterior, a Igreja católica apoiou as monarquias leais a ela. Mas pagou um grande preço ao perceber que os reis passaram a se intrometer nos assuntos eclesiásticos. Em países que adotaram o protestantismo, as Igrejas protestantes também se aliaram ao Estado. Na Holanda, por exemplo, os calvinistas apoiaram a independência política do país.

Quanto aos camponeses, em toda a Europa, continuaram como antes. Trabalhavam a terra, geralmente como servos, pagando impostos à nobreza, ao clero e ao rei.

Entretanto, a principal razão da crescente força dos reis foi o enriquecimento das monarquias. Desde o final da Baixa Idade Média, vários reis se aproximaram dos grandes mercadores, que formavam a chamada **burguesia comercial**. Em troca de empréstimos em dinheiro, os mercadores recebiam autorização para comerciar no território real ou cobrar impostos em nome da Coroa. A partir do século XVI, com a expansão marítima, muitos mercadores ganharam dos reis o direito de comerciar com as colônias da América, da África ou da Ásia. Os reis ficaram ricos, capazes de aumentar o quadro de funcionários, reforçar a justiça real, fortalecer o exército. Dessa maneira, o poder real superou o poder da nobreza.

Reprodução/Museu Nacional do Palácio de Versalhes, França.

Óleo sobre tela de Henri Testelin. A imagem retrata Luís XIV em visita à Académie des Sciences (Academia de Ciências), financiada por ele sob influência de seu ministro, Colbert, e demonstra a riqueza real por intermédio do patrocínio às ciências. Palácio de Versalhes, França.

1556: Filipe II é coroado rei da Espanha.

A Espanha e seu império marítimo

Filipe II foi o mais poderoso monarca europeu no século XVI. Reinou por mais de 40 anos, de 1556 a 1598.

Seu pai, Carlos V, imperador do Sacro Império Romano Germânico, já era muito poderoso. Reinava sobre domínios que incluíam a Espanha, os Países Baixos, além de alguns territórios germânicos e italianos. Foi também durante seu reinado que os espanhóis conquistaram os grandes impérios indígenas da América.

Filipe II não herdou todo o império do pai, mas recebeu um enorme legado. Além dos Países Baixos, herdou a Espanha e suas colônias na América, ricas em ouro e prata.

É verdade que a Espanha de Filipe II perdeu uma parte dos Países Baixos, que, sob a liderança holandesa, revoltaram-se contra o rei. Em compensação, em 1580, Filipe II se tornou rei de Portugal, incluindo o império marítimo português: Brasil e partes da África e da Ásia.

The Bridgeman Art Library/Easypix

Filipe II governou um império colonial que incluía regiões da América, da Ásia e da África. Na imagem, *Rei Filipe II da Espanha*, óleo sobre tela de Tiziano Vecellio, c. 1550. Museu de Arte de Cincinnati, Ohio, Estados Unidos.

Filipe percebeu que a manutenção do poderio e da hegemonia da Espanha dependia da força da marinha de guerra. A cavalaria medieval estava superada. O peso das armas de fogo, nas batalhas terrestres, era ainda limitado, apesar do uso de canhões. A marinha de guerra se tornou essencial, não só pela frequência das batalhas navais, mas também pela segurança do comércio entre a metrópole e suas colônias. A prioridade espanhola era proteger a frota carregada de ouro e prata na travessia do Atlântico, um oceano infestado de piratas, os ladrões do mar.

A esquadra espanhola, chamada de **Invencível Armada**, tornou-se a melhor e mais potente da Europa. Ficou famosa por derrotar os turcos em 1571, na Batalha de Lepanto, no Mediterrâneo, detendo uma nova invasão muçulmana na Europa ocidental.

Esquadra: conjunto de navios de guerra sob o comando de um oficial.

The Bridgeman Art Library/Easypix

A Invencível Armada espanhola ao largo da costa da Inglaterra, em julho de 1588. Gravura de Franz Hogenberg, século XVI. Coleção particular.

AO MESMO TEMPO

No reino de Portugal, a centralização política ocorreu mais cedo, após a ascensão ao poder da dinastia de Avis, em 1385.

The Bridgeman Art Library/Easypix Brasil/Museu Nacional de Arte Antiga, Lisboa, Portugal.

No século XV, Portugal iniciou sua expansão marítima, tornando-se o principal reino europeu.

No século XVI, apesar da rivalidade com a Espanha, os portugueses adotaram algumas instituições espanholas, como a Inquisição.

O reino enfraqueceu e acabou incorporado pela Espanha de Filipe II, em 1580, após a morte do jovem rei Sebastião.

Portugal só recobrou sua autonomia sessenta anos depois, em 1640.

- O que significa "centralização política" no contexto português do século XIII?

Sebastião morreu no atual Marrocos, combatendo os muçulmanos, na tentativa de resgatar a glória do passado português. Na imagem, o rei Sebastião em c.1571. Óleo sobre tela de Cristóvão Moraes. Museu Nacional de Arte Antiga, Lisboa, Portugal.

Intolerância católica

Filipe II também ficou conhecido por sua fé religiosa. Não porque seus súditos acreditassem que ele fizesse milagres, como acontecia na França e na Inglaterra, mas porque era devoto e defensor incansável da Igreja católica.

O rei espanhol manteve firme a política inaugurada por seus avós – Fernando e Isabel –, que tinham criado a Inquisição espanhola, e se empenhou na perseguição aos judeus. Mas, além deles, também os protestantes e os mouriscos foram perseguidos. A centralização monárquica espanhola se apoiou na **unidade católica**. Os súditos do rei não tinham muitas opções: praticavam o catolicismo ou corriam o risco de serem submetidos à Inquisição.

Mourisco: descendente de muçulmanos que vivia na Espanha.

A Inquisição contra o judaísmo

A península Ibérica concentrava o maior número de judeus da Europa ocidental. No final do século XIV, muitos padres acusaram os judeus de serem os culpados por epidemias mortais, entre elas a peste negra. Comunidades inteiras de judeus se converteram ao cristianismo para fugir das perseguições, permanecendo nas regiões onde viviam. Eles foram chamados de cristãos novos. No entanto, após a união das coroas de Aragão e Castela, em 1469, o rei Fernando e a rainha Isabel passaram a utilizar a fé católica como símbolo da identidade política da unificação de seus reinos, e instalaram a Inquisição, em 1478.

OUTRAS HISTÓRIAS CRENÇAS

Queimados pela Inquisição

A Inquisição era um **tribunal eclesiástico**, subordinado ao papa, encarregado de julgar pessoas acusadas de cometer heresias. Esse tribunal já existia desde a Idade Média, mas foi criado também em alguns reinos, principalmente na Espanha e em Portugal.

A Inquisição espanhola, embora apoiada pelo papa, tinha certa autonomia. Perseguiu as pessoas tidas como hereges, considerando mais perigosos os descendentes de judeus convertidos que mantinham a fé judaica em segredo. Muitos condenados foram executados na fogueira, em cerimônia chamada **Auto de Fé**, e tiveram seus bens confiscados. A maioria dos condenados foi banida do lugar onde vivia ou sentenciada ao cárcere.

Com o passar do tempo, muitos deles não seguiam mais o judaísmo, outros confessaram as acusações sob tortura, um método de interrogatório usado por toda a Justiça penal da época.

The Bridgeman Art Library/Easypix

Os condenados à morte pela Inquisição eram queimados em praça pública. Gravura do século XVI. Biblioteca Nacional, Paris, França.

- Fé ou intolerância? Escolha uma só palavra para descrever a cena ilustrada acima. Justifique.

1572: Noite de São Bartolomeu, na França.

FIQUE DE OLHO

DONKIN, Andrew. *William Shakespeare e seus atos dramáticos*. São Paulo: Companhia das Letras, 2006. (Coleção Mortos de Fama).

Esse livro conta a vida do dramaturgo William Shakespeare, apresentando detalhes curiosos, enredo de peças e as falas mais famosas de seus personagens.

Na Inglaterra um rei desafia o papa

A história da monarquia inglesa é marcada por lendas interessantes, entre elas a do rei Artur. Mas foi um rei de verdade, Henrique VIII, que reinou de 1509 a 1547, que a fortaleceu.

Na Inglaterra, a **Magna Carta**, assinada em 1215, limitava o poder real. Essa lei estabelecia que o rei devia ouvir os representantes da nobreza, do clero e do povo antes de tomar decisões importantes, como declarar guerra ou decretar novos impostos. Os representantes se reuniam em uma assembleia, chamada **Parlamento**.

Henrique VIII desprezou o Parlamento durante todo o seu reinado. Reforçou o exército real e os cofres da monarquia por meio de pesados impostos. A nobreza inglesa se encolheu e aceitou o poder absoluto do rei. Afinal, não era ela que pagava os impostos, mas sim a burguesia mercantil e os camponeses.

No comando da Igreja

O ato mais ousado de Henrique VIII ocorreu em 1527, quando ele solicitou autorização do papa para anular seu casamento com a rainha Catarina, uma princesa espanhola. Henrique VIII alegava que a rainha só tinha dado à luz uma filha, e o rei queria um herdeiro homem.

Sabendo que a Igreja católica estava fragilizada por causa da Reforma protestante, Henrique supôs que o papa anularia seu casamento para evitar mais confusões. Mas o papa negou o pedido, pois o matrimônio católico é tido como sacramento indissolúvel, isto é, não pode ser rompido. Foi então que Henrique VIII rompeu com a Igreja e fundou uma religião cristã exclusiva da Inglaterra, o **anglicanismo**.

TThe Bridgeman Art Library/Easypix

Henrique VIII, óleo sobre painel de Joos van Cleve, c. 1531. Foi durante o reinado de Henrique VIII que a Inglaterra se tornou uma monarquia absolutista. House Collection, Lincolnshire, Grã-Bretanha.

Henrique separou-se da rainha Catarina e se casou com a jovem Ana Bolena. No novo matrimônio, Ana Bolena também não lhe deu um filho homem como o rei desejava, e Henrique mandou matá-la, acusando-a de adultério. Embora inocente, Ana foi decapitada em praça pública.

Henrique casou-se, então, com uma jovem aristocrata chamada Joana. Neste casamento, eles tiveram o menino tão desejado: Eduardo.

Henrique VIII teve, ao todo, seis esposas, sendo duas executadas sob acusação de adultério.

VOCÊ JÁ OUVIU FALAR

... que foi no reinado de Elizabeth I que os ingleses chegaram à América?

Em 1584, o navegador Walter Raleigh chegou à América do Norte, fundando ali uma pequena colônia a que chamou **Virgínia**, em homenagem à rainha. Elizabeth era por vezes chamada de rainha virgem.

Liszt Collection/Alamy/Fotoarena

A rainha Ana Bolena pouco antes de ser decapitada, no pátio da Torre de Londres. Gravura de Jan Luyken, 1699. Coleção particular.

Adultério: ato de infidelidade conjugal, quando o marido ou a esposa tem relações fora do casamento.

A sucessão de Henrique VIII

Morto em 1547, Henrique VIII foi sucedido pelo filho, Eduardo VII, que morreu em 1553, antes de completar 16 anos. A Inglaterra mergulhou, então, em uma crise política.

Subiu ao trono **Maria**, filha de Catarina de Aragão, primeira esposa de Henrique VIII. Católica como a mãe, Maria perseguiu anglicanos e puritanos. Ficou conhecida como Maria, a sanguinária. Mas seu reinado foi curto. Ela morreu de câncer, em 1558, e foi sucedida por **Elizabeth I**, filha de Ana Bolena.

Elizabeth consolidou o absolutismo inglês. Reinou por quarenta e cinco anos, de 1558 a 1603. Recuperou a Igreja anglicana, reforçou a Coroa e ordenou o início da expansão marítima dos ingleses.

Puritano: grupo religioso radical inglês de influência calvinista que era contra os anglicanos e os católicos.

FIQUE DE OLHO

O homem da máscara de ferro (EUA). Direção de Randall Wallace, 1998. 2 h12 min.

Filme baseado no romance homônimo (1847) de Alexandre Dumas. Nessa ficção, ambientada no século XVII, Luís XIV manda para a masmorra, clandestinamente, o irmão gêmeo que ninguém sabe existir, para que possa tomar o poder livremente. Mas o mosqueteiro Aramis descobre o segredo e convence seus companheiros a salvar o prisioneiro.

Na França, o rei diz: "O Estado sou eu!"

A Reforma protestante também afetou a monarquia francesa. Mas, enquanto na Inglaterra ela estimulou o poder real, na França a Reforma retardou o absolutismo. O reino mergulhou em disputas religiosas entre católicos e protestantes. Reino dividido, poder real enfraquecido.

A vontade real

No século XVI, durante o reinado de Francisco I, que governou de 1515 a 1547, a monarquia francesa ganhou força. Foi ele quem fez a nobreza render-se ao poder real.

Seus decretos começavam dizendo: "Por ser esta a minha vontade...", expressão que indicava que a vontade do rei inspirava as leis.

Francisco I também dominou o clero, mas não rompeu com a Igreja católica. Instituiu o galicanismo: o direito de os reis indicarem os bispos da França ao papa.

A morte de Francisco I coincidiu com a expansão do calvinismo no reino. Muitos franceses aderiram à Reforma protestante, inclusive na corte. A disputa religiosa se misturou, então, com a luta política. Nenhum rei conseguia resistir por muito tempo. Muitos deles foram assassinados.

Reprodução/Museu do Louvre, Paris, França

Francisco I, óleo sobre tela de Jean Clouet, c. 1530. Museu do Louvre, Paris, França.

As tentativas de pacificação fracassaram: os calvinistas continuaram debochando dos santos, e os católicos a perseguir calvinistas. O episódio mais dramático ocorreu em 1572, na Noite de São Bartolomeu, quando governavam o reino os católicos Carlos IX e Isabel da Áustria.

As lutas políticas e religiosas na França atrasaram a centralização monárquica. Foi somente a partir de 1643 que o poder real se fortaleceu, com a subida ao trono de Luís XIV. Ele foi o principal rei da França – e de toda a Idade Moderna – , reinando por mais de setenta anos.

Luís XIV, o Rei-sol

No reinado de Luís XIV, os nobres que ainda resistiam à centralização monárquica foram derrotados de vez.

Luís XIV estimulou a economia, protegendo a manufatura e aumentando a cobrança de impostos. Com ele no poder, o sistema judiciário foi centralizado, subordinando os tribunais à monarquia.

Foi em seu reinado que a França se consolidou como potência militar europeia. O exército e a marinha reais foram modernizados e fortalecidos. A França venceu diversas guerras contra os vizinhos, ampliou seu território na Europa e incorporou colônias na América: valiosas ilhas no Caribe, como a Martinica e o futuro Haiti, que produzia açúcar de grande qualidade.

Luís XIV – retratado aqui aos 63 anos de idade – foi, entre todos os monarcas europeus, o soberano que mais promoveu a própria imagem. Atribui-se a ele a frase "O Estado sou eu". Óleo sobre tela de Hyacinthe Rigaud, 1701. Museu do Louvre, Paris, França.

Perspectiva do palácio, jardins e parques de Versalhes, óleo sobre tela de Pierre Patel, 1668. Luís XIV promoveu a mudança da corte francesa do Palácio do Louvre, em Paris, para um novo palácio, localizado em Versalhes, perto da capital. Versalhes se tornou um modelo de corte absolutista, copiado por vários reinos europeus. Palácio de Versalhes, França.

O SEU LUGAR NA HISTÓRIA

Muitos livros de história, romances e peças teatrais foram escritos sobre os reis absolutistas.
Localize em alguma biblioteca – pode ser na biblioteca da escola, em alguma de seu município ou ainda em uma biblioteca particular – três livros que tratam do assunto.

O reino que desafiou o rei

Por tudo o que vimos até aqui, era difícil alguém ousar derrubar qualquer rei. Se alguém tentasse, corria sério risco de ser executado em praça pública. Muitos opositores foram decapitados a golpes de machado, encarcerados em masmorras até morrer ou expulsos para sempre do reino.

No entanto, houve um reino em que o soberano foi desafiado – e perdeu a batalha. Aconteceu na Inglaterra, na década de 1640.

Por que a Inglaterra? Por que o século XVII? Há três respostas que se complementam:

» a Inglaterra tinha mudado muito desde o século XVI, com o início da produção manufatureira. Parte da nobreza rural se aburguesou e modificou o sistema de produção em suas propriedades, especialmente com a criação de carneiros para a produção da lã vendida às manufaturas. A nobreza rural, denominada *gentry*, enriqueceu e se fortaleceu. Nas cidades, ocorria a ascensão dos burgueses proprietários das manufaturas. Ascendeu, também, um campesinato próspero (*yeomanry*), que produzia alimentos para as cidades. A maioria dos impostos cobrados pelo rei era paga por esses grupos. Logo, se o rei fizesse cobranças abusivas, correria o risco de ser contestado.

» o poder real na Inglaterra, especialmente desde a adoção da Magna Carta, em 1215, tinha alguns limites. Para declarar guerra ou instituir novos impostos, o rei deveria consultar o Parlamento. No tempo de Henrique VIII ou Elizabeth I, poucas vezes o Parlamento foi convocado. Mas, no século XVII, o rei Carlos I precisou de recursos para custear as guerras externas; portanto, teve de consultar o Parlamento. Assim começou o conflito político.

» boa parte da burguesia e do campesinato da Inglaterra tinha aderido ao puritanismo, uma doutrina que não condenava a riqueza material. Ao contrário, via nela um sinal da graça divina. Fazia suas orações em pequenas congregações, lendo a Bíblia, entoando cânticos em louvor a Jesus. Rejeitava a Igreja anglicana, com seus cardeais autoritários, recusando uma religião cujo chefe era um rei em vez de Jesus.

Cromwell, o homem de ferro

Carlos I, confiando ser rei por vontade de Deus, convocou o Parlamento, em 1640, para aprovar a instituição de novos impostos. Como o Parlamento negou a medida, o rei o dissolveu. A Inglaterra se viu, então, muito próxima de uma guerra civil.

Um novo parlamento foi convocado para examinar, outra vez, as necessidades financeiras da Coroa. Mas os parlamentares se revoltaram e pregaram a desobediência ao rei, considerado um tirano.

O grande líder dos parlamentares rebeldes, que faziam oposição ao rei, era Oliver Cromwell, proprietário rural e puritano radical. Os discursos dele no Parlamento eram radicais em relação ao rei.

Mas o rei não estava sozinho. Contava com o apoio da nobreza mais antiga e dos comerciantes que viviam dos favores reais, como o direito exclusivo de vender ou comprar determinadas mercadorias, no reino ou no exterior.

A guerra civil se tornou inevitável. Os grupos rivais formaram exércitos, que combateram de 1641 a 1645. O rei saiu derrotado dessa guerra e teve um destino trágico.

Cabeças Redondas × Realistas

Na Guerra Civil Inglesa, o exército parlamentar ficou conhecido como **Cabeças Redondas** (*Roundheads*), porque seus soldados tinham o cabelo curto e se protegiam com elmos, que contrastavam com os chapéus e as longas perucas usadas pelos cavaleiros do exército real.

Elmo: armadura com viseira e crista, que protege a cabeça e o rosto.

A principal novidade do exército parlamentar residia no fato de os soldados servirem em tempo integral, recebendo intenso treinamento para o combate. Esse exército era liderado por nobres defensores da causa parlamentar.

Universal History Archive/Getty Images

Os exércitos engajados na Guerra Civil Inglesa: Realistas à direita e *Roundheads* à esquerda. Ilustração de Henry A. Payne, c. 1920. Coleção particular.

1651: Ato de Navegação na Inglaterra.

1653: Cromwell, Lorde Protetor da Inglaterra, dissolve o Parlamento.

O exército do rei era conhecido como exército dos **Cavaleiros** ou **Realistas**. Era liderado por nobres favoráveis ao rei e composto de soldados experientes e financiados pelos comerciantes beneficiados pela Coroa.

A derrota do rei foi consumada na Batalha de Naseby, em 1645.

Sem trono e sem cabeça

Reconhecida a derrota, Carlos I se refugiou na Escócia. Acabou sendo entregue à Inglaterra pelos nobres escoceses, em 1647, em troca de 40 mil libras de ouro. Preso em Londres, o rei tentou conspirar com seus antigos aliados e até com nobres franceses. Mas nada conseguiu. Julgado pelo Parlamento por crime de traição, Carlos I foi condenado à morte. Morreu decapitado em 1649.

Absolutismo sem rei

Ditadura: governo autoritário em que são revogadas leis e liberdades individuais.

Algoz: pessoa que inflige castigo ou pena de morte.

A Inglaterra se transformou em uma ditadura. **Oliver Cromwell** proclamou a República e acumulou imenso poder. Inventou para si o título de **Lorde Protetor da Inglaterra, Escócia e Irlanda**. Chegou a dissolver o Parlamento, em 1653. Logo ele, que tinha liderado a revolta do Parlamento contra o rei.

O governo de Cromwell deu enorme impulso à economia inglesa, com destaque para a expansão colonial. Diversas ilhas do Caribe pertencentes à Espanha (como a Jamaica) foram tomadas pelos ingleses. Algumas delas se tornaram importantes centros produtores de açúcar.

Em 1651, Cromwell conseguiu aprovar os **Atos de Navegação**, reservando aos navios ingleses o direito exclusivo de negociar os produtos coloniais com a Inglaterra. O país se tornou a maior potência marítima da Europa.

Apesar de Cromwell liderar um grande avanço da economia, os grupos dominantes na Inglaterra não suportaram a mão de ferro do seu governo. Morto em 1659, foi substituído pelo filho Richard, que logo foi deposto, pois não tinha o prestígio do pai. A monarquia foi, então, restaurada com o filho de Carlos I, o rei decapitado. O novo rei foi coroado como Carlos II, em 1660.

No ano seguinte, Carlos II decidiu vingar-se do homem que tinha ordenado a morte do seu pai. Mandou desenterrar o corpo de Cromwell e enforcar o cadáver. Enrolado em correntes, cada vez mais apodrecido, o corpo de Cromwell foi pendurado em uma forca, em praça pública. Depois foi decapitado, e a cabeça ficou exposta ao público até 1685, quando um soldado roubou-a na calada da noite.

Voltemos a Jean, já adulto, que vivia na Inglaterra nessa época. Pode não ter visto as execuções do rei inglês ou de seu algoz, Cromwell. Não sabemos. Se ele presenciou a morte de Carlos I, deve ter se chocado. Tinha visto multidões de doentes, na França e na Inglaterra, ansiosos pela cura de um simples toque real. Os reis, certamente pensava Jean, eram sagrados. Mágicos. Mas, se Jean assistiu à mutilação do cadáver de Cromwell, deve ter ficado indiferente, pois Cromwell não era um rei, embora tenha governado como tal.

1660: Restauração da dinastia Stuart na Inglaterra, com Carlos II.

1688: Revolução Gloriosa na Inglaterra.

O fim do absolutismo na Inglaterra: a Revolução Gloriosa

O absolutismo inglês não durou muito, apesar da restauração da dinastia Stuart em 1660, com a ascensão ao trono de Carlos II, que tentou não cometer o mesmo erro do pai, decapitado. Governou com o Parlamento e, no seu reinado, dois partidos se estruturaram: o Liberal (*Whig*) e o Conservador (*Tory*). Algumas leis progressistas foram aprovadas. Mas as lutas religiosas não deram tréguas durante seu governo.

Católico, Carlos II permitiu que sua religião fosse tolerada na Inglaterra. Morreu em 1685 e, como não tinha filhos, foi sucedido pelo irmão, o duque de York, com o nome de Jaime II, também católico. Os dias de tolerância, porém, estavam contados. Os adversários do rei no Parlamento consideraram que a reforma tinha de começar pela deposição da dinastia Stuart. Conseguiram, com o apoio do príncipe Guilherme de Orange, holandês, genro do rei, que desembarcou na Inglaterra com um exército. Não houve resistência. Jaime II foi abandonado por suas tropas. Sem guerra e sem sangue.

Guiherme de Orange e sua mulher, Maria Stuart, filha de Jaime II, assumiram o trono e aceitaram a "Declaração de Direitos" (*Bill of Rights*) em 1689, que transferia o direito de governar ao Parlamento. O fato ficou conhecido como **Revolução Gloriosa**. A partir de então, coube ao primeiro-ministro a função de chefe de governo, o que ocorre até hoje. O absolutismo foi sepultado de vez na Inglaterra.

Alamy/Fotoarena/Biblioteca do Congresso, Washington, EUA.

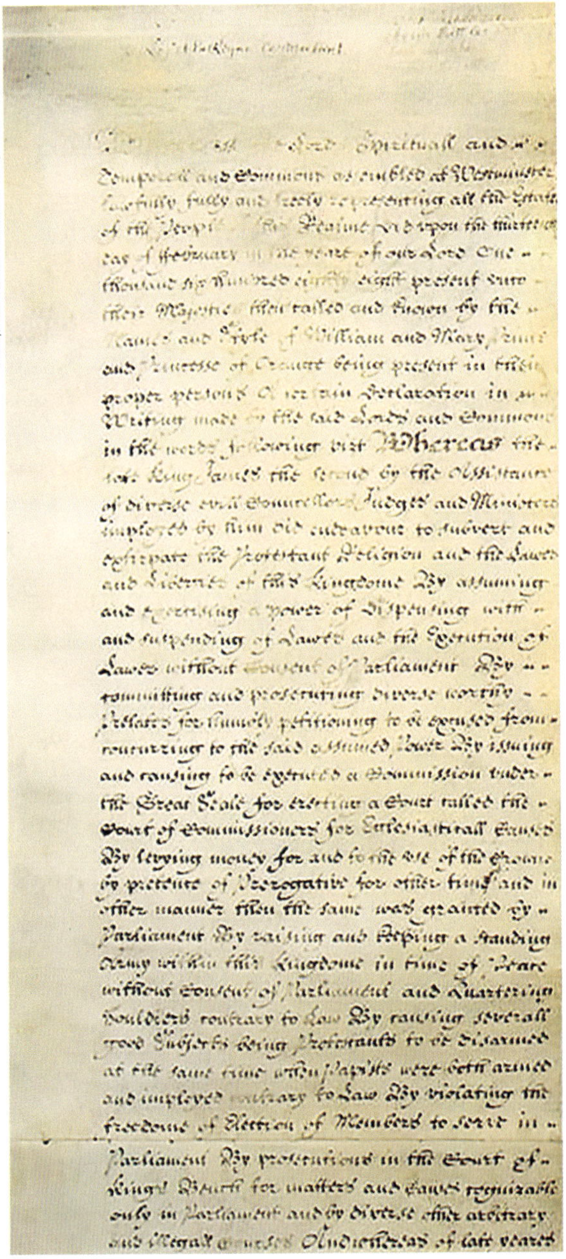

A declaração de direitos (*Bill of Rights*), Inglaterra, 1689.

PUXANDO PELA MEMÓRIA

Após o estudo do capítulo, você manteria sua resposta à pergunta da página 122?

Créditos das imagens de baixo para cima: Reprodução/Museu do Louvre, Paris, França; Reprodução/Museu Nacional do Palácio de Versalhes e Trianon, Versalhes, França.; Liszt Collection/Alamy/Fotoarena; The Bridgeman Art Library/Easypix; Reprodução/Palácio Velho, Florença, Itália.; TThe Bridgeman Art Library/Easypix

Reprodução/Palácio Pitti, Florença, Itália.

ROTEIRO DE ESTUDOS

O QUE APRENDEMOS?

1 | Relacione o conceito de absolutismo com a seguinte frase de Luís XIV: "O Estado sou eu!".

2 | Qual foi a monarquia europeia que mais sofreu com as guerras religiosas do século XVI?

3 | Que monarquia absolutista se caracterizou pela perseguição aos descendentes de judeus e muçulmanos em nome da unidade católica?

4 | Qual é a relação entre direito divino dos reis e monarquia absolutista?

5 | O que há de comum entre a Inquisição espanhola e a Noite de São Bartolomeu, na França?

6 | O que foi a Guerra Civil Inglesa, iniciada em 1641, e qual foi seu resultado?

7 | Qual rei é considerado um exemplo típico de monarca absolutista na história europeia?

8 | Qual é a relação entre Oliver Cromwell e a queda do absolutismo inglês?

9 | Por que a frase seguinte é falsa?

A guerra de independência contra a Espanha, travada nos Países Baixos, sob a liderança da Holanda, foi unicamente movida por razões econômicas.

10 | Por que a cidade de Lepanto, situada no Mediterrâneo, no golfo de Patras, foi importante para a defesa da Europa cristã no século XVI?

PESQUISA

O bobo da corte, ou bufão, era um tipo de palhaço que atuava nas cortes e nos palácios europeus; foi muito popular até o final do século XVII.

Era comum que anões assumissem o papel de bufões. Reis e príncipes por vezes gastavam fortunas comprando anões para atuar na corte.

Em grupos, pesquisem e discutam as questões abaixo.

1 | Qual era a função de um bobo da corte nas monarquias europeias na Idade Moderna?

2 | Por que vocês acham que os reis preferiam anões para exercer essa função?

3 | Os bufões, fossem ou não anões, gozavam de algum prestígio nas cortes da época?

4 | Discutam sobre o uso de anões nas monarquias absolutistas, bem como, ainda hoje, em circos ou programas humorísticos. O que vocês acham disso?

Alamy/Fotoarena

Bobo da corte. Pintura mural de autor desconhecido, c. 1566. Palácio de Hofburg, Innsbruck, Áustria.

IMAGENS CONTAM A HISTÓRIA

Luís XIV, o Rei-sol, encomendou inúmeros retratos ao longo de seu reinado. Todos apresentam o rei com muita glória, seja segurando o cetro real, seja montado em um imponente cavalo.

- Observe e descreva a pintura. Em seguida, discuta com os colegas por que, na imagem, um anjo deposita uma coroa de louros na cabeça do rei.

Photo Josse/Leemage/Getty Images

Retrato de Luís XIV, óleo sobre tela de Pierre Mignard, século XVII. Museu Nacional do Palácio de Versailles, Versalhes, França.

O PASSADO PRESENTE

Não existem mais reis absolutistas no mundo ocidental, mas a figura do rei ainda é muito viva, colorindo o imaginário de vários países. No Brasil, temos o **rei momo**, eleito a cada ano para abrir o Carnaval carioca. Ou o **rei Pelé**, maior jogador de futebol de todos os tempos, aclamado em 1958, quando a seleção brasileira ganhou sua primeira Copa do Mundo.

Em 1981, o programa humorístico *Viva o Gordo*, exibido pela TV Globo, introduziu o personagem **Reizinho**. Jô Soares interpretava um rei minúsculo, sempre rodeado de conselheiros. Esse personagem sempre repetia uma frase quando entrava em cena: "Desse solo que eu piso e desse povo que eu amo, que é que eu sou?". E o coro respondia: "Sois rei, sois rei, sois rei!". Em meio aos diálogos, o Reizinho se confundia e dizia: "Desse povo que eu piso e desse solo que eu amo". O quadro era uma crítica ao Brasil daquela época, que lidava com uma economia debilitada, com as dificuldades do povo e a insensibilidade dos que governavam o país.

Com base no texto discuta, em grupo, as seguintes questões:

1 | Pesquisem qual era o governo no Brasil em 1981, época em que foi lançado o quadro "Reizinho", em *Viva o Gordo*. Como podemos relacionar o quadro televisivo com esse período da política brasileira?

2 | Relacione o fato de o Reizinho confundir seu bordão, trocando "povo que eu amo" por "povo que eu piso", à política nacional da época do programa.

ANDRIIII COSMOGRAPH
ASIA
AFRICA
APARCTIAS
Mare glaciale
CIRCULUS ARCTICUS
SEPTENTRIO
MARE GLACIALE SIVE CONGELA
MARE GLACIALE
CIRCULUS
ARCTICUS
TARTARIA
SCITHIA INTRA IMAUM
SCITHIA E
MARE HIRCANV SIVE CASPIUM
ATHLANTICUS
MEDITERRANEUM
GETULIA
LIBIA INTERIOR
PERSICUS
INDIA GANGEN
ARABIA FELIX
ETHIOPIA
EQUINOCTIA
AFFRICA
ETHIOPIA INTERIOR
MARE INDICUM
SINUS BARBARICUS
SINUS MAGNUS AFFRICE
CAPRICORNI
MARE PRASSODU
EQUINOCTIALIS
TAPROBA INSULA
OCCEANUS INDICUS MERID
TROPICO CAPRICOR
MADAGASCAR
NOTUS
AUSTER
360
10
20
30
40
70
80
90
100
110
120
130
140

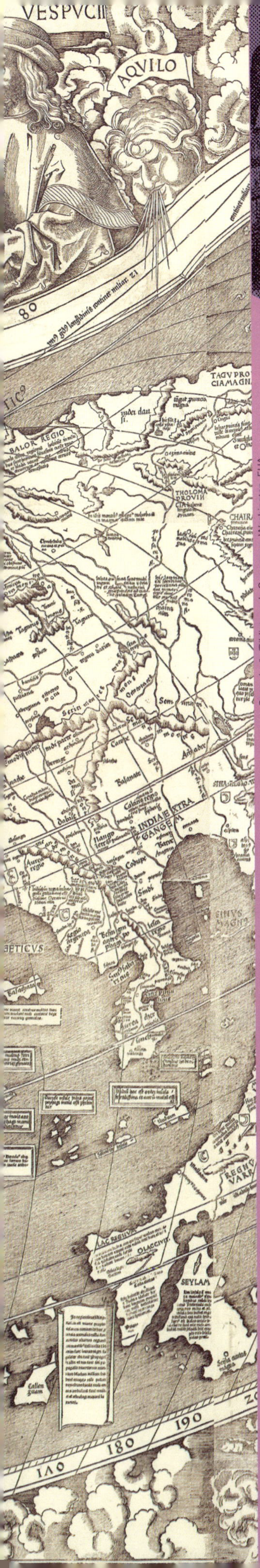

Reprodução/Biblioteca do Congresso, Washington, EUA.

UNIDADE 4

AMÉRICA E ÁFRICA NA MODERNIDADE

VAMOS ESTUDAR

- MERCANTILISMO E CAPITALISMO
- PORTUGAL E O IMPÉRIO MARÍTIMO
- ESPANHA E SEU IMPÉRIO DE METAIS
- COLONIZAÇÃO DA AMÉRICA DO NORTE
- A ÁFRICA NA ÉPOCA DO TRÁFICO DE ESCRAVOS
- O REINO DO CONGO
- O COMÉRCIO DE ESCRAVOS
- O REINO DE ANGOLA
- HOLANDESES EM ANGOLA

Créditos das imagens de baixo para cima: The Bridgeman Art Library/Easypix; Peter Newark American Pictures/The Bridgeman Art Library/Fotoarena; The Granger Collection/Glow Images.

A imagem desta abertura de unidade mostra um dos primeiros mapas-múndi em que a América foi representada como um novo continente. Nesse planisfério, feito pelo cartógrafo alemão Martin Waldseemüller em 1507, os contornos do continente americano ainda não estão bem definidos. Os europeus não sabiam a extensão das terras que haviam encontrado. Biblioteca do Congresso, Washington D.C., Estados Unidos.

> A descoberta da América e a de uma passagem para as Índias Orientais pelo cabo da Boa Esperança são os dois maiores e mais importantes eventos registrados na história da humanidade.
>
> SMITH, Adam. *A riqueza das nações.* São Paulo: Hemus, 2008. p. 267.

Foi assim que, em 1776, o escocês Adam Smith, o grande teórico do liberalismo econômico, se referiu à descoberta da América pelos europeus.

Portugueses e espanhóis foram os principais executores da expansão marítima, que revelou um mundo muito maior do que os europeus conheciam até então. Foi o encontro de povos que não sabiam da existência uns dos outros. Foi o começo de uma política e de uma economia que passaram a envolver os continentes.

The Bridgeman Art Library/Easypix

Captura do pirata Barba Negra. Esta pintura do século XX, atribuída ao estadunidense Jean Leon Gerome Ferris, representa a batalha entre o Barba Negra e o tenente Maynard na baía de Ocracoke, Virgínia (EUA), ocorrida no ano de 1718. Coleção particular.

CAPÍTULO 9

PIRATARIA E COLONIZAÇÃO NAS AMÉRICAS

PUXANDO PELA MEMÓRIA

Que relação existe entre os piratas e as monarquias absolutistas europeias?

Créditos das imagens de baixo para cima: jpa1999/DigitalVision Vectors/Getty Images; The Granger Collection/Glow Images; The Bridgeman Art Library/Easypix; Peter Newark American Pictures/The Bridgeman Art Library/Fotoarena; Sarin Images/The Granger Collection/Glow Images.

Você já ouviu falar no famoso pirata Barba Negra, representado na imagem acima? E em outros piratas lendários, como Capitão Kidd, Capitão Gancho e Jack Sparrow? O que você sabe sobre eles?

Nascido provavelmente no ano de 1680 na cidade de Bristol, na Inglaterra, e morto em 1718 na batalha representada acima, Edward Teach (ou Thatch), o Barba Negra, é um dos mais famosos piratas da História. Diferentemente dos corsários, como eram chamados aqueles que pilhavam pelos mares a mando dos reis, Barba Negra agia por conta própria. Afinal, no século XVII a pirataria era uma empresa: uma espécie de crime organizado dos mares.

O processo de colonização da América está relacionado à consolidação das monarquias absolutistas e ao poderio naval desses reinos europeus, incluindo a pirataria nos mares. Tudo está relacionado à formação do sistema econômico batizado de mercantilismo, como estudaremos neste capítulo.

1503: O porto de Sevilha é o único autorizado a manter comércio com a América espanhola.

Negociar e piratear

Willian Kidd era mais velho que Barba Negra. Nasceu na Escócia, em 1645, filho de uma família pobre. Quase nada se sabe de sua vida antes de tornar-se um grande capitão de navio pirata, quando já estava com trinta e poucos anos. Ele deve ter servido a outros piratas antes de se tornar capitão.

Capitão Kidd navegou por toda a parte: na costa oriental da África, no Caribe, na América do Norte. Ele negociava com as populações locais, mas o que preferia mesmo era piratear, saqueando navios de inimigos dos ingleses. No início da carreira, contou com o apoio da Coroa inglesa: era mais corsário do que pirata. Com o tempo, o capitão passou a desagradar as companhias de comércio que detinham o monopólio dos negócios nas colônias inglesas.

Mas será que havia mesmo uma grande diferença entre negociar e piratear nos mares do século XVI e XVII?

API/Gamma-Rapho/Getty Images

O pirata William Kidd enterrando seu tesouro em Oak Island, uma ilha ao sul do atual Canadá. Litografia, século XIX. Coleção particular.

Mercantilismo e capitalismo

Havia pouca diferença entre negociar e piratear. Nessa fase mercantil do capitalismo, tanto fazia, para um país ou reino, investir em lavouras de exportação nas colônias ou armar navios para saquear, no oceano, as frotas de reinos inimigos. O ministro das Finanças da França no século XVII, por exemplo, Jean-Baptiste Colbert, dizia que a prosperidade econômica de qualquer reino dependia da pobreza de outros. Valia tudo nessa guerra, pois, segundo Colbert, "somente a abundância de dinheiro (ouro e prata) no Tesouro do Estado pode indicar o tamanho do seu poder".

Corsário: pirata ou navio que faz o corso. O corso era um tipo de empresa marítima na qual o comandante do navio recebia autorização do Estado para atacar o tráfego marítimo do inimigo e suas embarcações.

Logo, as Coroas deviam se empenhar em:

- conquistar colônias ou fundar entrepostos comerciais na África, América e Ásia, para implantar lavouras de exportação na América (açúcar, tabaco, algodão), explorar metais preciosos ou comprar especiarias no Oriente;
- controlar o comércio com as colônias de forma exclusiva, impedindo que outros países europeus rompessem tal exclusividade;
- vender mais do que comprar dos reinos estrangeiros;
- roubar navios de outros países pelos mares, saqueando as mercadorias que o rival tentava levar ao próprio país.

É nesse último ponto que os piratas entraram em cena, sobretudo no século XVII.

Esse modo de pensar a economia internacional, adotado na França e em outros Estados europeus, deu origem a uma política econômica chamada **mercantilismo** (ou colbertismo, como a chamaram os franceses).

O mundo é dos ibéricos

Em 1488, Bartolomeu Dias dobrou o cabo das Tormentas, no sul da África. Dez anos depois, Vasco da Gama chegou a Calicute, na Índia. Em 1500, Pedro Álvares Cabral avistou o litoral do atual estado da Bahia, nas redondezas de Porto Seguro.

Em 1492, Colombo descobriu o Novo Mundo para os europeus. Cerca de vinte anos após, Cortez derrubou o Império Asteca e, pouco depois, Pizarro conquistou o Império Inca. Dominando essas regiões, os espanhóis impuseram seu monopólio comercial sobre elas. E o que tudo isso significa? Como esses fatos se relacionam com as ideias de Colbert?

Esses fatos marcam o início do grande império marítimo português e o surgimento das colônias espanholas na América, confirmando que, na prática, o mercantilismo já havia feito sua estreia na Europa muito antes do nascimento de Colbert. A expansão marítima europeia, de que os países ibéricos foram pioneiros, resultou na formação de extensos impérios coloniais.

Portugal, império marítimo

Favorecido por sua privilegiada localização geográfica (está localizado no extremo ocidental da Europa e próximo do norte da África, e é banhado pelo oceano Atlântico) e pela experiência acumulada na navegação oceânica, Portugal saiu na frente no processo de expansão comercial e marítima que marcou o século XVI europeu. Construiu um império.

Mas que império foi esse? Observe o mapa a seguir.

O Império Português na segunda metade do século XVI

Ericson G. Luciano/Arquivo da editora

Fontes: elaborado com base em *Atlas da história do mundo*. São Paulo: Folha de S.Paulo, 1995. p. 154-155; DUBY, Georges. *Atlas historique*. Paris: Larousse, 2016. p. 156.

Mesmo limitando-se a ocupar o litoral das regiões importantes para o seu comércio marítimo (destacadas em vermelho no mapa), podemos dizer que Portugal construiu um vasto império.

Os portugueses fundaram fortalezas e feitorias no litoral de várias regiões do globo. E, apenas em casos raros, arriscaram-se a construir fortes no interior da África ou da Índia. Mesmo no Brasil, durante o século XVI, a presença portuguesa foi apenas litorânea.

Mas o grande objetivo dos portugueses era fazer comércio.

E quais mercadorias eles buscavam em regiões tão distantes do planeta? Na África, adquiriam ouro da região sudanesa, escravos da Guiné ou de Angola, marfim de toda parte. Na Índia, panos finos e especiarias. Na China, sedas e porcelanas. No Brasil, madeira vermelha (pau-brasil) e, depois de iniciada a colonização, o açúcar – o "ouro branco", como diziam, por causa de seu alto preço. O que davam em troca? Cavalos, armas de fogo, espadas, trigo, vinho, azeite, etc. Vendiam o que os povos dessas regiões quisessem comprar, desde que o tivessem para vender.

Segundo alguns historiadores, entre os séculos XVI e XIX, o Império Português, que abrangia terras banhadas pelos oceanos Atlântico, Índico e Pacífico, foi um dos maiores do mundo. Outros dizem que, ao contrário, os portugueses nem sequer formaram um verdadeiro império, limitando-se a ocupar o litoral de alguns continentes. A ideia predominante é a de que, se Portugal construiu um império, este foi marítimo e comercial, ao menos na fase de expansão oceânica.

Feitoria: forte construído pelos portugueses para fazer comércio com as populações locais nas várias regiões do mundo.
Especiaria: tempero de origem vegetal como cravo, canela, noz-moscada, pimenta, etc., usado na culinária, como medicamento para enfermidades ou como corante em tecidos, no corpo, etc.

Espanha e seu império dos metais

Desde a primeira metade do século XVI, os espanhóis organizaram seu império colonial para dele extrair metais preciosos (ouro e prata). Construíram cidades ou utilizaram as já existentes, dos indígenas, para montar a administração real na América.

Trabalho indígena na mina de prata de Potosí, gravura de Theodore de Bry, 1597. Coleção particular.

Os espanhóis enviaram funcionários da metrópole para organizar o território e controlar tanto a população indígena quanto os conquistadores: os indígenas, para que trabalhassem na economia colonial; os conquistadores, ou seus filhos, para que obedecessem aos decretos reais e pagassem os impostos reais.

A Coroa espanhola também se esforçou para que seu monopólio comercial fosse o mais rigoroso possível. Afinal, as colônias americanas produziam os tão desejados metais preciosos, que na Europa eram cunhados na forma de moedas de ouro e prata. Por essa razão, o mercantilismo espanhol ficou conhecido como **metalismo**.

DOCUMENTO

Memória do império marítimo

"A portuguesa" é o título do hino português composto em 1890. No final do século XIX, séculos depois de iniciada a expansão oceânica, Portugal já não desfrutava as glórias do passado, como você poderá ver na primeira estrofe do hino:

Estrofe: cada uma das seções que constituem um poema, ou seja, cada agrupamento de versos.

Heróis do mar, nobre povo
Nação valente, imortal
Levantai hoje de novo
O esplendor de Portugal!
Entre as brumas da memória
Ó Pátria sente-se a voz
Dos teus egrégios avós
Que há-de guiar-te à vitória!

KEIL, Alfredo; MENDONÇA, Henrique Lopes de. A portuguesa. Disponível em: <http://consuladoportugalsp.org.br/dados-sobre-portugal/hino-e-bandeira>. Acesso em: 13 maio 2018.

Forme um grupo com seus colegas. Juntos, analisem a primeira estrofe da letra de "A portuguesa" e respondam:

1 | Que verso caracteriza os portugueses?

2 | Relacione esse verso com a razão histórica para essa qualificação.

3 | Quem poderiam ser os "egrégios avós" mencionados no sétimo verso da estrofe?

4 | Considerando que o hino foi elaborado séculos depois da expansão marítima, qual é a imagem do país que essa estrofe transmite ao leitor: glorioso ou decadente? Discuta com os colegas, indicando o verso que justifica a opinião do grupo.

Frotas e galeões

Uma das formas encontradas pela Coroa espanhola para defender seu domínio colonial na América foi proteger sua marinha mercante com navios de guerra. Assim surgiu o sistema de frotas e galeões. Você se lembra de que Colbert costumava dizer que o comércio internacional era uma guerra? Então...

De acordo com esse sistema, navios de guerra escoltavam as frotas espanholas que partiam de Sevilha (ou Cádis) carregadas de mercadorias europeias em direção à América e também as que de lá vinham, repletas de metais preciosos e outros produtos.

O sistema funcionou muito bem no século XVI. Já no século XVII, foi enfraquecido pela pirataria. Como dizia Colbert: "somente a abundância de dinheiro (ouro e prata) no Tesouro do Estado pode indicar o tamanho de seu poder". Pelo comércio marítimo colonial ou pela pirataria, tanto fazia. No século XVII, como vimos, o comércio marítimo colonial e a pirataria eram duas faces da mesma moeda, do mesmo sistema, da mesma política econômica: o mercantilismo. Afinal, a pirataria foi um recurso muito utilizado pelos países excluídos da divisão do Novo Mundo estabelecida pelo Tratado de Tordesilhas (França, Inglaterra, Holanda).

Piratas do Caribe

O século XVII foi o século da pirataria. Piratas ingleses, holandeses e franceses transformaram o mar do Caribe em um verdadeiro campo de batalha. Por conta própria ou com apoio oficial, eles se fixaram em vários pontos das Antilhas, fazendo delas seu quartel-general. Mas as ilhas do Caribe não pertenciam à Espanha? No papel, ou de acordo com o Tratado de Tordesilhas, sim. Na prática, não.

Os países excluídos pela decisão papal nunca aceitaram a divisão do mundo ultramarino entre os reinos ibéricos. Com o enfraquecimento da Coroa espanhola, várias ilhas foram abandonadas e tomadas pelos "ladrões do mar", que, com suas ações corsárias, contribuíam para esse enfraquecimento.

The Bridgeman Art Library/Easypix

Piratas abordam galeão espanhol no oceano Atlântico. Gravura colorida, século XVI. Coleção particular.

1620: O navio Mayflower chega a Plymouth.

O mar é dos piratas

Escondidos nas ilhas, os piratas ficavam de tocaia, aguardando a frota espanhola regressar à Europa, e atacavam os navios que se afastavam de sua rota. Apoderavam-se dos carregamentos de ouro e prata e até dos navios. Por vezes sequestravam a tripulação e exigiam resgate para libertá-la. Ou então, como era mais frequente, matavam todos os prisioneiros.

De Agostini Picture Library/Getty Images

Piratas franceses saqueiam a cidade espanhola de Chiorera, em Cuba, 1556. Gravura do século XVI. John Judkin Memorial, Bath, Inglaterra.

Capitão Kidd foi um dos maiores piratas dessa época. No caso da pirataria praticada no Atlântico, pilhou várias vezes a frota espanhola, combateu piratas franceses e saqueou até navios ingleses. Os lucros de cada ataque eram altíssimos.

Além de saquear as frotas, vários piratas passaram a tomar dos espanhóis as pequenas Antilhas, mas logo conquistaram algumas ilhas maiores. Os holandeses tomaram algumas ilhotas, os ingleses tomaram a Jamaica, os franceses tomaram as pequenas ilhas de Guadalupe e Martinica e, depois, conquistaram o lado ocidental da grande ilha de São Domingos. Capitão Kidd andou muito pela Jamaica, onde fundou uma base de operações para o saque marítimo.

Ilhas do Caribe (século XVII)

Ericson G. Luciano/Arquivo da editora

Fontes: elaborado com base em DUBY, Georges. *Atlas historique*. Paris: Larousse, 2006. p. 241; VICENTINO, Cláudio. *Atlas histórico*: geral e do Brasil. São Paulo: Scipione, 2011. p. 96.

Da pirataria ao açúcar

A conquista de algumas ilhas do Caribe por holandeses, franceses e ingleses foi definitiva. E a Espanha foi obrigada a reconhecer essa derrota por meio de diversos tratados.

Os novos donos das ilhas começaram a investir nas plantações de cana-de-açúcar, pois o solo e o clima da região eram favoráveis a esse cultivo. Companhias de comércio e investidores particulares compraram terras, financiando a construção de engenhos de açúcar. Como a população das ilhas já havia sido dizimada pelos espanhóis, a solução para a mão de obra foi o tráfico de africanos escravizados.

As sociedades coloniais da região do Caribe estruturaram-se de maneira muito parecida com a sociedade açucareira do Brasil colonial, sobretudo no que diz respeito à utilização da mão de obra escrava africana.

O volume do tráfico de africanos para as Antilhas foi enorme. Impulsionou a economia açucareira, mas provocou diversas rebeliões e a formação de quilombos. Pesquisas históricas comprovam que, quanto maior era o tráfico de africanos, maior era o número de fugas e de comunidades quilombolas.

O SEU LUGAR NA HISTÓRIA

O sistema colonial mercantilista se baseava na exploração monopolista de produtos destinados à exportação.

O seu município produz algo destinado à exportação? E no passado, qual teria sido o principal produto exportado por sua região?

FIQUE DE OLHO

OLIVEIRA, Lucia Lippi. *A criação da América*. São Paulo: Atual, 2009.

O livro aborda a vida religiosa e política da sociedade norte-americana desde sua origem, com a chegada dos primeiros colonos ingleses ao Novo Mundo, até a Independência e a criação dos Estados Unidos da América.

Quem colonizou a América do Norte?

O norte da América também pertencia à Espanha. Mas só no papel. Com exceção do México e da Flórida, os espanhóis não se aventuraram na região. Já era custoso colonizar o sul, rico em metais preciosos, e defender as ilhas do Caribe. A Espanha deixou a América do Norte a ver navios... Navios estrangeiros!

O inglês Walter Raleigh esteve por ali, em 1584, e fundou a Virgínia. Mas não deu continuidade ao povoamento. Os holandeses fundaram um forte, em 1625, para comprar peles de animais que os indígenas caçavam. Chamaram o lugar de Nova Amsterdã.

Em resumo, os europeus tiveram menor interesse em colonizar a América do Norte, em especial as regiões mais ao norte. Isso se deu em grande medida pelo clima temperado, inadequado para as lavouras de cana-de-açúcar, cacau ou tabaco, principais produtos coloniais enviados para a Europa.

A colonização inglesa

Foi nas regiões sulinas da América do Norte, cujo solo e clima eram mais adequados às lavouras tropicais, que os ingleses fundaram suas primeiras colônias. O rei da Inglaterra autorizou diversas companhias a organizar a colonização da Virgínia. Em 1607, fundou-se a cidade de Jamestown, a primeira que os ingleses criaram na América do Norte. A partir da Virgínia, outras colônias surgiram ao sul do subcontinente.

FIQUE DE OLHO

Pocahontas (EUA). Direção de Mike Gabriel e Eric Goldberg, 1995. 81 min.

Essa animação apresenta a relação entre colonizadores e indígenas na Virgínia, a primeira colônia inglesa estabelecida na América do Norte.

Em 1620, iniciou-se o povoamento ao norte da Virgínia, por iniciativa dos puritanos – calvinistas ingleses perseguidos pela Coroa no século XVII. Eles se dirigiram para lá para realmente morar, e não para produzir artigos de interesse do comércio internacional.

Esse processo teve início com a viagem do navio Mayflower (Flor de Maio), que, após navegar por 66 dias, chegou à baía de Hudson. Devido ao mau tempo, o navio teve de seguir para o norte, onde os passageiros e tripulantes fundaram Plymouth, no atual estado de Massachusetts. Nos anos seguintes, novos refugiados ampliaram o povoamento da região, que foi chamada de Nova Inglaterra.

Na década de 1660, os ingleses ocuparam o território compreendido entre a Virgínia, ao sul, e a Nova Inglaterra, ao norte. Expulsaram os holandeses de Nova Amsterdã em 1664 e rebatizaram a cidade como Nova York.

As Treze Colônias

Os ingleses fundaram as Treze Colônias na América do Norte. Todas elas gozavam de grande autonomia. Cada uma delas tinha uma assembleia de representantes dos colonos que decidia o que melhor lhes convinha. Eram, em sua grande maioria, protestantes, mas também havia católicos. Na Nova Inglaterra, predominaram os puritanos. Os que chegaram no Mayflower ficaram conhecidos como "Pais Peregrinos". Mais tarde, a Coroa inglesa incorporou as colônias e passou a nomear governadores, sem esvaziar, contudo, o poder das assembleias locais. O mapa a seguir indica a localização de cada uma das Treze Colônias inglesas no litoral atlântico da América do Norte.

O QUE HÁ NO MAPA?

Observe o mapa ao lado com atenção. Em seguida, responda: a que país essas colônias deram origem no final do século XVIII?

Colônias inglesas na América do Norte (século XVII)

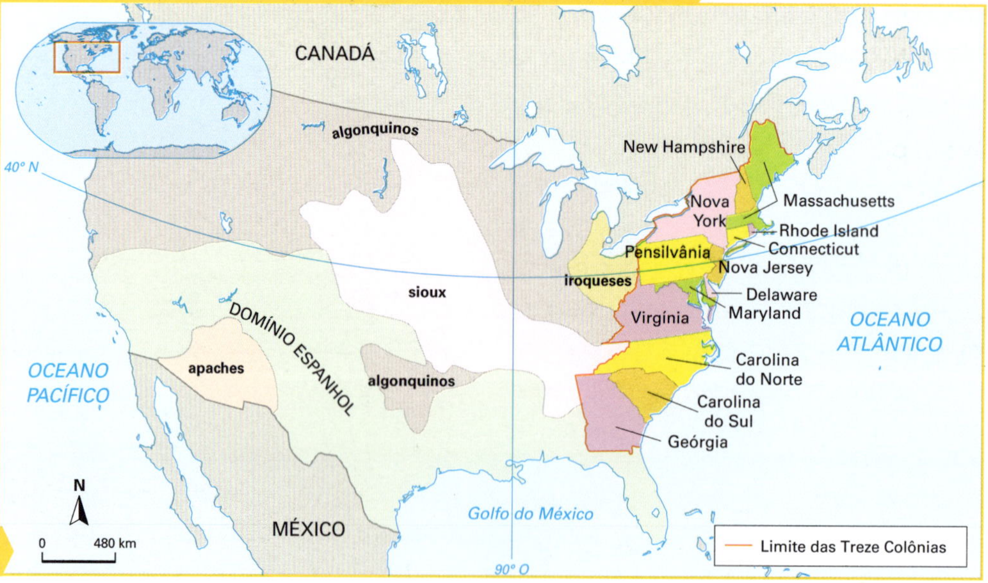

Ericson G. Luciano/Arquivo da editora

Fontes: elaborado com base em DUBY, Georges. *Atlas historique:* toute l'histore du monde en 300 cartes. Paris: Larousse, 2016. p. 157, 211; THE TIMES Atlas of the Word History. Londres: Times Books, 1992. p. 149.

A Nova Inglaterra era formada por quatro colônias: Massachusetts, New Hampshire, Rhode Island e Connecticut. As colônias centrais eram também quatro: Nova York, Nova Jersey, Pensilvânia e Delaware. E as colônias do sul, cinco: Virgínia, Maryland, Carolina do Norte, Carolina do Sul e Geórgia.

De refugiados a comerciantes: as colônias do norte

Os povoadores da Nova Inglaterra, em geral fugitivos das perseguições religiosas na metrópole, passaram por muitas dificuldades no início da colonização. O solo rochoso não facilitava a agricultura e os ataques dos nativos tampouco contribuíam para a fixação dos colonos no novo território. Trabalho duro. Inverno rigoroso. Vizinhança hostil.

Na virada do século XVII para o XVIII, a economia da Nova Inglaterra, até então baseada em uma agricultura de subsistência trabalhada pelas famílias de colonos, ficou mais dinâmica.

O puritanismo dos colonos ajudava bastante, pois sua doutrina (um tipo de calvinismo) valorizava o trabalho e considerava a prosperidade um sinal da graça divina.

Os colonos do norte montaram oficinas e manufaturas. Produziam rum para trocar por escravos e depois vendê-los nas Antilhas ou nas colônias do sul. Criaram uma indústria naval para o comércio no Atlântico, seguindo o exemplo da metrópole inglesa. Também desenvolveram a pesca da baleia, negociando não só a carne, mas também o óleo para as luminárias da época. Eles chegaram, inclusive, a transportar o açúcar produzido nas Antilhas para os portos ingleses, conseguindo enriquecer.

Rum: bebida alcoólica produzida a partir da fermentação do melaço da cana-de-açúcar.

Capitão Kidd também fez negócios nessa região, sobretudo no porto de Boston, em Massachusetts.

jpa1999/DigitalVision Vectors/Getty Images

Os colonos – peregrinos e puritanos – imigraram da Inglaterra para a América em busca de liberdade religiosa. Gravura do século XIX. Coleção particular.

O celeiro da América: as colônias do centro

As colônias centrais também se voltaram para o comércio. Mas, neste caso, para um comércio de grãos (trigo, cevada e milho), que eram vendidos para os colonos da Nova Inglaterra e das colônias do sul; ou seja, vendiam para o mercado interno.

Por essa razão, essas colônias foram chamadas de "celeiro da América". Ali o trabalho familiar, em pequenas propriedades, foi dominante. Mas também havia trabalhadores assalariados e um tipo de **servidão**, mais frequentemente utilizado nas colônias do sul.

Capitão Kidd chegou a morar em uma dessas colônias, Nova York, por volta de 1690. Até casou-se ali com a filha do governador, herdeira de duas fazendas. Quase se aposentou da pirataria. Mas a sua ambição e espírito de aventura falaram mais alto. Voltou aos mares, navegando pelo Oriente.

QUE HÁ NA IMAGEM?

Observe atentamente a imagem ao lado. Trata-se da representação de uma fazenda em uma das colônias do centro, no século XVIII. Em dupla, produzam um texto descrevendo as atividades que aparecem na figura, procurando estabelecer possíveis relações entre o que está representado na imagem e as principais características dessas colônias. Releiam o texto, se necessário, para identificá-las.

G. Mayer/Corbis Historical/VCG/Getty Images

Residência de David Twining em 1787, óleo sobre tela de Edward Hicks, c. 1845. Coleção particular.

Tabaco e escravidão: as colônias do sul

A base da economia das colônias do sul da América do Norte foi parecida com a das Américas espanhola e portuguesa. Estruturadas de acordo com o sistema colonial, as lavouras de tabaco e algodão eram voltadas ao comércio externo e nelas trabalhava mão de obra escrava.

O cultivo do fumo e do algodão (introduzido entre o final do século XVII e o início do XVIII) estimulou a expansão da escravidão africana e a utilização de uma forma de trabalho forçado, também usada no "celeiro da América": os "servos por contrato". Mas quem eram eles?

Os servos por contrato eram, na maioria, europeus que sonhavam em enriquecer na América, mas que, de tão pobres, não tinham nem mesmo recursos para pagar a viagem ao Novo Mundo. Era comum, portanto, que, nesses casos, companhias de comércio pagassem a passagem de ida desses trabalhadores à América e depois repassassem seu custo para algum proprietário de terra interessado em sua mão de obra. Neste caso, um contrato era firmado entre eles: os imigrantes trabalhavam de graça por determinado período (quatro, cinco ou mais anos) para o proprietário de terra até que os custos de sua viagem estivessem saldados. Só depois ficavam livres para ganhar a vida como pudessem.

QUE HÁ NA IMAGEM?

A imagem ao lado apresenta uma das formas de trabalho encontradas nas colônias do sul. Qual seria essa forma?

The Granger Collection/Glow Images

Plantação de tabaco. Gravura colorida, século XVIII. Em uma fazenda da Virgínia, o produtor e seu assistente observam a preparação das folhas de tabaco que serão despachadas para a Inglaterra em navios. Coleção particular.

Comércio de peles com os nativos

A colonização da região que hoje corresponde ao Canadá foi iniciada pelos franceses na segunda metade do século XVI. Em 1613, mercadores e nobres ricos criaram uma empresa para investir na região, que passou a ser chamada de **Nova França**.

A Nova França

O objetivo dos colonos que se estabeleceram nessa região era comercializar com os nativos peles de animais, como a do castor, que passaram a ser muito utilizadas e valorizadas na Europa do século XVII para a confecção de roupas de inverno e chapéus, transformando-se em uma verdadeira moda.

Castor: tipo de roedor, parecido com o esquilo, abundante na América do Norte.

Em troca das peles, os colonos ofereciam aos nativos armas de fogo, pólvora, balas de fuzil, machados, facas e cobertores de lã (produzidos nas manufaturas europeias). O volume desse negócio era imenso. No final do século XVII, a Nova França chegou a exportar 400 toneladas de peles para a metrópole.

O comércio de peles era muito lucrativo. Para se ter ideia do valor de troca desse artigo, doze peles de castor valiam um fuzil, seis peles valiam um cobertor de lã. Os mercadores da Nova Inglaterra também se envolveram nesse comércio, rivalizando com os franceses. Mas os nativos, de modo geral, desconfiavam de que os ingleses queriam tomar suas terras e preferiam negociar com os franceses. Como alternativa, os ingleses introduziram um produto nesse comércio que traria graves consequências para os indígenas: as bebidas alcoólicas, sobretudo o rum.

FIQUE DE OLHO

O último dos moicanos (EUA). Direção de Michael Mann, 1992. 112 min.

Aventura que se desenrola em meio à guerra entre franceses e ingleses pela posse da América do Norte. Um homem branco criado por indígenas luta por justiça e segue os valores moicanos.

Indígenas em pé de guerra

As relações entre os nativos da América do Norte e os europeus variavam entre o comércio e a guerra. Os principais grupos indígenas eram o dos algonquinos e o dos iroqueses, cada qual com diversas ramificações. Os algonquinos viviam na região nordeste dos Estados Unidos atuais. Os iroqueses também viviam ali, mas eram mais numerosos na região dos Grandes Lagos, em especial perto do lago Ontário. Os dois grupos eram excelentes caçadores e pescadores, além de praticarem a agricultura de hortaliças e legumes.

A colonização francesa na América do Norte foi menos intensa do que a inglesa, pois limitou-se ao comércio de peles. A colonização inglesa foi, desde o início, baseada no povoamento e na ocupação das terras pelos europeus. A maioria dos nativos mantinha distância dos ingleses e, com frequência, os atacava. Os iroqueses não gostavam dos franceses, porque eram amigos de seus inimigos. Por isso, sempre apoiaram os ingleses nas guerras contra os franceses.

Jean-Baptiste Colbert, o ministro das Finanças da França, morreu aos 64 anos de idade, no ano de 1683. É digna de nota, contudo, sua percepção, ainda em meados do século XVII, de que os impérios coloniais ibéricos, tão gloriosos e poderosos no século XVI, começavam a entrar em declínio. A própria França tinha abocanhado importantes ilhas açucareiras no Caribe e avançava em sua ofensiva colonizadora na América do Norte. Mas Colbert também percebeu que a França teria de enfrentar um novo inimigo, talvez mais poderoso que os reinos ibéricos em suas ambições coloniais: a Inglaterra. Os ingleses, além de manterem sob seu controle algumas ilhas açucareiras no Caribe, disputavam o comércio de peles na América do Norte – comércio este que os franceses consideravam um privilégio de seus reis.

Nativos americanos comercializam peles. Gravura colorida de William Faden, 1777. Coleção particular.

Peter Newark American Pictures/The Bridgeman Art Library/Fotoarena

Rebeliões indígenas

Houve vários embates entre os algonquinos e os colonos ingleses, desde 1637, mas a maior revolta ocorreu em 1763: liderados por Pontiac, um chefe algonquino do grupo otawa, os nativos tomaram oito fortes dos colonos. Os guerreiros de Pontiac só foram derrotados em 1769. É atribuída a Pontiac a frase: "Eles vieram com uma Bíblia e sua religião – roubaram nossa terra, esmagaram nosso espírito... e agora nos dizem que devemos ser agradecidos ao 'Senhor' por sermos salvos".

Sarin Images/The Granger Collection/Glow Images

1 | Qual era a avaliação de Pontiac sobre a presença de colonos na América?

2 | Qual era a posição dos indígenas a respeito da pregação cristã dos colonos?

Chefe Pontiac, gravura de John Mix Stanley, século XIX. Coleção particular.

O trágico fim de William Kidd

No final do século XVII, William Kidd caiu em desgraça, assim como vários outros piratas. No caso do Oriente, a ação de Kidd contrariou os interesses da companhia mercantil que tinha o monopólio do comércio na região.

Preso pelos ingleses, Kidd foi julgado em 1701 por vários assassinatos e ações de pirataria. Mas o que se poderia esperar de um pirata? Ele que, por décadas, pirateou com o apoio da Coroa, de repente tornou-se réu no tribunal da mesma Coroa e foi condenado à morte na forca. A corda se partiu na primeira tentativa, e Kidd insultou os carrascos na hora final, dizendo que ninguém acharia seus tesouros. Seu cadáver foi untado de alcatrão e pendurado em um poste na beira do rio Tamisa para assustar os piratas que ainda teimavam em saquear nos mares. Sinal dos novos tempos, quando as metrópoles optaram por investir no sistema colonial por meio de grandes companhias, defendendo monopólios. A pirataria virou crime.

PUXANDO PELA MEMÓRIA

Após o estudo do capítulo, você manteria sua resposta à pergunta da página 142?

Créditos das imagens de baixo para cima: jpa1999/DigitalVision Vectors/Getty Images; The Granger Collection/Glow Images; The Bridgeman Art Library/Easypix; Peter Newark American Pictures/The Bridgeman Art Library/Fotoarena; Sarin Images/The Granger Collection/Glow Images; G. Mayer/Corbis Historical/VCG/Getty Images.

Reprodução/Biblioteca Pública de Nova Iorque, NYC, EUA.

ROTEIRO DE ESTUDOS

O QUE APRENDEMOS?

1 | Por que o monopólio do comércio colonial era importante para as metrópoles europeias?

2 | A pirataria era um crime ou um investimento comercial?

3 | Há relações entre a pirataria e o sistema colonial mercantilista?

4 | Indique um fato que comprove o declínio do sistema colonial espanhol no século XVII.

5 | Como explicar a utilização da mão de obra dos africanos escravizados na economia açucareira das Antilhas a partir do século XVII?

6 | É possível afirmar que as colônias da Nova Inglaterra, refúgio de protestantes, estiveram totalmente à margem do comércio colonial? Justifique.

7 | Qual é a relação de Jean-Baptiste Colbert com o mercantilismo europeu?

8 | Qual é a relação entre a formação do Império Português e o sistema de feitorias?

9 | Por que a afirmação a seguir é falsa?

Os africanos vendidos como escravos nas Antilhas não tinham para onde fugir porque, além de desconhecerem aquelas terras, as ilhas eram muito pequenas.

10 | Por que o Império Espanhol é chamado de "Império dos metais"?

PESQUISA

A administração espanhola de suas colônias foi muito centralizada. Somente um porto espanhol foi autorizado a negociar com a América, o de Sevilha. Depois, foi substituído pelo de Cádiz. O mesmo acontecia na América: três portos podiam receber navios: os de Vera Cruz, Porto Belo e Cartagena, mas algumas vezes outros dois também foram autorizados a negociar: os de Acapulco e Buenos Aires.

Pesquise em livros ou *sites* da internet para responder às perguntas a seguir.

1 | Os principais portos coloniais do Império Espanhol pertencem hoje a quais países?

2 | E os portos de Acapulco e Buenos Aires?

3 | Qual é o nome do oceano que banha Acapulco? E qual oceano banha Buenos Aires?

IMAGENS CONTAM A HISTÓRIA

Índios e puritanos na Nova Inglaterra

Os colonos foram implacáveis com os grupos nativos na Nova Inglaterra. Avançaram nas terras indígenas e, para estimular o comércio de peles, introduziram o consumo de bebidas alcoólicas entre os nativos.

- Considerando o tema do capítulo, observe, na imagem ao lado, as palavras da placa empunhada pelo indígena e o nome do navio escrito na vela. Discuta com os colegas, em grupo, o significado dessa charge. Qual é a ideia que ela procura passar ao leitor?

Tradução livre da mensagem contida no cartaz: "Proibido para os que buscam refúgio!". Charge de Geoff Thompson.

O PASSADO PRESENTE

Reggae: cultura africana na América

Um grande representante desse estilo musical é Winston Rodney, conhecido como Burning Spear, que, em português, significa "lança em chamas". Nascido em 1945, na Jamaica, é um dos mais famosos compositores do *roots reggae* ou *reggae* de raiz.

Para entender um pouco esse gênero musical, leia a letra da canção "Dias de escravidão", versão em português da música "Slavery days", por ele composta.

Roberta Parkin/Getty Images

Winston Rodney no Festival Internacional de Jazz de Montreal, Canadá, em 2014. Ele faz da música afro-antilhana uma crítica ao passado escravista.

Você se lembra da escravidão?
E como nos surraram, como abusaram da gente?
Você se lembra da escravidão?
Como nos usaram, até que nos recusaram
Você se lembra da escravidão?
Fomos sequestrados do nosso berço, roubados da África, acorrentados feito animais
Na América, hoje, então pagamos o preço, aguardando ansiosamente o retorno ao começo, repatriação
Você se lembra da escravidão?
A escravidão que você também vive, camufladamente, mas pode se ver?
De quem quer ensinar você a viver, como deve se vestir e o que deve pensar?
Então te ordenam cara e cabeça raspada. Escravo da Babilônia, mente lavada. Você vê?
Você enxerga a escravidão bem diante de você?

Dias de escravidão. *Rutera*. Disponível em: <www.cifraclub.com.br/rutera/escravidao-slavery-days/>. Acesso em: 1º maio 2018.

Discutam, em grupo, a letra da canção considerando o roteiro a seguir.

1 | Que memória da escravidão a letra da canção contém?

2 | Identifique o verso que indica a solução para os problemas vividos pelos afro-jamaicanos.

3 | Vocês concordam com a ideia de que a única saída para os afrodescendentes é regressar à África?

Gravura do século XVII atribuída a Giovanni Antonio Cavazzi. Coleção particular.

Coleção particular/The Bridgeman Art Library/Easypix

CAPÍTULO 10

A ÁFRICA CENTRO-OCIDENTAL NO TEMPO DO TRÁFICO DE ESCRAVOS

A cidade de São Paulo de Luanda, na costa da África, foi fundada pelos portugueses em 1576 para ser a capital da capitania e governança de Luanda, próxima ao Reino de Ndongo, cujo povo não gostava nem um pouco da presença portuguesa.

Em 1617, os portugueses declararam guerra ao Ndongo. Nzinga, irmã do rei, foi enviada como embaixadora a Luanda para negociar com o governador da capitania. O encontro foi representado na imagem do século XVII, reproduzida acima.

Você notou onde Nzinga está sentada? Ela improvisou um banco, usando uma escrava, mostrando ao governador que também era poderosa. Para os habitantes do Ndongo, estar em uma altura mais baixa era o mesmo que estar em posição inferior. Alguns anos depois, Nzinga tornou-se rainha de Ndongo, líder de centenas de guerreiros. Sua história é apenas uma entre as várias que ocorreram no confronto entre europeus e povos da África centro-ocidental, na época do tráfico de pessoas.

PUXANDO PELA MEMÓRIA

Qual é a relação da África com a história do Brasil?

Créditos das imagens de baixo para cima: Reprodução/Universidade de Harvard, Cambridge, Massachusetts, EUA.; Coleção particular/The Bridgeman Art Library/Easypix; Akg-Images/Latinstock; Reprodução/Universidade de Virginia, Charlottesville, EUA.; Reprodução/Universidade de Virginia, Charlottesville, EUA.; Akg-Images/Latinstock.

O Reino do Congo

Desde o final do século XIV, o Congo era um reino grande e centralizado, rico e muito poderoso. Dominava uma vasta região litorânea, estendendo-se da foz do rio Zaire ao sul da ilha de Luanda, e expandia-se para o interior, como pode ser observado no mapa abaixo. Além disso, exigia tributos de outros três grandes reinos: Dembo, Matamba e Ndongo.

CÁ ENTRE NÓS

O território da África onde se localizavam os reinos do Congo e de Angola, além de outros reinos e sociedades que sofreram com o tráfico pelo oceano Atlântico de pessoas escravizadas, é chamado de África centro-ocidental. Nessa enorme região existem povos que falam línguas muito parecidas umas com as outras, as línguas bantas.

África: o Reino do Congo e seus vizinhos (século XVI)

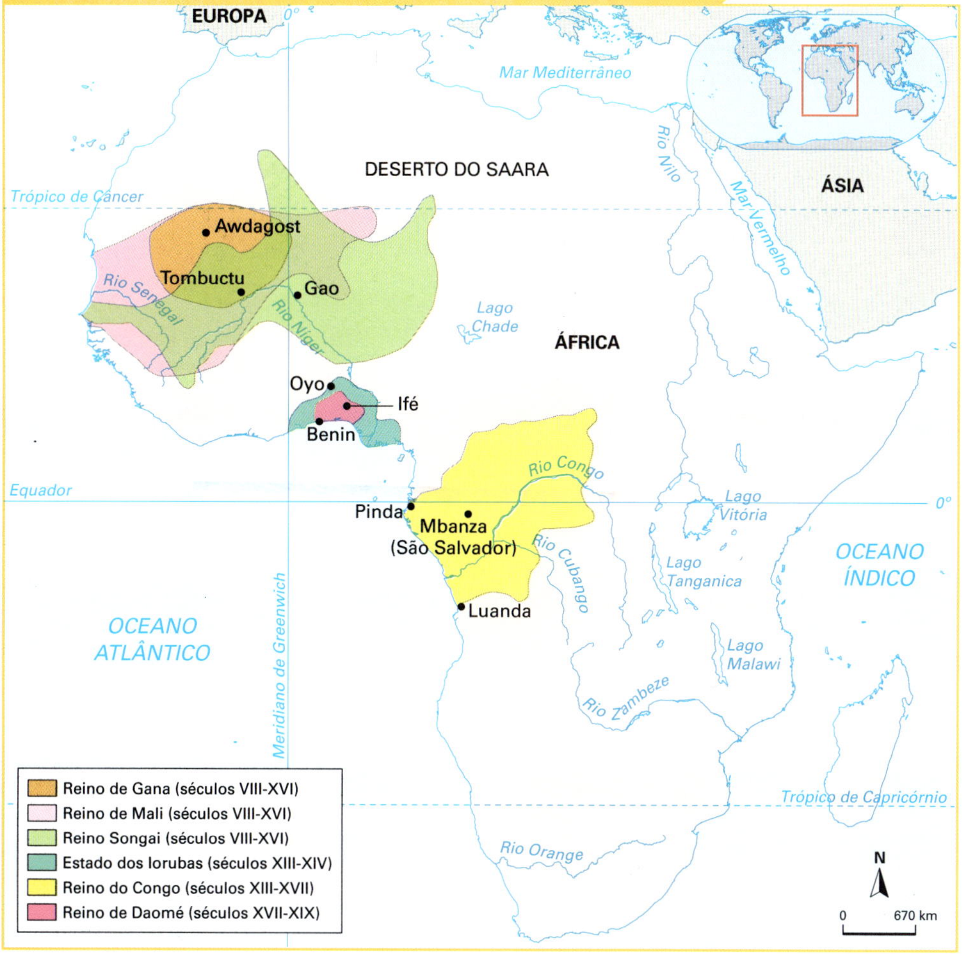

Ericson G. Luciano/Arquivo da editora

Fontes: elaborado com base em VIDAL-NAQUET, Pierre; BERTIN, Jacques. *Atlas histórico*. Lisboa: Círculo de Leitores, 1990; KI-ZERBO, Joseph. *História da África negra*. Lisboa: Europa-América, [s.d.]. p. 137; DUBY, Georges. *Atlas historique*. Paris: Larousse, 2006. p. 216.

O rei do Congo controlava a distribuição de uma moeda obtida na ilha de Luanda, então parte de seu território, que era utilizada em todo o reino: o **zimbo**.

A principal atividade econômica do Congo era a agricultura, embora a extração de sal marinho fosse muito importante para o comércio com regiões do interior. O sal era trocado por marfim e por produtos da floresta coletados por grupos nômades, como os pigmeus. Os tecidos confeccionados de ráfia e o cobre extraído das minas também eram produtos muito apreciados para a troca comercial com outros povos.

OUTRAS HISTÓRIAS ECONOMIA

O que é moeda?

Quando falamos em moeda hoje, no Brasil, já pensamos em uma peça redonda de metal que vale 5, 10, 25 e 50 centavos ou 1 real. Mas **moeda** tem outros significados. Pode se referir a qualquer objeto que representa um valor e pode ser trocado por outros artigos (como comida, roupas, ferramentas, etc.). Também se refere a um padrão monetário de um país. No caso do Brasil, a moeda (padrão monetário) é o real. Como vimos, a moeda no Reino do Congo era o zimbo, uma concha que podia ser trocada por outras mercadorias.

AKG-Images/Latinstock

Zimbo, nome da moeda utilizada no Reino do Congo, é uma concha. Havia zimbos em todo o litoral da atual República de Angola, mas os da ilha de Luanda eram considerados melhores e mais belos, e eram coletados por mulheres, sob a vigilância de homens da guarda do rei. Em razão do grande valor que os congoleses atribuíam aos zimbos, a ilha era muito bem guardada militarmente.

1 | Caso você vivesse no Reino do Congo entre os séculos XV e XVI, como utilizaria o zimbo?

2 | No Brasil, desde o século XVI, os comerciantes aceitavam açúcar como forma de pagamento. Com base nessa informação, você acredita ser possível afirmar que o açúcar era considerado uma moeda? Justifique sua resposta.

CÁ ENTRE NÓS

Um reino centralizado é uma monarquia governada por um rei, cujas estruturas política, militar e burocrática encontram-se submetidas a ele. Portanto, o poder é concentrado na pessoa do rei, que é o chefe supremo do reino.

Poder centralizado

No Reino do Congo, o poder era centralizado na figura do rei. Quando havia guerra, os nobres do próprio reino e os dos reinos vizinhos eram obrigados a se apresentar ao soberano para lutar a seu lado com seus homens e seus escravizados. Até mesmo os camponeses eram recrutados.

Durante anos, o Congo dominou os reinos vizinhos. Esses reinos não contavam com um poder tão centralizado, o que dificultava a organização das forças militares para resistir aos dominadores.

Recrutar: reunir, convocar, alistar para determinado fim, no caso para o serviço militar.

O cristianismo no Congo

Em 1484, os portugueses chegaram ao Reino do Congo e, depois de muitas conversas, conseguiram convencer o ***manicongo*** (nome dado ao rei) a se aliar a eles. O *manicongo* foi convertido ao cristianismo e recebeu o nome de dom João I.

Foi o começo da cristianização do Congo, cujo auge aconteceu no reinado de dom Afonso I, filho de dom João. Dom Afonso tornou-se rei em 1506 e aproximou-se muito de Portugal, e o cristianismo virou religião oficial do Congo. Mas isso só valia para os membros da nobreza; os demais habitantes não podiam receber o batismo cristão.

Até o fim de seu reinado, em 1543, quando de sua morte, dom Afonso organizou as instituições políticas de seu Estado como se fosse uma monarquia portuguesa. Os chefes de província passaram a ganhar títulos de nobreza, como conde, marquês, duque, etc.

Os filhos dos nobres eram mandados a Portugal para aprender o português e estudar nas instituições cristãs, inclusive na Universidade de Coimbra. O objetivo dos congoleses era conhecer os costumes portugueses para melhor explorar as relações comerciais entre os dois reinos.

O Congo e o comércio de escravos

Dom Afonso recebia de Portugal armas de fogo, cavalos e outros objetos bélicos, que tornavam seu exército muito mais poderoso que o dos reinos vizinhos. Em troca, Portugal ganhava exclusividade na compra de escravizados em poder do rei do Congo. Isso significava que o Reino do Congo não fazia comércio com nenhum outro comerciante europeu, apenas com os portugueses.

Os prisioneiros eram trocados pelas mais diversas mercadorias e transformados em escravos. Esse negócio se tornou tão lucrativo para os congoleses, que os nobres das províncias do Congo passaram a organizar expedições para capturar pessoas no interior e vendê-las aos portugueses. Mas quem mais lucrava mesmo com esse comércio era o rei, que recebia tributo sobre a venda dos escravizados.

Ilustração presente no livro *Narrativa de uma expedição ao Zambeze e seus afluentes e do descobrimento dos lagos Shirwa e Nyassa: 1858-1864*, dos irmãos escoceses David e Charles Livingstone, publicado em Londres (Inglaterra), em 1865. Na imagem, homens, mulheres e crianças são amarrados a correntes e vigiados por homens armados.

Guerra civil: luta interna em um país ou reino. Há exemplos na história de lutas entre parentes consanguíneos (pessoas que têm o mesmo sangue, ou seja, ancestrais comuns), como era o caso da sucessão dos reis do Congo.

O Congo em crise

Com o fim do reinado de dom Afonso I, houve uma série de desavenças relacionadas à sua sucessão ao trono. Como diferentes grupos indicavam um descendente como o legítimo herdeiro real, houve um momento em que o Reino do Congo chegou a ter vários reis coroados. Eles acabaram lutando entre si em sangrentas guerras civis.

O Congo ainda teve outros problemas. Ao se enfraquecer devido às guerras de sucessão, guerreiros de outros povos invadiram seu território, como os destemidos jagas, em 1568. Os camponeses, cansados da exploração dos nobres, colaboraram com os jagas, lutando contra o rei e sua corte. O Congo jamais conseguiu recuperar seu poder e, como consequência, milhares de congoleses foram escravizados e traficados para a América.

OUTRAS HISTÓRIAS MODO DE VIVER

Jagas

Jaga, em quicongo, a língua do Congo, é uma palavra aplicada a diversos grupos de guerreiros que não eram da sociedade congolesa.

Embora a origem dos jagas seja desconhecida, sabe-se que eles eram poderosos guerreiros nômades, que enfraqueceram o Reino do Congo. Sua organização se baseava na educação para a guerra. Capturavam meninos e meninas das aldeias por onde passavam e os treinavam para ser guerreiros. O que os unia não era a origem geográfica e/ou linhagem, mas o treinamento que haviam tido quando crianças.

Linhagem: origem familiar; descendentes de um mesmo ancestral; parentes. Entre os grupos africanos, era comum esse ancestral – esse "pai" ou essa "mãe" – ser um animal grande e poderoso, como um leopardo, tigre ou leão. A linhagem era a principal forma de organização da maioria das sociedades da África negra.

Reprodução/Coleção particular

Aquarela do manuscrito do padre italiano Giovanni Antonio Cavazzi, missionário capuchinho que viveu nos reinos de Angola e do Congo (1654-1667 e 1672-1677, respectivamente). A imagem retrata a rainha Nzinga com seu séquito de soldados, com arco e flecha, e músicos, muitos deles podendo ser considerados do grupo dos jagas. Coleção particular.

- Leia com atenção o significado de **linhagem.** Depois, aponte a principal diferença entre a organização social dos jagas e a da maioria das sociedades da África central.

1568: Jagas invadem o Congo.

1576: Fundação de São Paulo de Luanda, cidade da atual República de Angola.

O Reino de Angola

Próximo à ilha de Luanda localizava-se o Reino de Ndongo – que, como tantos outros reinos, era dominado pelo Reino do Congo. O rei de Ndongo tinha o título de **Ngola**, por isso os portugueses chamaram o reino de Angola.

Muitos negociantes portugueses conseguiram fugir do controle do rei do Congo e das taxas cobradas por ele. Os habitantes da ilha de São Tomé, por exemplo, localizada no golfo da Guiné, criaram, a partir de 1526, um tráfico clandestino para conseguir escravizar pessoas de uma região ao sul, no Reino de Ndongo.

Foi por meio desse tráfico clandestino de escravos – que eram trocados por armas de fogo, sobretudo – que o Reino de Ndongo conseguiu se livrar do domínio do Congo e, também, que milhares de africanos oriundos da costa de Angola chegaram à América.

CÁ ENTRE NÓS

A estrutura política do Reino de Ndongo era diferente daquela do Reino do Congo. Era menos centralizada, e cada aldeia tinha um soba. Mas era necessário que o rei fosse da linhagem Mbandi e fosse aceito por todos os sobas. O rei de Ndongo não tinha um exército permanente e suas forças militares dependiam das alianças com os sobas.

Portugueses em Angola

Os portugueses estavam na costa de Angola em busca de escravos desde o início do século XVI, mas foi a partir da fundação da cidade de São Paulo de Luanda, em 1576, que passaram a estabelecer um contato mais frequente com a população local.

Acreditando que encontrariam metais preciosos nas terras de Ndongo, os portugueses resolveram avançar sobre elas. Criaram a capitania e governança de Luanda e, na tentativa de conquistar e colonizar o continente, construíram fortificações, igrejas e casas em frente à ilha de Luanda. Essa ocupação desagradou ao rei de Ndongo, que fundou uma nova capital para seu reino, não muito longe dali.

Soba: nome dado aos chefes das aldeias do Reino de Angola.

As lutas eram constantes e geraram muitos escravizados, que foram embarcados para o Brasil. Nesse processo, vários sobas se aliaram aos portugueses para tirar vantagens.

Em 1603, os portugueses chegaram aonde acreditavam existir minas de metais preciosos, mas encontraram apenas minas de chumbo. Decepcionados, desistiram de ocupar o interior, mas permaneceram no litoral, mantendo a capitania de Luanda, que passou a ser chamada de capitania de Angola, para explorar o comércio de escravos – cada vez mais numerosos e exportados para o Brasil.

Reprodução/Universidade de Virginia, Charlottesville, EUA.

Aquarela de autoria do padre Giovanni Antonio Cavazzi, que mostra o rei de Ndongo (Angola) trabalhando o ferro para confeccionar armas e instrumentos de trabalho, indicando ser uma sociedade guerreira e agrícola. As imagens aquareladas de Cavazzi são umas das mais antigas a retratar essa parte da África. Biblioteca da Universidade da Virgínia, Charlottesville, Estados Unidos.

1603: Os portugueses descobrem que as minas do Reino de Ndongo eram de chumbo, e não de ouro ou prata.

1617: Mbandi, irmão de Nzinga, torna-se rei de Ndongo.

O controle do tráfico dentro da África permaneceu sendo dos sobas, embora os portugueses tenham criado os chamados **presídios** – pequenas praças fortificadas no interior. Os comerciantes africanos levavam os escravizados obtidos em guerras ou em ataques a aldeias mais fracas para vendê-los nesses presídios. Neles, os escravizados ficavam por meses, para depois serem acorrentados e transportados a pé até os portos.

Por se tratar de um negócio muito lucrativo, outros reinos europeus, como a França, a Inglaterra e a Holanda, começaram a se interessar pelo comércio de escravos na costa da África e a ameaçar a exclusividade dos portugueses.

Em 1617, quando Mbandi tornou-se rei de Ndongo, o governador português declarou guerra ao reino, construindo um forte em Ambaca, muito próximo da capital do reino. O Ngola considerou essa atitude uma afronta e as guerras se multiplicaram. Foi para negociar a retirada desse forte que, em 1622, Mbandi enviou sua irmã, Nzinga, a Luanda como embaixadora, como vimos no começo deste capítulo. Logo depois, em 1624, o rei Mbandi foi assassinado. Nzinga assumiu o poder, tornando-se rainha de Ndongo. Tudo indica que foi ela quem mandou matá-lo.

Mapa da África elaborado em 1500 por Juan de la Cosa, piloto de Cristóvão Colombo. Coleção particular.

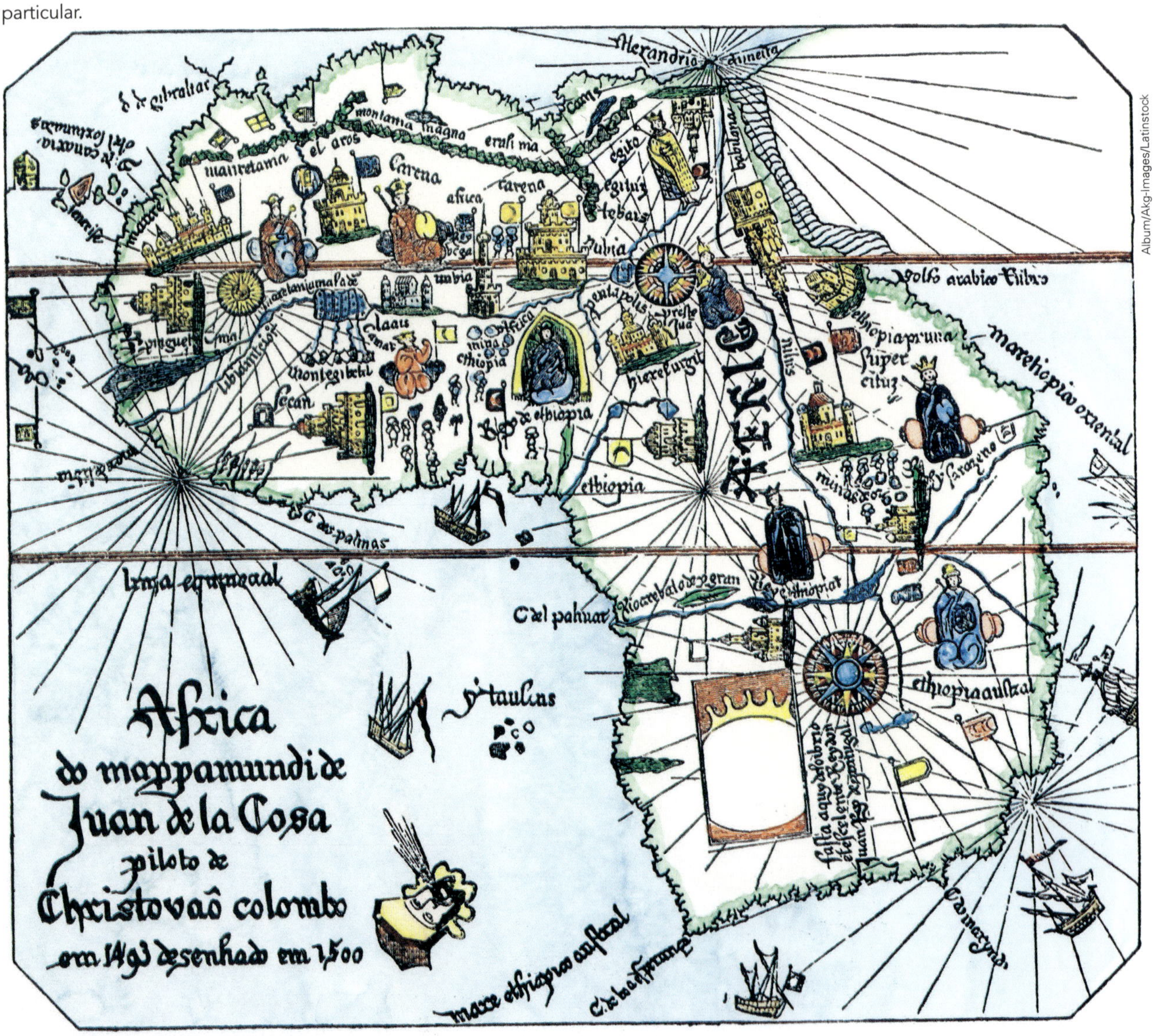

Album/Akg-Images/Latinstock

1617: Os portugueses declaram guerra ao Reino de Ndongo.

1622: Nzinga, irmã do rei de Ndongo, vai para Luanda como embaixadora.

AO MESMO TEMPO

Guerras religiosas

Durante o século XVI, enquanto os portugueses desvendavam a costa da África e conquistavam pontos importantes para o comércio de escravos, muitos reinos europeus sofriam com as guerras religiosas.

Quando, enfim, as guerras religiosas deram uma trégua, os interesses se voltaram para o oceano e a costa da África: foi o fim do monopólio português. Franceses, holandeses e ingleses criaram feitorias na África, participando ativamente do comércio negreiro, que cresceu de maneira assustadora.

- Holandeses, ingleses e franceses também participaram do comércio negreiro. Para quem eles vendiam os africanos escravizados?

O reinado de Nzinga

Nzinga não deu trégua aos portugueses. Insistiu na retirada do forte de Ambaca, considerado por ela uma provocação, porque estava dentro do "coração da nação Ambundo".

Os portugueses, por sua vez, aliaram-se a vários sobas da capitania de Luanda e tentaram impor um rei fantoche. Mas isso não deu certo, pois os sobas não reconheciam um rei que não fosse da linhagem Mbandi. E Nzinga era.

A principal tática de Nzinga foi atacar as feiras onde os portugueses compravam escravos, com o objetivo de bloquear as rotas comerciais. Outra tática foi libertar os escravos dos portugueses. Assim, uma vez libertos, eles estariam prontos a guerrear e a confiar nela. Mas o principal trunfo de Nzinga foi o apoio dos temidos jagas, que eram especialistas na tática de guerrilha.

Para os portugueses, que não conseguiam vencer os exércitos da rainha, por mais que tentassem, Nzinga estava atrapalhando, e muito, o seu comércio de escravos na região.

Guerrilha: tipo de guerra em que a principal tática é o ataque-surpresa ao inimigo. Caracteriza-se pela ocultação dos combatentes e por sua grande mobilidade.

Alamy/Fotoarena

A importância de Nzinga, a rainha guerreira, para a história de Angola é evidenciada nesta estátua em bronze. Fortaleza de São Miguel, Luanda, Angola.

DOCUMENTO

Representação de Nzinga

Esta imagem do século XVII representa a rainha Nzinga com seus súditos. É atribuída ao padre da ordem dos capuchinhos Giovanni Antonio Cavazzi, portanto não foi feita por uma pessoa do povo de Nzinga, mas por um europeu.

1 | Observe a imagem e os personagens nela retratados. Qual deles é Nzinga?

2 | O que ela carrega?

3 | Em sua opinião, qual é o significado desta representação de Nzinga?

Rainha Nzinga com sua comitiva, aquarela do padre Giovanni Antonio Cavazzi, c. 1670. Biblioteca da Universidade da Virgínia, Charlottesville, Estados Unidos.

Holandeses: um contratempo

Em 1641, a cidade de São Paulo de Luanda foi tomada dos portugueses e transformou-se em um domínio holandês. Nzinga viu aí a possibilidade de derrotar definitivamente os portugueses e aliou-se aos holandeses. Foram tempos difíceis, porque os portugueses não estavam dispostos a perder o tão lucrativo negócio.

Em 1648, o português Salvador Correia de Sá e Benevides, vindo do Brasil com uma armada numerosa, conseguiu expulsar os holandeses de Luanda, sete anos depois de sua ocupação. Começaram, então, as chamadas **Guerras Angolanas.** Os portugueses queriam acabar de vez com o poder de Nzinga.

Nos anos seguintes, as guerras entre Nzinga, com seus exércitos de angolanos e jagas, e os portugueses foram constantes. Diante disso, a política lusitana mudou. Os portugueses buscaram um acordo diplomático com a rainha. Depois de muita guerra, chegaram a um consenso e, em 1656, Nzinga assinou um acordo de paz com os portugueses. Ela aceitou o cristianismo, permitindo que padres católicos entrassem em seu território, estabeleceu relações comerciais estáveis com os negociantes portugueses de Luanda e, o mais importante, conseguiu manter o Reino de Ndongo independente.

1656: A rainha Nzinga assina acordo de paz com os portugueses.

1663: Morre a rainha Nzinga.

Nzinga faleceu em 1663, após 39 anos de reinado. Nos sessenta anos seguintes, o Reino de Ndongo foi governado por mulheres e manteve relações com os negociantes portugueses. Ndongo foi provavelmente um dos reinos que mais forneceu pessoas escravizadas para o Brasil.

Reprodução/Universidade de Harvard, Cambridge, Massachusetts, EUA.

Na imagem, o funeral da rainha Nzinga, que se converteu ao catolicismo, retratado no livro de Giovanni Antonio Cavazzi, de 1686. Biblioteca da Universidade de Harvard, Massachusetts, Estados Unidos.

A HISTÓRIA NÃO ESTÁ SOZINHA

Matemática

Durante quase quatrocentos anos, cerca de 12 milhões de homens e mulheres nascidos na África chegaram à América na condição de escravos. Foi a maior migração forçada da história da humanidade. Situação terrível, sem dúvida. Mas, para que esse total aproximado entrasse na América, quantos homens, mulheres e crianças teriam morrido antes?

Historiadores estimam que, aproximadamente, 50% dos escravos morriam entre a feira onde eram comercializados, no interior da África, e o porto de embarque. Outros 40% morriam nas feitorias, à espera do navio que os levaria para o outro lado do Atlântico. Mais de 15% morriam durante a viagem. Quanto isso significava? O resultado é que, para que 12 milhões de pessoas chegassem vivas à América, sendo que 35 milhões morriam entre o local de origem e o destino final, um total de 47 milhões de indivíduos era capturado.

- O que essa mortalidade tão expressiva, de acordo com os dados, significou para os povos da África escravizados para o tráfico?

PUXANDO PELA MEMÓRIA

Após o estudo do capítulo, você manteria sua resposta à pergunta da página 158?

Créditos das imagens de baixo para cima: Reprodução/Universidade de Harvard, Cambridge, Massachusetts, EUA.; Coleção particular/The Bridgeman Art Library/Easypix; Akg-Images/Latinstock; Reprodução/Universidade de Virginia, Charlottesville, EUA.; Reprodução/Universidade de Virginia, Charlottesville, EUA.; Akg-Images/Latinstock; Coleção particular/The Bridgeman Art Library/Easypix; Reprodução/Universidade de Virginia, Charlottesville, EUA.

ROTEIRO DE ESTUDOS

O QUE APRENDEMOS?

1 | Como o Ndongo conseguiu se libertar do domínio do Congo?

2 | De que forma os negociantes conseguiam os escravos vendidos na América?

3 | Quais as mercadorias trocadas pelos europeus por escravos na costa da África?

4 | Como os reinos negros conseguiam mais escravos?

5 | Como Nzinga conseguiu manter seu reino independente dos portugueses?

6 | Qual é a relação entre o Congo e a ilha de Luanda?

7 | Qual é a relação entre o exército e a centralização dos governos?

8 | Qual é a relação entre sucessão real e linhagem no Congo do século XVI?

9 | Por que esta afirmação é falsa?

O poder no reino do Congo era descentralizado, pois os chefes locais tinham mais poder do que o próprio rei.

10 | O documento a seguir foi escrito pelo português António de Oliveira de Cadornega no século XVII. Leia-o com atenção e responda: a que "dinheiro" o autor se refere?

> Este dito dinheiro [...], que é o melhor gênero para todo o reino de Congo e seus senhorios [...], se pesca e apanha na ilha desta cidade de São Paulo da Assunção, chamada pelo antigo e moderno ilha de Luanda, que nunca, para com este gentio, perde o vigor, nome e tradições [...].

SILVA, Alberto da Costa e. *Imagens da África*: da Antiguidade ao século XIX. São Paulo: Penguin, 2012. p. 242.

PESQUISA

A língua falada no Congo é o quicongo, em Angola é o quimbundo e em Benguela é o umbundo.

Gerson Gerloff/Pulsar Imagens

Festa de congada, Antonina, Paraná. Fotografia de 2017.

1 | O que essas línguas têm em comum? Pesquise.

2 | Você conhece uma festa folclórica realizada no Brasil chamada congada? O que você sabe sobre ela? Faça uma pesquisa e descubra como é a festa (quando e onde ela acontece, quais os grupos sociais envolvidos, etc.) e qual a sua origem.

IMAGENS CONTAM A HISTÓRIA

A imagem abaixo, produzida em 1890, representa uma cena em que é possível observar pessoas que foram capturadas e estão sendo conduzidas em uma pequena embarcação a uma feira, onde serão vendidas como escravas.

The Granger Collection/Glow Images

Canoa com escravos na bacia do Congo. Desenho de 1890. Coleção particular.

1 | Você consegue identificar em que continente elas estão?

2 | Qual é o sexo e a faixa etária (idade) das pessoas capturadas?

3 | Quem devem ser os remadores?

4 | Quais eram as principais formas de conseguir escravos na África para suprir o tráfico atlântico?

5 | Quem eram os captores?

6 | O que eles ganhavam com isso?

7 | Como se chama esse tipo de comércio?

O PASSADO PRESENTE

Várias cidades litorâneas do Brasil tinham portos que receberam africanos escravizados, principalmente as de Salvador, Recife e Rio de Janeiro. A travessia era penosa e muitos chegavam doentes e morriam. Hoje em dia, alguns dos lugares onde os mortos eram enterrados tornaram-se sítios arqueológicos, como o Cemitério dos Pretos Novos, no Rio de Janeiro, incluído no Complexo do Valongo. O Complexo foi indicado, no dia 1º de março de 2015, a concorrer à categoria de Patrimônio da Humanidade, a ser declarado pela Unesco.

- Qual é a importância de preservar e estudar os espaços geográficos e históricos ligados ao tráfico de escravos? Discuta com os colegas.

Mapa de 1736 que indica a percepção do cartógrafo holandês Herman Moll sobre a África ocidental. No detalhe é possível ver a representação dos fortes e feitorias europeus (construídos na costa africana desde o século XV) e também a "Costa dos Escravos" (*Slave Coast*), termo com o qual os holandeses batizaram uma parte do litoral da África ocidental. Universidade da Flórida, Estados Unidos.

Reprodução/Universidade da Flórida, Gainesville, EUA.

CAPÍTULO 11

A ÁFRICA OCIDENTAL NO TEMPO DO TRÁFICO DE ESCRAVOS – IORUBAS, FONS, JEJES E HAUÇÁS

PUXANDO PELA MEMÓRIA

Você sabe o que é **axé** hoje, no Brasil? Como esse termo se relaciona com os povos de língua ioruba?

Créditos das imagens de baixo para cima: Reprodução/Biblioteca Nacional, Paris, França.; Reprodução/Coleção particular; Reprodução/ Fundação Biblioteca Nacional, Rio de Janeiro, RJ.; Reprodução/Biblioteca Pública de Nova York, EUA.; Reprodução/ Museu Britânico, Londres, Inglaterra; Reprodução/Museu Britânico, Londres, Inglaterra.

No capítulo anterior conhecemos um pouco da história da África centro-ocidental. Grande parte da população dessa região africana foi levada à força para a América.

Mais ao norte, outro território também forneceu milhares de escravos para cruzar o Atlântico: a África ocidental, onde hoje estão os Estados de Benin, Nigéria, Togo, Gana, Mali, Burkina-Faso, Costa do Marfim, Libéria, Serra Leoa, Guiné, Senegal, Níger, etc. Nessa extensa região, existiram muitos reinos e povos com línguas bem diferentes entre si, mas foram os grupos de língua ioruba, jeje e fon os que mais se envolveram no tráfico atlântico de escravos.

A dinâmica do tráfico atlântico de escravos provocou muitas mudanças nas sociedades africanas envolvidas: as do litoral e também as do interior.

É sobre a África ocidental que vamos estudar neste capítulo.

Século XV: Os europeus começam a criar feitorias fortificadas no litoral da África.

Um muçulmano escravizado

Ali Eisami nasceu na província de Gazir, no Reino de Borno, localizada na região do Sudão central e próximo ao deserto do Saara, onde a religião muçulmana estava presente havia séculos. Eisami era filho de um mulá, um pregador, erudito da teologia islâmica e da lei sagrada, por isso recebeu educação islâmica. Ele sabia ler e escrever em árabe, língua que todo muçulmano tinha de aprender, além de falar o kanuri, sua língua materna, e outros idiomas africanos, como o hauçá e o ioruba.

Em torno de 1808, quando tinha cerca de 20 anos, Eisami foi aprisionado e se tornou escravo em uma cidade hauçá. Depois, foi vendido para um proprietário ioruba, considerado por ele pagão, porque não era muçulmano.

Em 1818, foi vendido por seu proprietário e enviado para Porto Novo, no Reino de Oió (atual capital do Benin), onde foi embarcado para o Brasil. Seu destino seria a província da Bahia. Mas Eisami não chegou ao fim da viagem, pois a marinha inglesa capturou o navio em que estava. Ele e os demais escravos foram levados para Serra Leoa, região a oeste da África ocidental.

Na condição de escravo, Ali Eisami foi obrigado a viver em vários lugares, sobre os quais deixou registro. Em alguns desses lugares havia muitas guerras, e o destino de Eisami foi moldado por elas. Sabemos de sua história porque ele relatou sua vida em uma publicação escrita em inglês.

Para entender a inserção do personagem deste capítulo naquelas sociedades, temos de voltar um pouco no tempo e conhecer a história dos principais povos envolvidos: os iorubas, os hauçás, os fon e os fulani.

Pregador: aquele que prega, que faz sermão, que divulga a sua crença para outros ouvirem.
Erudito: pessoa que tem grande conhecimento.
Pagão: para os muçulmanos, aquele que não conhece a palavra de Alá.

África: reinos de Oió, Daomé e Benin (século XVIII)

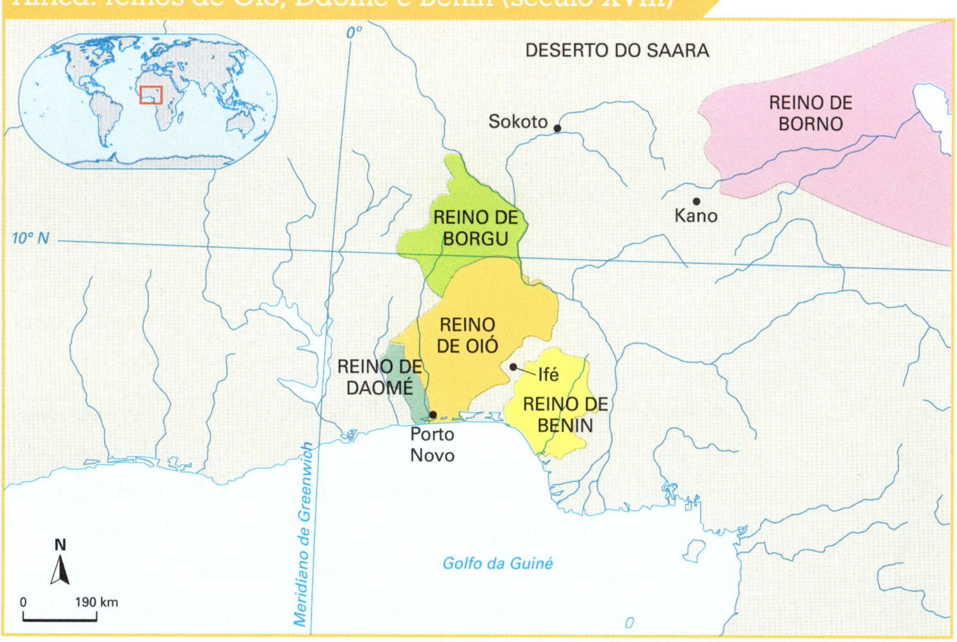

Ericson G. Luciano/Arquivo da editora

Fontes: elaborado com base em OYO Empire at Its Greatest Extent, c. 1780. Disponível em: <http://www.africandiasporamaps.com/catalogue.html>. Acesso em: 16 jun. 2018; DUBY, Georges. *Atlas historique:* toute l'historie du monde en 300 cartes. Paris: Larousse, 2016. p. 179.

O Reino do Daomé foi o maior rival do Reino de Oió no século XVIII. Foram os principais pontos de comércio de escravos da África ocidental, na baía do Benin, conhecida como "Costa dos Escravos".

VOCÊ JÁ OUVIU FALAR

... que os árabes denominavam *Bilad Al-sudan* ("terra dos negros", em árabe) toda a área geográfica que se situava ao sul do deserto do Saara, habitada por povos de pele negra? Não confundir com o país Sudão, existente hoje ao sul do Egito.

Figura em bronze que representa um soldado português apontando um mosquete, elaborada por artista ioruba no século XVII. Museu Britânico, Londres, Inglaterra.

Os iorubas de Oió e do Benin

Os mais poderosos reinos de língua ioruba envolveram-se diretamente no tráfico de pessoas escravizadas pelo oceano Atlântico.

Um deles, o Reino de Oió, chegou a ser o maior exportador de escravos para a América em certo período. No entanto, de vendedores de cativos, tornaram-se eles próprios escravizados, como aconteceu com muitos reinos e cidades-Estados dessa vasta região.

As sociedades iorubanas

As sociedades dos povos de língua ioruba tiveram, durante muito tempo, vários centros de poder. Cada um era chefiado por um **obá**, mas tinham um ponto comum: a cidade de Ilé-Ifé, o centro espiritual dos iorubas desde, pelo menos, o século VIII.

No decorrer do século XVII, os obás passaram a reconhecer o chefe do Reino de Oió, chamado de **alafim**, como o mais importante deles. O Reino de Oió tornou-se um império, dominando várias aldeias e cidades-Estados ao redor – região que abarcava partes do Benin e da Nigéria atuais.

Muito tempo depois, no final do século XVIII, a centralização do poder em torno do alafim de Oió passou a desagradar aos obás, que tentaram tomar o poder. Os obás lutaram entre si na esperança de se tornar o novo alafim. Nenhum deles conseguiu. No início do século XIX, o resultado dessa disputa foi a criação de diversos pequenos estados liderados por chefes de guerra (que tinham o título de Ologun). Muitos soldados viraram prisioneiros, caíram nas garras dos traficantes de escravos e foram embarcados para a América.

Mas não foi só por problemas internos que o império ruiu. Os reinos que pagavam tributo a Oió, como o do Daomé, passaram a se opor ao seu domínio e a negociar diretamente com os comerciantes brancos de escravos. As guerras foram inevitáveis e duraram muito tempo.

O Reino do Benin, localizado onde hoje é a Nigéria, também era composto por população de língua ioruba e se ligou ao tráfico de escravos através de seu principal porto no oceano Atlântico: Lagos.

Houve, entretanto, muitos povos de língua ioruba que não fizeram parte desses dois grandes reinos. Muitos desses povos sofreram com os ataques dos estados mais fortes para capturar pessoas, como veremos a seguir.

Estatueta em bronze de um cavaleiro do Benin, provavelmente um obá (chefe ou rei), segunda metade do século XVI. Esse artefato é um dos objetos levados para a Europa pelas forças britânicas que, em 1897, atacaram o Reino do Benin e o saquearam. Museu Britânico, Londres, Inglaterra.

OUTRAS HISTÓRIAS ECONOMIA

Tráfico e poder na África

O tráfico de escravos pelo deserto do Saara existia em grande escala desde a expansão muçulmana pela África. Muitos negros foram escravizados e levados para o norte do continente e para a Ásia.

A escravidão muçulmana se alimentava do comércio.

A escravidão foi se transformando em uma atividade muito lucrativa, que estimulou reis e chefes da África a entrar nesse comércio. O objetivo não era só enriquecer, mas conquistar poder e prestígio. Com essa finalidade, muitas guerras foram travadas entre reinos vizinhos.

Além das guerras, atacar e invadir aldeias mais fracas era outra forma de aprisionar homens, mulheres e crianças, para depois vendê-los como escravos. Nesses ataques-surpresa, conhecidos como **razias**, guerreiros invadiam regiões que não contavam com uma força militar permanente ou não estavam preparadas para a guerra. Muitas pessoas morriam nessas invasões.

Coleção particular/The Bridgeman Art Library/Easypix

Nesta gravura de 1682, vemos o castelo de Cape Coast (Cabo Corso), uma das inúmeras fortificações construídas no litoral conhecido como "Costa dos Escravos". Devido à existência de poucos portos naturais nessa parte da costa atlântica africana, as mercadorias e os escravos eram transportados para os navios em pequenas embarcações. Os escravos ficavam esperando dentro dessas fortificações, por meses, a chegada dos navios negreiros. Coleção particular.

1 | Quais eram as duas grandes rotas de comércio e transporte de escravos da África negra e quem eram os principais compradores de escravos dessas rotas?

2 | Na África, que pessoas eram as mais beneficiadas pelo comércio de escravos?

3 | Relacione a **razia** com o comércio de escravos na costa africana.

Os portos de escravos

Desde o século XV, os europeus, começando pelos portugueses, criaram feitorias fortificadas no litoral da África, cada uma com seus respectivos comandantes estrangeiros. Não entraram pelo interior: a partir do litoral negociaram com reis, seus representantes ou comerciantes africanos. Era nessas feitorias que os escravizados esperavam os navios que os levariam para a América.

Até o século XIX, foram construídas mais de quarenta feitorias na costa africana. Nem todas permaneceram sempre nas mãos do reino que as construiu. Mudaram de dono, por exemplo, as feitorias de São Jorge da Mina (em 1637), de Arguim (em 1638) e de Axim (em 1643): todas foram tomadas dos portugueses pelos holandeses.

Comerciantes europeus trocavam várias mercadorias por escravos, como cavalos, objetos de cobre e de vidro, espelhos, miçangas, conchas, cauris, fumo, aguardente de cana (cachaça) e armas de fogo. Especialmente as armas de fogo e os cavalos davam aos reinos africanos que os recebiam maior poder militar e, consequentemente, maior facilidade para conseguir mais escravos para serem vendidos aos europeus.

Nos séculos XVIII e XIX, os principais portos de exportação de cativos da África ocidental localizavam-se no golfo do Benin (ver mapa da página 171), denominado por muito tempo de "Costa dos Escravos". Um deles, o porto de Ajudá, por exemplo, tinha pelo menos quatro feitorias: portuguesa, inglesa, francesa e holandesa. A maior parte das pessoas escravizadas e comercializadas vinha do interior. O clima de insegurança era enorme.

Representação da presença europeia na cidade de Ajudá, no início do século XVIII: da esquerda para a direita: 1. forte português, 2. francês, 3. inglês e 4. holandês. A gravura foi feita pelo padre dominicano francês Jean-Baptiste Labat, missionário nas plantações francesas do Caribe, na América. Nunca esteve na África, mas elaborou imagens e comentários sobre a África baseados nos relatos de outros missionários religiosos que lá estiveram. Biblioteca Nacional, Paris, França.

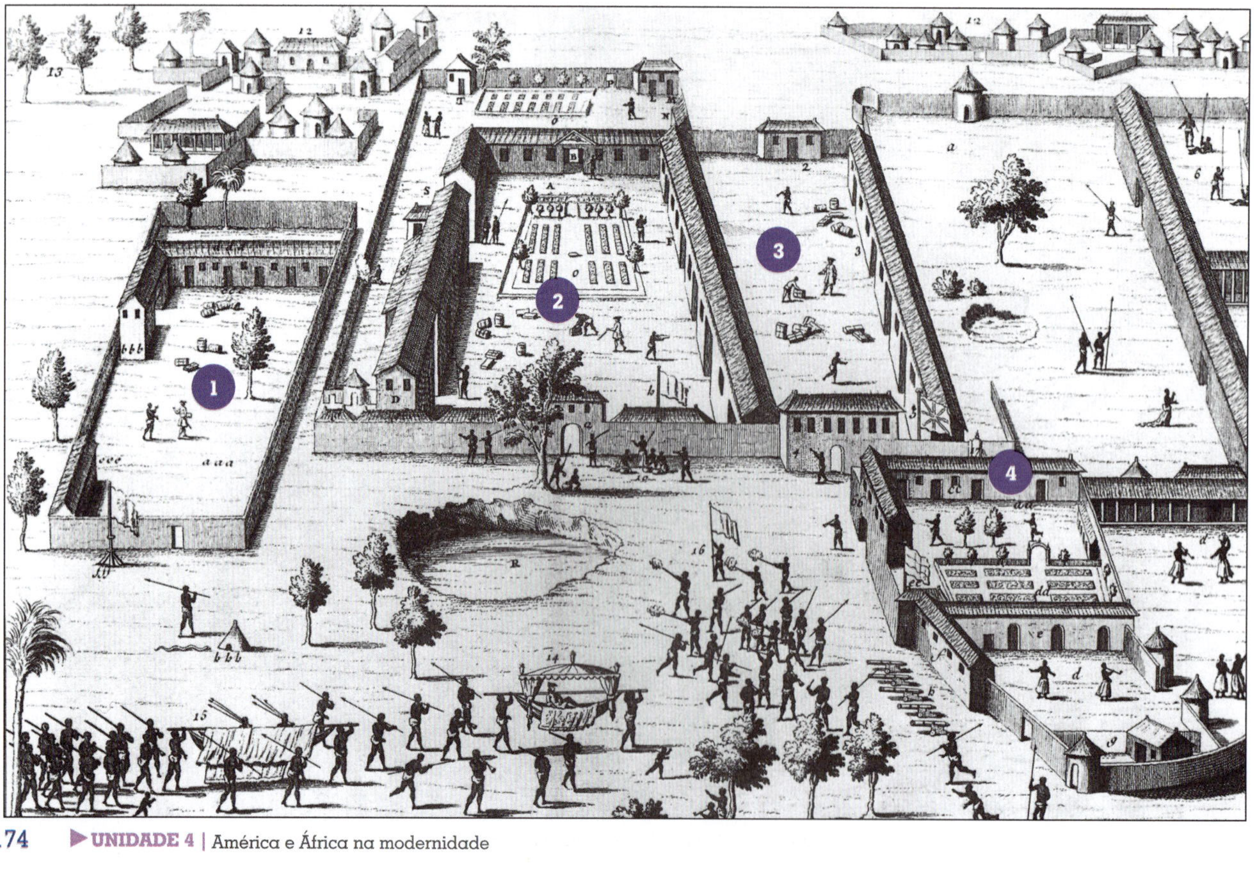

O fumo como moeda de troca por escravos

Desde meados do século XVII, a capitania da Bahia, no Brasil, produziu tabaco, produto muito apreciado entre os europeus. Um subproduto dessa produção, entretanto, fez muito sucesso entre os africanos: as folhas de tabaco quebradas ou de pequeno tamanho embebidas em melaço, o que tornava o fumo adocicado. Esse fumo serviu por décadas como moeda de troca por escravos na costa da África ocidental. Até mesmo ingleses e holandeses compravam esse fumo da Bahia para trocar por escravos na África.

Melaço: derivado líquido da cana-de-açúcar.

A imagem é de autoria de um francês que esteve no Senegal em meados da década de 1780. Representa um marabuto (sacerdote muçulmano) segurando um longo cachimbo. O uso do cachimbo era comum em várias sociedades da África, com diversas ervas como fumo. Mas o tabaco da América tornou-se o tipo de fumo mais consumido e apreciado, principalmente o tabaco adocicado da Bahia. Biblioteca Nacional, Paris, França.

1 | Que outras mercadorias eram trocadas por escravos na África ocidental?

2 | O tabaco era um produto muito importante para a troca por escravizados na África Ocidental. Você sabe qual era a mão de obra predominante na lavoura e no beneficiamento do tabaco na capitania da Bahia do século XVII ao XIX?

O Daomé

Apresador: aquele que captura, que toma como presa ou aprisiona algo ou alguém.

Quando os europeus começaram a comprar escravos, no século XV, muitas sociedades da África ocidental tinham poder descentralizado. A ligação com o tráfico foi um fator fundamental na história desses reinos, levando-os a uma transformação política, econômica e social. Tornaram-se estados centralizados, militarizados e com poderes ditatoriais.

O Reino do Daomé foi um deles.

Povos de língua fon viviam no Reino de Aladá, na costa atlântica da África, mas acabaram sendo expulsos por apresadores de escravos para o tráfico atlântico, principalmente os ligados a Oió. A partir desse deslocamento, criaram uma nova capital ao norte, Abomei.

Apesar do governo forte e centralizado na figura do rei, Abomei teve de se sujeitar a pagar tributos ao Reino de Oió. Entretanto, com o tempo, os fon passaram a ter poder suficiente para conquistar territórios. Tornaram-se definitivamente livres da dominação de Oió em 1820.

Os fon reconquistaram territórios do litoral e até mesmo o lugar de origem da família real, a cidade de Aladá, além de entrarem no comércio com os europeus, conseguindo armas de fogo em troca de escravos. Estava criado o Reino do Daomé.

Daomé acabou dominando o porto de Ajudá, importante ponto de exportação de escravos, e passou a guerrear com os vizinhos, conseguindo prisioneiros de guerra e escravizando-os.

Esse reino é um exemplo dos que inicialmente se constituíram para se defender do aprisionamento e da escravidão, mas que, no final, acabaram participando do comércio, tornando-se, eles próprios, os novos aprisionadores de cativos.

Durante muitos anos, os iorubas (de Oió e do Benin) e os fon (do Daomé) se revezaram como os principais fornecedores de escravos para os europeus, a cada momento um sendo mais agressivo do que o outro. Tinham portos marítimos e poder militar. Por conta disso, as pessoas escravizadas que foram para a América durante o século XVIII eram, na maioria, de um ou outro povo.

Imagem que representa o rei Guezo, do Daomé, que governou entre 1818 e 1859. O guarda-sol é um emblema característico do rei. Litografia de Frederick E. Forbes, 1851. Biblioteca Pública de Nova York, Estados Unidos.

Rei Guezo, do Daomé

Diferente de Oió e do Benin, o Daomé se distinguiu por ter uma administração extremamente centralizada e pela estabilidade política, representada pela longa duração dos reinados de seus soberanos. Exemplo disso foi o do rei Guezo, que governou por quarenta anos e foi o responsável pela libertação do domínio de Oió.

Guezo foi auxiliado por um negociante nascido no Brasil, Francisco Félix de Souza. Não se sabe se ele era um ex-escravo ou se já nasceu livre, mas o certo é que saiu do Brasil, particularmente da Bahia, e em 1800 já estava na África, de onde não saiu mais.

Francisco Félix havia sido preso pelo rei Adandozan, do Daomé, mas conseguiu fugir e acabou por apoiar o irmão caçula do rei, Guezo, que deu um golpe em 1818 e destronou Adandozan. Por esse apoio, Francisco caiu nas graças do novo rei e ocupou um lugar criado para ele na administração de Guezo: o de **chachá** de Ajudá. Nessa posição, ele pôde negociar mercadorias e pessoas escravizadas antes de qualquer outro negociante.

As relações que Francisco tinha dos dois lados do Atlântico o tornaram poderoso e importante para os objetivos do Reino do Daomé. Alguns dos navios que transportavam pessoas por ele enviadas ao Brasil foram capturados pela marinha inglesa, mas Francisco Félix de Souza permaneceu como um dos maiores traficantes de escravos da costa ocidental da África na primeira metade do século XIX.

Francisco Félix morreu em 1849, e seu filho o substituiu como chachá.

O final do século XVIII e as primeiras décadas do XIX foram de grande procura por escravos na América, e os comerciantes dos reinos da costa ocidental da África entraram pelo interior para conseguir mais prisioneiros, mais escravos e mais poder. Dessa forma, tornaram cativos também os povos hauçás, que viviam no interior.

Francisco Félix de Souza, o chachá do Daomé. Óleo sobre tela de autoria desconhecida, século XIX. Centro de Estudos Africanos, Faculdade de Filosofia, Letras e Ciências Humanas da Universidade de São Paulo.

Os hauçás

Os hauçás, povos do Sudão central, região próxima ao deserto do Saara, tinham em Kano a cidade mais importante. Por séculos sem um governo centralizado, as cidades hauçás receberam muitas mercadorias de fora de seu território, negociadas em seus grandes mercados e feiras, e transportadas nas caravanas do Saara.

As cidades dos hauçás intermediavam o comércio entre regiões muito distantes e lucravam por meio da cobrança de impostos sobre essa atividade. Por outro lado, tinham de garantir a segurança das feiras e até das caravanas de camelos que lá estacionavam, motivo pelo qual tinham grande poder militar.

Na região dos hauçás, a religião islâmica se fez presente muito cedo, bem antes de os europeus vasculharem a costa do litoral atlântico africano. Os chefes e reis locais se converteram ao islamismo para consolidar o poder. Mas a maioria da população local permaneceu devota a sua religião tradicional.

Arquitetura hauçá na cidade de Kano, Nigéria. Fotografia de 2006.

Werner Forman/Universal Images Group/Getty Images

Essa era também uma região que negociava escravos vindos de outras áreas.

Pela lei islâmica, um muçulmano não podia ser escravo de outro muçulmano, por isso eram escravizadas pessoas que não eram seguidoras do islã. Dessa forma, muitos iorubas e fon foram levados como escravos pelo deserto do Saara.

Os hauçás foram intermediários no comércio de pessoas escravizadas para os reinos muçulmanos durante séculos, até que eles próprios e outros povos à sua volta foram tornados escravos e vendidos para a América.

Fulani: grupo étnico que representava, nos séculos XVIII e XIX, 20% da população da região hauçá e contava com os mais dedicados mestres muçulmanos locais.

Xeque: chefe muçulmano.

Califa: soberano político e espiritual das regiões muçulmanas.

Califado: sistema de governo muçulmano que combina no chefe (califa) as lideranças política e espiritual.

A expansão muçulmana no século XIX

A África ocidental foi palco de uma verdadeira revolução religiosa no final do século XVIII e início do XIX. Esse movimento foi comandado por chefes religiosos muçulmanos que acreditavam na chegada de um messias (*mahdi*) enviado por Alá para liderar o fim dos tempos.

Nesse período, havia um líder da etnia fulani chamado Usuman dan Fodio, que era um grande pregador da palavra de Alá, erudito e poeta. Ele vivia em uma vila do reino hauçá de Gobir, ao norte da atual Nigéria, e via com desprezo a forma como as autoridades muçulmanas hauçás toleravam as ações bem pouco religiosas da população, com muitos traços de sua religião tradicional.

Para Usuman, esses chefes hauçás não eram verdadeiros muçulmanos, não só porque não obrigavam os homens a usar turbante nem as mulheres a usar véus, mas porque se casavam com mais de quatro mulheres e vendiam pessoas de religião muçulmana como escravas, situações não permitidas pelo Alcorão.

Dan Fodio havia sido proibido pelo xeque do reino hauçá de Gobir de pregar em seu território, mas não desistiu. Em 1804, criou, com um grupo de seguidores, uma comunidade com valores rigorosos na doutrina do Alcorão em um lugar protegido, Gudu, e declarou uma guerra santa (*jihad*) contra o xeque de Gobir. Inúmeros líderes hauçás islamizados e camponeses descontentes com o governo ditatorial e violento do xeque juntaram-se a ele. A guerra foi devastadora. O Reino de Gobir foi dominado. Em 1812, Dan Fodio tornou-se califa de um grande império hauçá, cujas cidades foram unificadas sob o califado de Sokoto, que manteve a política expansionista. O califado foi chefiado pelos fulanis, como ele, e seu filho o sucedeu como xeque quando de seu falecimento, em 1817.

O califado de Sokoto atacou e dominou territórios dos Nupe, de Oió, de Borno, etc. E realizou razias para capturar pessoas por eles consideradas pagãs para transformá-las em escravas, mesmo que essas pessoas se declarassem muçulmanas. As campanhas militares também produziram milhares de cativos. Os prisioneiros escravizados eram vendidos tanto para o tráfico do deserto do Saara quanto para o do litoral Atlântico, além de muitos ficarem a serviço dos governantes do califado.

CÁ ENTRE NÓS

O termo *jihad* significa o dever de todo muçulmano lutar para que a palavra de Alá, inscrita no livro sagrado, o Alcorão, seja ouvida tanto pela própria palavra – convencimento ou doutrinação – quanto pela luta armada. Dan Fodio optou pela luta armada.

1818: Ali Eisami é vendido e embarcado para o Brasil. Guezo chega ao trono do Daomé por intermédio de um golpe.

Foi em uma dessas batalhas que Ali Eisami (personagem apresentado no início do capítulo) foi capturado pelos hauçás jiradistas e tornado escravo na cidade de Kano. Ali Eisami foi vendido para um proprietário ioruba da região de Katunga, capital do Reino de Oió, onde viveu por cerca de quatro anos.

Mas as desventuras de Ali Eisami não acabaram aí, e ele não morreu na condição de escravo.

Reprodução/Coleção particular

Cidade hauçá de Kano, principal mercado da África central, onde Ali Eisami foi levado como cativo. Gravura de Charles Maurand, 1860. Coleção particular.

CÁ ENTRE NÓS

Nos mercados das cidades africanas, o comércio era feito com a utilização de vários tipos de moeda, como **manilhas**, barras e arames de cobre. Mas, por toda parte da África abaixo do Saara, os cauris (conchas como as da fotografia da página seguinte) eram as principais moedas de troca. Os cauris são uma espécie de búzio encontrado na costa oriental da África, nas ilhas Maldivas, no oceano Índico. Eles foram introduzidos no centro da África por negociantes do deserto do Saara, que lá compravam principalmente escravos.

Manilha: objeto de metal, geralmente cobre ou latão, em forma de "C" e utilizado como enfeite nos braços ou nos tornozelos; também era utilizada como moeda.

Revolta escrava entre os iorubas

Afonjá era o comandante supremo dos exércitos do Reino de Oió, membro da aristocracia ioruba. Como mencionado no início do capítulo, foi um dos que pretendeu ser alafim, começando a luta em 1796, sem resultado. Mas não desistiu.

Em 1817, Afonjá uniu-se a um mulá de origem fulani, Alimi, que pregava a religião muçulmana na região. Juntos, instigaram uma revolta escrava, com relativo sucesso. Muitas guerras se seguiram. O objetivo era destruir os exércitos do alafim. Os escravos eram regularmente empregados nas forças militares do Reino de Oió, muitos deles hauçás e de religião muçulmana que, com a esperança de se tornarem livres, aderiram aos exércitos de Afonjá e Alami. O Império Oió desmoronou.

Porém, a escravidão não acabou. Ao contrário, intensificou-se. O Reino do Daomé foi o mais beneficiado com o enfraquecimento de seu vizinho Oió.

A partir dessa rebelião escrava, muitos senhores resolveram vender seus escravos para o tráfico atlântico, com receio de que eles aderissem à revolta.

Foi o caso de nosso personagem, Ali Eisami, cujo senhor ioruba o vendeu para um negociante de Porto Novo, um dos principais portos de exportação de escravos da África ocidental.

DOCUMENTO

Um africano e suas memórias

Leia o que Ali Eisami revelou sobre sua venda como escravo:

> Depois de ficar ali [em território ioruba] quatro anos, uma guerra começou: agora, todos os escravos que iam para a guerra tornavam-se livres; então, quando os escravos ouviram essas boas-novas, todos correram para lá, e os iorubas viram isso. Um amigo do homem que me comprara lhe disse, "Se você não vender este escravo seu, ele vai fugir e ir para a guerra, de forma que seus cauris estarão perdidos, porque esse moço tem olhos firmes". Então o homem me pegou, me amarrou e seus três filhos levaram-me para a vila de Ajashe [Porto Novo], onde homens brancos tinham desembarcado; então tiraram os ferros de meus pés, levaram-me para a gente branca, que me comprou, e colocou um ferro em volta do meu pescoço. Depois de comprar todo mundo, eles nos pegaram e nos trouxeram para a beira-mar, trouxeram uma canoa muito pequena e nos transferiram um a um para uma grande embarcação.
>
> REIS, João José. *Rebelião escrava no Brasil*: a história do levante dos malês em 1835. São Paulo: Companhia das Letras, 2012. p. 165.

Ele não veio para o Brasil, que era o destino da embarcação, porque os ingleses capturaram o navio negreiro e levaram os escravizados para Serra Leoa.

Godong/UIG/Getty Images

Cauris, Senegal.

A gravura retrata o muçulmano Ali Eisami, escravizado que não chegou ao seu destino no Brasil porque ingleses capturaram, em 1818, o navio em que ele era transportado. Século XIX. Coleção particular.

Reprodução/Coleção particular

1 | Pelas leis do Alcorão, livro sagrado dos muçulmanos, o que está errado na venda de Ali Eisami como escravo?

2 | A que movimento Ali Eisami se referiu quando disse que "uma guerra começou"?

3 | O que Ali Eisami quis dizer com "cauris"?

1 O tráfico atlântico de escravos e a África ocidental

O tráfico atlântico de escravos para a América modificou as estruturas das sociedades da África ocidental. Estados e reinos poderosos como os de línguas iorubas, fon e hauçás, que tiveram sistemas políticos descentralizados por séculos, fortaleceram-se, tornaram-se poderosos. E, para serem poderosos, tinham de contar com chefias fortes e centralizadas, além de um corpo militar pronto para lutar pela manutenção do poder. Eram estados que tinham uma força militar permanente e bem treinada. Caso não o fizessem, seriam facilmente aprisionados e escravizados pelos seus vizinhos.

Houve, pelo menos, três categorias de sociedade que se envolveram no tráfico atlântico de escravizados para a América.

O QUE HÁ NA IMAGEM?

A vila de Kamalia, retratada por Mungo Park, é descrita por ele como uma comunidade camponesa. Vilas como essa eram comuns no interior da África ocidental, de povos agricultores, pastores e caçadores. Sabendo que as cidades dos grandes reinos e impérios eram em geral muradas, como uma fortaleza, que aspectos da imagem podem comprovar que se trata de uma vila de camponeses?

De Agostini/Getty Images

Mungo Park foi um explorador escocês que fez duas viagens à África ocidental: a primeira entre 1795 e 1797, quando voltou à Europa e publicou, em 1799, suas notas de viagem; a segunda aconteceu entre 1805-1806, quando morreu afogado. As imagens de seu livro retratam aspectos cotidianos das regiões por onde passou, como esta, da vila de Kamalia, situada no sudoeste do atual Estado do Mali. Gravura, 1799. Coleção particular.

A categoria mais visível foi a de certos estados e reinos, principalmente aqueles que dominavam a região do litoral Atlântico, que lucraram com o tráfico e puderam estender seu domínio territorial. Os oiós e os daomeanos são alguns, entre outros, que enriqueceram e se tornaram poderosos.

Uma segunda categoria são os grupos que atacavam aldeias do interior para capturar e vender seus habitantes como escravos. Eram mercenários que viviam do saque e da pilhagem. Eram "caçadores" de homens e mulheres.

Entretanto, a terceira categoria foi a que mais sofreu com a escravização. A maioria dos povos e dos habitantes do interior da África ocidental tinha pouco ou nenhum poder militar, e o tráfico atlântico a tornou vítima das duas categorias acima: os estados centralizados do litoral e os grupos de mercenários que capturavam os habitantes para vendê-los como escravos aos comerciantes europeus ou americanos.

Muitos estados fortes do litoral, entretanto, não se envolviam diretamente na captura de pessoas, mas as compravam de outros grupos para revendê-las aos negociantes europeus ou americanos.

O comerciante europeu não entrava realmente no interior da África, mas sua presença impulsionava o comércio de pessoas, um fator que fazia com que as estruturas das sociedades africanas se modificassem – assim como ocorreu com o tráfico pelo Saara para os muçulmanos, por séculos.

As sociedades americanas, hoje, são o resultado de todo esse processo, que envolveu o comércio e a escravidão de povos indígenas americanos e da África, as lutas e, principalmente, as complexas interações culturais de todos os povos envolvidos.

Grupo de africanos ou seus descendentes no convés de um navio a caminho da África ocidental. Os historiadores dão o nome de **retornados** aos africanos que, escravos no Brasil, libertaram-se e voltaram para a África nos séculos XVIII e, principalmente, XIX. Em vários países da África, hoje, há bairros e/ou comunidades com nomes e costumes brasileiros, heranças desses retornados de séculos anteriores. Coleção da Biblioteca Nacional, Rio de Janeiro, sem data.

O SEU LUGAR NA HISTÓRIA

Jongo, congada, capoeira, candomblé, umbanda, bumba meu boi, folia de Reis, etc. são manifestações culturais existentes no Brasil de hoje, em todos os estados do país. O que elas têm em comum? Procure saber mais sobre uma delas no município em que você mora.

Pilhagem: roubo, saque executado por grupos de pessoas.

VOCÊ JÁ OUVIU FALAR

... que no Benin a bandeira do Brasil é exibida até hoje com orgulho e que comidas brasileiras, como feijoada, *kosidou* (corruptela de cozido), feijão-de-leite, moqueca de peixe, pirão e *concada* (corruptela de cocada) são ainda muito consumidas? E sabia que o chachá do Daomé, Francisco Félix de Souza, deu o nome de Brasil ao bairro onde construiu sua casa, na cidade de Ajudá?

Um muçulmano que não chegou ao Brasil

Foi na primeira metade do século XIX que os escravizados muçulmanos entraram em grande número, principalmente na capitania e, depois, província da Bahia. Entre eles, predominaram hauçás islamizados, resultado da guerra santa, a *jihad*, que criou o califado de Sokoto.

No Brasil, homens e mulheres nascidos na África recebiam designações variadas, que muitas vezes era o nome do porto de onde partiram na África, e foram obrigados a modificar a forma como se referiam a si próprios e aos de outras nações.

Surgiram termos que se tornaram comuns, como **nagô**, por exemplo, que queria dizer "povo de língua ioruba". Tudo indica que o termo nagô se originou da designação que os daomeanos davam aos povos de língua ioruba e foi incorporado à linguagem da escravidão, principalmente na Bahia.

Ali Eisami seria um desses homens muçulmanos traficados para a Bahia, caso tivesse sido capturado e vendido alguns anos antes. Entretanto, desde 1807 os ingleses haviam abolido o tráfico de escravos em seus domínios e seus súditos, fossem eles da Europa ou de suas colônias na América, ficaram proibidos de traficar pessoas. Depois disso, estabeleceram tratados comerciais com vários governos, e um deles foi com os portugueses, obrigando-os a aceitar a determinação de que seria proibido o tráfico de escravos acima da linha do equador, em 1815.

A África ocidental fica acima da linha do equador e, por isso, os ingleses se sentiram no direito de capturar o navio em que Ali estava e que era de propriedade de comerciantes do Brasil, domínio português. Ali Eisami, como seus companheiros, foi levado para Serra Leoa, lugar onde a Inglaterra estabeleceu uma base para combater o tráfico de escravos.

Rebatizado com o nome de William Harding, Ali lá viveu até o fim de sua vida, onde ditou suas memórias para o linguista alemão S. W. Koelle, em cerca de 1850, que as publicou em Londres, em 1854.

Imagem da cidade de Freetown (Cidade Livre), em Serra Leoa, gravura de cerca de 1850. Localizada na costa ocidental da África, era o destino dos escravos capturados pela marinha inglesa ao norte da linha do equador. Coleção particular.

OUTRAS HISTÓRIAS PERSONAGEM

Muçulmanos na Bahia – os malês

Em 1840, Francis de Castelnau, o cônsul francês na Bahia, entrevistou 23 pessoas que foram escravizadas na África e traficadas para o Brasil. Elas foram prisioneiras de guerra. Duas delas fizeram parte da cavalaria hauçá, uma era guerreiro de califado de Sokoto e outra era de Borno, mesma região do muçulmano Ali Eisami, e tornou-se prisioneiro em uma batalha contra os hauçás.

Note-se que todos os mencionados acima eram muçulmanos e hauçás, mesmo lutando em lados opostos. Eles, os muçulmanos, formaram outra identidade no Brasil: eram os **malês**, na Bahia. Inimigos em suas terras de origem, tornaram-se, igualmente, escravos no Brasil.

Negro e negra da Bahia, litografia de Johann Moritz Rugendas. A imagem retrata negros de religião islâmica, muito numerosos na Bahia desde o século XVIII. Fundação Biblioteca Nacional, Rio de Janeiro.

1 | Que explicação pode ser dada para que homens e mulheres escravizados da África ocidental fossem enviados principalmente para a Bahia?

2 | As origens dos escravos da Bahia no século XIX eram variadas e incluíam indivíduos de povos inimigos em sua terra natal. Sabendo que na Bahia foram construídas novas identidades, como a de "mina" e de "nagô", que abrangiam várias etnias, podemos supor que a guerra continuou no Brasil, quando todos se igualaram na condição de escravo?

3 | Qual o motivo de os homens citados no texto terem dois nomes?

PUXANDO PELA MEMÓRIA

Após o estudo do capítulo 11, você manteria sua resposta à pergunta da página 170?

ROTEIRO DE ESTUDOS

O QUE APRENDEMOS?

1 | Explique qual é a relação histórica entre os povos da África ocidental e os europeus.

2 | Como estavam organizados politicamente os povos de língua ioruba?

3 | O que existe em comum entre os oió e os benin?

4 | Dê pelo menos duas razões para o enfraquecimento do Império de Oió no começo do século XIX.

5 | Qual é a finalidade das feitorias europeias construídas do século XV ao XIX na costa atlântica da África?

6 | Qual é o papel da guerra no comércio transatlântico de escravos?

7 | Relacione o tráfico de escravos com o poder centralizado dos reinos da África ocidental.

8 | Explique as condições que permitiram a muitos homens e mulheres muçulmanos hauçás, que viviam no Sudão central, nas bordas do deserto do Saara, acabarem na América, principalmente no final do século XVIII e na primeira metade do XIX.

9 | Explique por que a seguinte frase é falsa:

O tráfico de escravos pelo atlântico, levado a cabo pelos europeus, teve pouca ou quase nenhuma relação com as mudanças políticas e sociais da África ocidental, pois eles permaneceram no litoral.

10 | Comente a afirmação: O tráfico atlântico de escravos envolveu quase todos os povos da África ocidental, mas em papéis bem diferentes.

PESQUISA

O antropólogo francês Maurice Godelier, em 1973, criticou o emprego da denominação **tribo** para se referir a certos grupos sociais.

Segundo ele, o termo foi usado pelos colonizadores europeus para se referir às sociedades dominadas como "primitivas" ou "selvagens".

Leia o que afirma o historiador africanista Alberto da Costa e Silva:

> Na África, sempre houve nações, [...] que se cristalizaram em estados. Basta lembrar Gana, construída pelos soninquês, e o Mali, com seu núcleo mandinga. O preconceito teima em chamar "tribos" às nações africanas, sem ter em conta a realidade de que não podem ser tribos grupos humanos de mais de 60 milhões de pessoas, como os hauçás, ou superiores ou semelhantes em número às populações da Bélgica, do Chile e da Suécia, quando não, da Argentina e da Espanha.

SILVA, Alberto da Costa e. O Brasil, a África e o Atlântico no século XIX. *Estudos Avançados*, v. 8, n. 21, p. 21-42, 1994.

- Discuta, em grupo, a relação entre a crítica do antropólogo Godelier sobre o termo **tribo** e a reflexão do africanista Costa e Silva, ao considerar um preconceito denominar **tribo** as nações da África.

Reprodução/Biblioteca Pública de Nova York, EUA.

IMAGENS CONTAM A HISTÓRIA

Observe as imagens:

A imagem retrata a comitiva do obá do Reino Ioruba do Benin, publicada no livro sobre África do holandês Olfert Dapper (1636-1689). Dapper nunca esteve na África. Biblioteca Britânica, Londres, Inglaterra.

Placa em latão que representa um obá montado em um cavalo, em uma procissão real. Séculos XVI-XVII, Edo/ Reino de Benin, Nigéria. Museu Etnológico de Berlim.

Alguns estudiosos acham que as informações e os desenhos que ilustram as obras de Olfert Dapper são delírios. Outros, entretanto, consideram que fez uma excelente síntese ao estudar documentos, diários de viajantes e imagens.

A primeira imagem, criada por Dapper no século XVII, é da comitiva do obá do Benin; a segunda foi feita por um artista ioruba, também do Benin e do século XVII.

- Em grupo, observem os detalhes e comparem as duas imagens: avaliem se Dapper fez ou não uma representação adequada dos costumes reais do Benin.

O PASSADO PRESENTE

Reúnam-se em grupo e façam uma pesquisa sobre os agudás do Benin, os amarôs em Togo e na Nigéria e os tabom em Gana. Apresentem imagens atuais desses indivíduos.

Foram muitos os **retornados** para a África. Mas, em algumas cidades, sua presença se tornou destacada, com a recriação de cultos, práticas e costumes da vida na América. A imagem é de um casarão com todas as características da arquitetura brasileira na cidade de Lagos, na Nigéria, resultado da influência e do poder que alguns desses retornados tiveram na África.

5 UNIDADE

AMÉRICA PORTUGUESA

VAMOS ESTUDAR

- ECONOMIA COLONIAL DO BRASIL
- ADMINISTRAÇÃO COLONIAL PORTUGUESA
- NEGROS DA TERRA E NEGROS DA GUINÉ
- FRANCESES E HOLANDESES NO BRASIL
- QUILOMBOS E MOCAMBOS
- OURO E PEDRAS PRECIOSAS

Engenho, óleo sobre madeira de Frans Post, s/d.
A imagem é de um engenho de açúcar de Pernambuco, obra do holandês Frans Post, que viveu no Brasil entre 1637 e 1644.
O artista deixou uma grande coleção de pinturas a óleo e desenhos que retratam as atividades econômicas e regiões do nordeste. Sua estada foi possível porque, na época, parte do Brasil era de domínio holandês. Palácio do Itamaraty, MRE, Brasília, Brasil.

Embora não tenha sido o único, o açúcar foi o principal produto de exportação do Brasil no período colonial. Nas plantações de cana e nos engenhos de açúcar, espalhados pelo litoral, trabalhavam indígenas e negros da África na condição de escravos, como representado na obra ao lado.

A riqueza obtida pelos portugueses com o açúcar aguçou a cobiça de outros europeus, como a dos holandeses, que conseguiram dominar por décadas um amplo território do nordeste, incluindo a capitania de Pernambuco, uma das mais ricas.

Mas foi o ouro, descoberto no final do século XVII, que impulsionou o povoamento e a colonização portuguesa para o interior do território, onde hoje são os estados de Minas Gerais e de Goiás.

Wikipedia/Wikimedia Commons 1.0

Representação da Fazenda de Santa Cruz, desenho de Maria Graham, século XIX. Durante os primeiros séculos do período colonial, a Fazenda de Santa Cruz, no Rio de Janeiro, firmou-se como um importante centro econômico da América portuguesa, desenvolvendo atividades agrícolas e pecuárias. A princípio, era administrada pelos jesuítas e, em meados do século XVIII, tornou-se posse da Coroa portuguesa.

CAPÍTULO 12

ECONOMIA E SOCIEDADE NA AMÉRICA PORTUGUESA

PUXANDO PELA MEMÓRIA

A planta da cana-de-açúcar é natural da Ásia, no Oriente. Como ela veio parar no Brasil? Você conhece alguns produtos que são obtidos da cana-de-açúcar?

Em 1711, o jesuíta André João Antonil, "um anônimo toscano", publicou o livro *Cultura e opulência do Brasil por suas drogas e minas*.

O livro foi proibido por ordem do rei dom João V, e os exemplares foram recolhidos e queimados no mesmo ano de 1711. A obra divulgava as riquezas do Brasil, a forma como eram beneficiados o açúcar e o tabaco e os caminhos para as minas de ouro. A divulgação dessas informações era proibida pela Coroa.

O livro de Antonil, que ficou conhecido como *Cultura e opulência do Brasil*, é uma importante fonte histórica. Afinal, nele o jesuíta não apenas relatou o que viu nos anos que passou no Brasil, como reuniu uma série de informações que fizeram de sua obra quase um manual.

Vamos conhecer a forma como foram exploradas, no Brasil, as riquezas que a Coroa portuguesa tanto queria ocultar do grande público.

Créditos das imagens de baixo para cima: Reprodução/Biblioteca da Universidade de Leiden, Holanda; Reprodução/Palácio do Itamaraty, Ministério das Relações Exteriores, Brasília, DF.; The Granger Collection/Glow Images; Tales Azzi/Pulsar Imagens; Reprodução/Arquivo da editora

A família Ávila

Nos arquivos secretos da Inquisição de Lisboa, existe uma denúncia contra o mestre de campo Garcia d'Ávila Pereira de Aragão, um dos homens mais ricos da capitania da Bahia na segunda metade do século XVIII.

Apesar do prestígio de Garcia d'Ávila, um vizinho o denunciou ao Tribunal do Santo Ofício de Lisboa e o acusou de extrema crueldade contra seus escravos em 26 ocasiões. Os casos relatados pelo denunciante são muito detalhados, situação que permitiu aos historiadores concluir que devem ter realmente acontecido.

Foram muitas as atrocidades cometidas, como açoitar escravos e escravas por horas a fio e castigar crianças muito pequenas por deixarem uma fruta ser bicada por pássaros, por exemplo.

O Tribunal da Inquisição não julgou a denúncia, mesmo que 56 pessoas tenham testemunhado contra Garcia d'Ávila: arquivou o processo.

Documentos como esse são muito raros, pois, em geral, a forma como os senhores tratavam seus escravos não era denunciada. Havia leis que determinavam o tipo e a intensidade dos castigos, mas, na verdade, os senhores tinham autonomia para fazer o que quisessem, sem punição.

A família de Garcia d'Ávila estava na Bahia havia duzentos anos, e sua história se liga ao processo de construção do domínio português sobre as terras brasileiras, à implantação da lavoura de cana-de-açúcar, à pecuária e à utilização de mão de obra escrava indígena e africana.

Vista das ruínas da Casa da Torre da família Ávila, Mata de São João, Bahia. Fotografia de 2018. O termo **casa**, para se referir à Casa da Torre, significava mais do que uma residência: significava geração, família, domínio. A "Casa da Torre" foi construída pela família Ávila ainda no século XVI e é uma das representantes do poder particular das famílias no período colonial do Brasil. Atualmente, suas ruínas são tombadas pelo Iphan. A família Ávila manteve prestígio e riqueza por mais de duzentos anos. Garcia d'Ávila, um integrante dessa família denunciado à Inquisição no século XVIII, foi agraciado com a comenda de Cavaleiro da Ordem de Cristo (1752) e com o título de Mestre de Campo dos Auxiliares da Torre (1753).

Tales Azzi/Pulsar Imagens

1494: Assinatura do Tratado de Tordesilhas.

O vermelho pau-brasil

A presença dos portugueses na América, nas terras que hoje conhecemos como Brasil, foi vagarosa em razão do pouco interesse que os produtos encontrados até então lhes despertaram: o pau-brasil e animais exóticos (papagaios, tucanos, araras, macacos, etc.).

Entre 1500 e 1530, os portugueses enviaram algumas expedições ao Novo Mundo tanto para o reconhecimento do litoral brasileiro como para assegurar a posse do território. Elas foram chamadas expedições guarda-costas. Como haviam feito na costa da África e na Ásia, criaram algumas feitorias que eram administradas por portugueses autorizados a negociar, em nome do rei, com os nativos. Trocavam espelhos, facas, machados, tesouras, agulhas, ou seja, objetos de metal, por toras de pau-brasil.

Calcula-se que, só no século XVI, mais de 2 milhões de árvores foram derrubadas e que, no século XVII, esse número tenha sido ainda maior. O pau-brasil foi um dos itens de exportação do Brasil até o século XIX. Hoje, quase não existem mais exemplares dessa árvore em nossas matas.

O SEU LUGAR NA HISTÓRIA

Você sabia que, nas primeiras décadas do século XVI, **brasileiro** era o nome dado aos comerciantes de pau-brasil?

E hoje, quem são os brasileiros? O que significa ser brasileiro?

Detalhe de mapa elaborado por Giovanni Battista Ramusio, em 1557, representando a extração de pau-brasil pelos indígenas. Biblioteca Alberto Govi di Fabrizio Govi, Módena, Itália.

Franceses de olho no pau-brasil

As terras do Brasil estavam ameaçadas por outros invasores, além dos portugueses, de olho na rica madeira vermelha: franceses navegavam pela costa do Brasil, com o objetivo de negociar a madeira com os indígenas também na forma de escambo, como faziam os portugueses. A França, como outros países europeus, não aceitava que o Novo Mundo estivesse dividido entre os países ibéricos, conforme constava no Tratado de Tordesilhas, de 1494. E Portugal não tinha condições de patrulhar toda a costa para impedir a entrada de estrangeiros.

Os portugueses, na verdade, não estavam interessados só em manter o controle da extração, do transporte e do comércio do pau-brasil. Suas terras na América também serviam como ponto de parada para os navios que se dirigiam às Índias – como eram chamadas as terras do Oriente, que incluíam a Índia e a China –, tanto para se reabastecer de alimentos e de água como para eventuais reparos. Embora o comércio de especiarias orientais fosse o que mais interessava aos portugueses, eles não podiam e não queriam perder o Brasil.

Assim, em decorrência da ameaça estrangeira, o governo decidiu ocupar o território. E a atividade escolhida foi a da lavoura da cana-de-açúcar.

OUTRAS HISTÓRIAS ECONOMIA

Pau-brasil

Você sabia que, nos séculos XV e XVI, ter uma roupa vermelha ou de tons avermelhados era sinal de prestígio?

Essa cor era obtida das glândulas de um molusco chamado múrex (ou múrice). E, como para tingir uma única peça de roupa eram necessários milhares deles, os tecidos dessa cor eram muito caros.

Logo que aportaram no litoral brasileiro, os portugueses descobriram que nestas terras existia uma árvore da qual também era possível obter uma tinta vermelha. Tratava-se do pau-brasil. Eles perceberam que era muito mais fácil obter a cor vermelha dessa madeira do que das glândulas do múrice: bastava cozinhar a madeira em água.

Mesmo assim, os tecidos vermelhos continuaram caros. Por esse motivo, a extração do pau-brasil foi por muito tempo monopólio real – apenas os comerciantes autorizados pela Coroa podiam negociá-lo com os indígenas. A esse tipo de exclusividade de uma atividade econômica em nome do reino dava-se o nome de **estanco**.

Fabio Colombini/Acervo do fotógrafo

Árvore de pau-brasil florida, Parque do Ibirapuera, São Paulo. Fotografia de 2015.

1 | Na cidade ou na região de sua escola, existe alguma árvore de pau-brasil?

2 | Hoje é possível obter a cor vermelha de outras formas. Você sabe dizer alguma? Pesquise.

As capitanias hereditárias

O governo português repetiu, a partir de 1532, o que já havia feito nas ilhas atlânticas sob seu domínio: a distribuição de terras a pessoas que tivessem condições de investir na porção recebida. As terras doadas pelo rei foram chamadas de **capitanias hereditárias**. O Brasil foi dividido em 15 lotes e 14 capitanias hereditárias (a capitania de São Vicente estava dividida em dois lotes). Elas foram entregues a 12 donatários, sendo que um deles recebeu três.

Brasil: Capitanias hereditárias (século XVI)

Fonte: elaborado com base em ALBUQUERQUE, Manoel M. *Atlas histórico escolar*. Rio de Janeiro: Fename, 1978. p. 14.

Os **donatários** eram aqueles que recebiam as capitanias com direitos e deveres. Eles eram obrigados a representar o rei na defesa do território, no governo dos colonos e na aplicação da justiça, usando recursos próprios nessas tarefas. Em contrapartida, tinham o direito de explorar as terras recebidas e deixar os benefícios e os direitos de donatário a seus herdeiros. Eles também recebiam 10% das rendas arrecadadas na capitania e 1/20 (um vinte avos) dos lucros do comércio do pau-brasil.

Outro direito dos donatários era doar porções de terra aos colonos que tivessem cabedal para cultivá-las. A essas porções de terras doadas dava-se o nome de **sesmaria**. O sesmeiro era obrigado a cultivá-las em um determinado período de tempo, podendo arrendá-las a outros colonos. Caso não cumprisse o acordado, estava sujeito a perder a sesmaria.

Cabedal: conjunto de bens que formam o patrimônio de uma pessoa. Pode envolver dinheiro, mercadorias, instrumentos de trabalho, escravos (naquela época), etc., que permitam a produção de algum bem ou mercadoria.

O doce açúcar

O açúcar foi o produto escolhido pelos portugueses para viabilizar a ocupação do Brasil. Eles já tinham grande experiência com a lavoura canavieira, implantada com sucesso nas ilhas da Madeira e dos Açores, localizadas no oceano Atlântico. Além disso, o açúcar era uma mercadoria rara e cara no século XVI.

Com a produção de açúcar, o Brasil deixou de ser apenas um ponto de parada na rota para o Oriente ou um lugar para recolher o pau-brasil. No início da colonização portuguesa, o valor produzido pelos negócios do Brasil representava uma pequena proporção no conjunto das rendas arrecadadas pela Coroa. Já no final do século XVI, podia-se dizer que o açúcar do Brasil era mais lucrativo do que todas as especiarias, louças e demais produtos negociados no Oriente. A colônia produtora de açúcar havia se transformado na "galinha dos ovos de ouro" da economia portuguesa, estimulando o investimento do governo e de comerciantes portugueses na ampliação da atividade agrícola e no tráfico de escravos da África.

Engenho, óleo sobre madeira de Frans Post, 1667. Era comum no século XVII, em engenhos de açúcar como esse, em Pernambuco, haver pessoas negras trabalhando na condição de escravas. No século anterior, entretanto, eram os escravos indígenas a principal mão de obra utilizada na lavoura da cana e na fabricação do açúcar. Fundação Maria Luisa e Oscar Americano, São Paulo.

VOCÊ JÁ OUVIU FALAR

... que pessoas escravizando outras pessoas foi uma situação que sempre existiu nas sociedades humanas, mas somente em alguns lugares e épocas ela foi a base da economia? Foram os casos, por exemplo, da Grécia e de Roma, na Antiguidade, e da América, no Período Moderno, onde as pessoas submetidas à escravidão eram consideradas uma mercadoria, podendo ser vendidas. A grande diferença é que, no Período Moderno, o comércio de escravos pelo oceano Atlântico se tornou uma atividade econômica muito lucrativa e fundamental para suprir de mão de obra as lavouras da América. Muito diferente do sistema de servidão medieval, em que o trabalhador não podia ser comercializado, embora fosse vinculado a um senhorio.

DOCUMENTO

Os engenhos e os senhores, por Antonil

Leia o que Antonil escreveu, em seu livro proibido, a respeito dos engenhos de açúcar e de seus senhores, os senhores de engenho, e faça o que se pede.

> Dos engenhos, uns se chamam reais, outros, inferiores, vulgarmente engenhocas. Os reais ganharam este apelido por terem todas as partes de que se compõem e de todas as oficinas, perfeitas, cheias de grande número de escravos [...] e principalmente por terem a realeza de moerem com água, à diferença de outros, que moem com cavalos e bois e são menos providos e aparelhados.
>
> [...]
>
> O ser senhor de engenho é título a que muitos aspiram, porque traz consigo o ser servido, obedecido e respeitado de muitos.
>
> ANTONIL, André João. *Cultura e opulência do Brasil*. Belo Horizonte: Itatiaia; São Paulo: Edusp, 1982. p. 69, 75.

1 | Com suas próprias palavras, descreva o que diferenciava um engenho real de uma engenhoca.

2 | O que o autor quis dizer ao escrever "o ser senhor de engenho é título a que muitos aspiram"?

Centralizar para povoar

As capitanias hereditárias não tiveram o sucesso esperado. Somente duas, a de Pernambuco, doada a Duarte Coelho, e a de São Vicente, recebida por Martim Afonso de Souza, realmente prosperaram.

O desinteresse de alguns donatários foi um dos motivos do fracasso das demais capitanias. Muitos nem sequer vieram ao Brasil conhecer suas terras. Os indígenas foram outro problema, pois reagiram à presença portuguesa e atacaram os colonos nas povoações recém-construídas. Na capitania da Bahia, por exemplo, o donatário Francisco Pereira Coutinho foi morto e devorado pelos tupinambás. Por esses e outros motivos, diversas capitanias voltaram ao domínio real, como foi o caso da capitania da Bahia.

Para manter seu domínio sobre a colônia e promover uma colonização efetiva, o governo português criou, no ano de 1548, o governo-geral. Com ele, dom João III pretendia centralizar a administração, controlar os indígenas, estimular a produção colonial como um complemento da economia metropolitana e impedir que navegadores e piratas estrangeiros se estabelecessem no Brasil.

A capitania da Bahia, transformada em capitania real depois da morte do seu donatário, foi a escolhida para abrigar a sede do governo-geral. Nela foi erguida a cidade de São Salvador, a primeira capital do Brasil.

O primeiro governador-geral do Brasil foi Tomé de Souza, que chegou à Bahia em 1549. Ele veio acompanhado de três importantes funcionários da administração real no Brasil: o capitão-mor, responsável pela defesa; o ouvidor-mor, encarregado da justiça; e o provedor-mor, responsável pelo controle das finanças. Havia também o alcaide-mor, cuja função seria administrar a futura capital do que se passou a chamar de "Estado do Brasil".

Com Tomé de Souza vieram também alguns jesuítas, que se dedicariam à catequização dos povos indígenas do Brasil. Os principais foram José de Anchieta e Manuel da Nóbrega. Fazia parte da comitiva de Tomé de Souza um indivíduo chamado Garcia d'Ávila, com o cargo de almoxarife, antepassado do personagem que, duzentos anos depois, foi denunciado à Inquisição por crueldade contra os escravizados.

Também foi na Bahia que a administração portuguesa criou o primeiro bispado do Brasil. Para administrá-lo, foi nomeado o bispo dom Pero Fernandes Sardinha. Mas, como ele desistiu do cargo, em decorrência de desentendimentos e conflitos com outros portugueses e, principalmente, com os jesuítas, entre eles Manuel da Nóbrega, decidiu regressar a Portugal.

Essas ações do governo português para administrar o Brasil favoreceram o sucesso da colonização da nova terra. A Bahia, por exemplo, capitania que abrigou a sede do governo-geral, tornou-se, ao lado da capitania de Pernambuco, a maior produtora de açúcar da colônia.

VOCÊ JÁ OUVIU FALAR

... que a embarcação que levava o bispo Sardinha para Portugal naufragou no litoral do Brasil? Ao alcançar a praia, o bispo foi morto e devorado por indígenas. Dizem que esse era seu pior pesadelo. E não é que se tornou realidade?

Jesuítas: padres católicos da Companhia de Jesus, ordem religiosa fundada por Santo Inácio de Loyola no século XVI. Os jesuítas se espalharam pelo mundo em ações missionárias para a catequese de povos da América, da África e da Ásia.

Bispado: território em que um bispo exerce sua função espiritual.

Urbs Salvador, de John Ogilby, 1671. A primeira capital do Brasil e sede do governo-geral foi a cidade de São Salvador, na Bahia. Coleção particular.

O SEU LUGAR NA HISTÓRIA

Muitas palavras do português falado no Brasil são de origem tupi. **Açu**, ou **guaçu**, por exemplo, é um sufixo que, em tupi, significa "grande". **Mirim**, ao contrário, significa "pequeno".

Em seu município existe alguma localidade (avenida, rua, praça) ou edifício (biblioteca, hospital, escola) em cujo nome haja esses sufixos? Vamos descobrir?

CÁ ENTRE NÓS

MARTINS, Eliana. *A chave do corsário.* São Paulo: Ática, 2008.

Ao ser levado pela correnteza do mar, o surfista Joni encontra um antigo medalhão. O objeto é ponto de partida para uma emocionante busca pelo segredo escondido por piratas franceses na baía de Guanabara.

Ameaça francesa

Mesmo com a adoção dessas medidas, os portugueses não ficaram a salvo da ameaça de invasão do Brasil por outros reinos europeus. Os franceses foram os mais insistentes. Eles desembarcaram em uma área ainda não dominada pelos portugueses: a baía de Guanabara, em 1555. Sob o comando de Nicolau Durand de Villegaignon, os franceses fundaram o forte de Coligny, na ilha chamada pelos nativos da região de Sirigipe ("rio dos siris", em tupi, atual ilha de Villegaignon).

Villegaignon era nobre e um dos mais prestigiados almirantes do rei da França, Francisco II. A ideia de ocupar a baía de Guanabara e montar uma colônia cuja população desfrutasse de liberdade religiosa foi dele.

A França, naquela época, passava por uma grande guerra religiosa entre católicos e protestantes, e a ideia de Villegaignon pareceu atraente para muitas pessoas, inclusive para o rei, que a apoiou.

Nas terras em torno da baía, viviam os tamoios, que, chefiados pelo guerreiro Cunhambebe, logo se aliaram aos franceses. Diferentemente dos portugueses, os franceses não escravizavam os indígenas nem lhes tomavam as terras, só queriam comerciar o pau-brasil.

A colônia francesa da baía de Guanabara foi chamada de França Antártica. Conhecemos a história dessa colônia por conta de dois escritores que lá viveram e deixaram relatos sobre o modo de vida dos indígenas e os problemas enfrentados pelos franceses: o frei André de Thevet, católico, e o calvinista francês Jean de Léry. Sabemos, por exemplo, que Villegaignon pediu ao rei que mandasse 3 ou 4 mil homens, além de mulheres para com eles casar e constituir família, e assim promover o crescimento populacional da França Antártica. Mas o rei enviou apenas 300 homens, católicos em sua maioria, e tudo se complicou. As brigas entre católicos e protestantes se multiplicavam. Tudo parecia dar errado, e realmente deu.

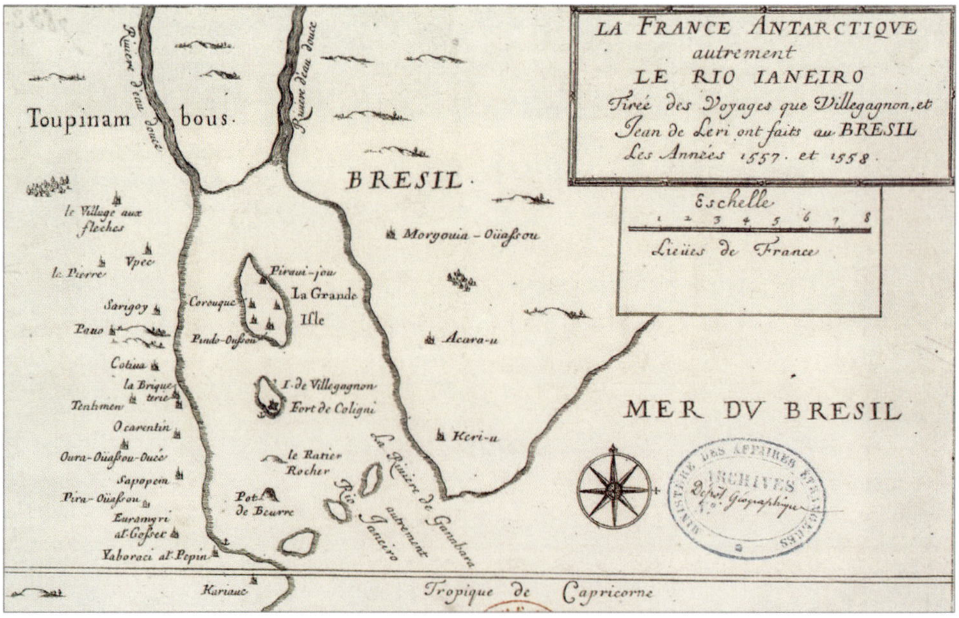

Representação da baía de Guanabara no período da França Antártica, em mapa de 1555. Os pontos de interesse estão assinalados em francês e em tupi. Biblioteca Nacional, Paris, França.

Reprodução/Biblioteca Nacional, Paris, França.

A expulsão dos franceses

Coube ao terceiro governador-geral do Brasil, Mem de Sá, escolhido pelo rei em 1557, a expulsão dos franceses da baía de Guanabara.

Em 1560, os portugueses tomaram o forte de Coligny. Mas eles só conseguiram derrotar os franceses, que contavam com o apoio dos tamoios, quando Estácio de Sá, sobrinho de Mem de Sá, aliou-se a outro grupo indígena, os temiminós.

Ao lado dos temiminós, liderados pelo chefe Arariboia, os portugueses expulsaram os franceses e os tamoios da Guanabara em 1567. Por seus serviços, Arariboia recebeu terras, na forma de sesmaria, e uma honraria da Coroa: o título de Cavaleiro da Ordem de Cristo.

Esse tipo de estratégia foi muito comum no processo de ocupação do Brasil: os portugueses se utilizavam das rivalidades entre os grupos indígenas para conquistar territórios. E os indígenas faziam o mesmo. Os temiminós, por exemplo, haviam sido expulsos da baía de Guanabara anos antes pelos tamoios. E, para voltar, aliaram-se aos portugueses.

A cidade do Rio de Janeiro foi fundada nesse período de conflitos, no dia 1º de março de 1565.

G. Dagli Orti/De Agostini Picture Library/Getty Images/Museu Marítimo, Paris, França.

Gravura de Theodor de Bry, do século XVI, que retrata o contato entre os franceses e os indígenas tamoios contra os portugueses, na baía de Guanabara. Museu Marítimo, Paris, França.

Os franceses não desistem

Mesmo tendo sido expulsos do Rio de Janeiro, os franceses mantiveram seu projeto de ocupar alguma parte do Brasil. A tentativa seguinte foi na ilha do Maranhão. Em 1612, fundaram a França Equinocial, onde foi construído o forte de São Luís, origem da atual capital do Maranhão.

Como já acontecera no Rio de Janeiro, a França Equinocial resultou em fracasso, e pelos mesmos motivos: conflitos entre os próprios franceses, falta de recursos humanos e materiais. Liderados por Jerônimo de Albuquerque – filho de um português com Tabira, uma indígena tabajara –, milhares de soldados, a maioria indígena, derrotaram os franceses em 1615, tomando o forte de São Luís.

1560: Tomada do forte francês de Coligny pelos portugueses.

CÁ ENTRE NÓS

PARREIRAS, Ninfa. *O morro encantado*. São Paulo: Paulus, 2009.

O morro assistiu à vida dos indígenas, à chegada dos portugueses, à invasão dos franceses e à modernização da cidade que, durante muito tempo, foi capital do Brasil, o Rio de Janeiro. Hoje, ele é invisível, mas tem muita história interessante para contar.

Essas duas tentativas de ocupar terras da América portuguesa são chamadas, historicamente, de **invasões francesas**. Entretanto, esse termo não é muito adequado, pois as terras que os franceses quiseram ocupar não estavam povoadas pelos portugueses, mas por indígenas.

Detalhe do *Pequeno atlas do Maranhão e Grão-Pará*, 1629. Representação da cidade de São Luís e arredores. Fundação Biblioteca Nacional, Rio de Janeiro.

Pagão: era assim considerado pelo cristianismo aquele que não conhecia Jesus Cristo e a palavra de Deus.

Colégio: nesse contexto, organização jesuítica que agregava indígenas para lhes ensinar o modo de vida cristão.

Aldeamento indígena: assim eram chamadas as aldeias criadas e dirigidas por missionários católicos, como os jesuítas, onde agregavam indígenas para serem batizados e seguir as regras cristãs, como andar vestidos e casar.

A mão de obra: colonos × jesuítas

Os indígenas, como vimos no capítulo 5, estavam divididos em diversas nações, e os portugueses utilizaram as rivalidades entre eles para escravizá-los. Foram utilizados como mão de obra primeiro na coleta de pau-brasil e, depois, nas lavouras, em engenhos e na criação de gado. Os portugueses aprisionaram indígenas considerados por eles como hostis ou "bravos".

Com a chegada dos jesuítas ao Brasil, junto com Tomé de Souza, em 1549, liderados pelo padre Manuel da Nóbrega, as rivalidades com os colonos começaram. Os religiosos fundaram o colégio de São Paulo de Piratininga em 1554, hoje cidade de São Paulo. A intenção deles era catequizar os indígenas "pagãos". Os jesuítas espalharam-se pelo Brasil e fundaram outros "colégios" e aldeamentos para agregar indígenas com o objetivo de salvar suas almas e lhes impor um modo de vida cristão.

Em princípio, os jesuítas não eram contra a escravização dos indígenas, pois sua alma deveria ser salva por meio da conversão ao cristianismo, mesmo que para isso tivessem de ser cativos, condição preferível à de pagão. Com o tempo, entretanto, os jesuítas começaram a reclamar da forma como os colonos tratavam os indígenas, acusando-os de não ligarem para sua vida espiritual, preocupados que estavam com o trabalho em suas terras ou em sua utilização para a defesa de suas propriedades.

Os indígenas eram chamados de "negros da terra" ou "negros brasis". Os paulistas foram os que mais organizaram expedições, chamadas de "bandeiras", para aprisioná-los, mas não foram só eles. Homens de outras capitanias fizeram o mesmo.

Foi o caso da família de Garcia d'Ávila, que desde o começo capturou indígenas e os escravizou, entrando em conflito com os jesuítas. Francisco Dias d'Ávila, por exemplo, tetraneto do primeiro Garcia d'Ávila, na Bahia, em 1667, destruiu um aldeamento jesuítico no sertão do rio São Francisco. Ao mesmo tempo, tinha aliados indígenas, que o ajudavam nessas batalhas.

Bandeiras e bandeirantes

Bandeiras eram expedições organizadas para ir ao interior, ou aos sertões, em busca de metais preciosos ou para capturar indígenas. Essas expedições muitas vezes demoravam anos embrenhadas pelas matas do Brasil e, para isso, seus participantes tinham de ter grande conhecimento sobre como sobreviver no sertão. Ou, o que era mais comum, contratar pessoas que sabiam.

Os mamelucos, filhos de portugueses com índias, eram os principais elementos de uma bandeira, pois dominavam muito bem a língua nativa – chamada de "língua geral" – e sabiam por onde andar, por quais rios navegar e as formas de se defender de grupos inimigos e de animais ferozes. Eram contratados para "caçar indígenas". Muitas vezes negociavam com os chefes das aldeias a troca de prisioneiros por armas, cavalos e pólvora. Outras vezes capturavam escravos nas aldeias ou nos próprios aldeamentos dirigidos pelos missionários.

Hoje, os bandeirantes são considerados os desbravadores dos sertões, responsáveis por terem estendido os limites do Brasil além do que definia o Tratado de Tordesilhas. No final do século XVII, acabaram encontrando o tão cobiçado ouro na região depois conhecida como Minas Gerais, como veremos no capítulo 15, o que tornou o Brasil ainda mais importante para a economia portuguesa.

Vista da aldeia Ailha, da etnia kalapalo, Querência, Mato Grosso. Fotografia de 2018.

Delfim Martins/Pulsar Imagens

OUTRAS HISTÓRIAS MODOS DE VIVER

A Casa da Torre ou Solar de Tatuapara

O primeiro Garcia d'Ávila, que chegou ao Brasil com o governador Tomé de Souza em 1549, solicitou uma sesmaria para criar cabeças de gado e teve seu pedido atendido. Recebeu um lote de terra em Tatuapara, onde construiu uma casa, que se tornou um importante ponto de observação da costa litorânea para a defesa da então capital do Estado do Brasil, a cidade de São Salvador. Por isso ficou conhecida como Casa da Torre. A família continuou solicitando e recebendo sesmarias, de forma que suas terras se estenderam por onde hoje estão os estados da Bahia, de Sergipe e de Pernambuco.

Garcia d'Ávila aliou-se a indígenas locais, inclusive tendo filhos com mulheres indígenas, e participou de expedições aos sertões que resultaram no aprisionamento de numerosos cativos indígenas. Seus aliados e parentes, muitos tupinambás e mamelucos, como seu filho João Homem, formavam a base de suas tropas para as expedições ao sertão.

A riqueza da família aumentou nas gerações seguintes, baseada primeiro na captura de indígenas e na criação de gado, depois também em engenhos de cana-de-açúcar.

Hoje Tatuapara é a praia do Forte, no município de Mata de São João, na Bahia, e a Casa da Torre está em ruínas.

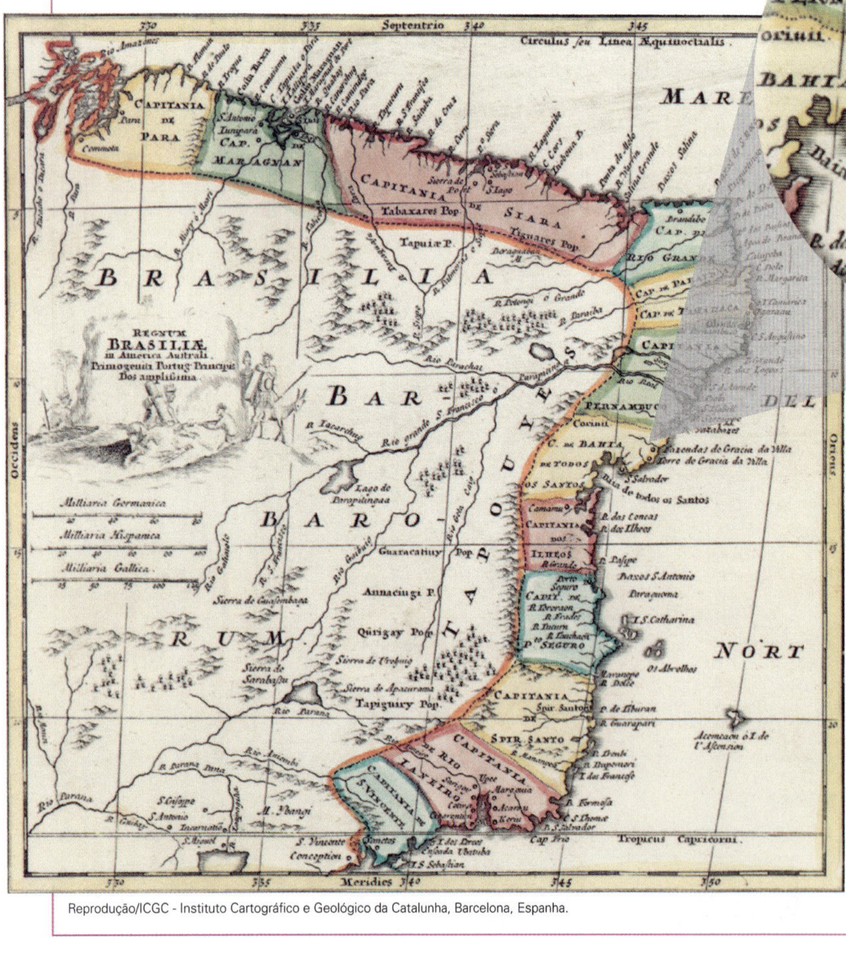

Mapa das capitanias do Estado do Brasil elaborado pelo cartógrafo Johann Batist Homann, 1710. Destaque para a capitania da Bahia. Instituto Cartográfico e Geológico da Catalunha, Barcelona, Espanha.

- Observe o mapa ao lado. O que demonstra a importância da família Ávila no período colonial do Brasil?

A criação de gado

Animais de tração, como bois, eram fundamentais para o funcionamento dos engenhos, pois puxavam carros e carroças e atuavam como força motriz para os engenhos de moer cana. Só que esses animais comem a cana-de-açúcar e cercar os canaviais era difícil e muito caro. Não havia arame farpado para as cercas, como existe hoje. As cercas tinham de ser feitas com árvores de espinho, eram "cercas vivas", que demoravam anos para crescer. O mais fácil, nos engenhos, era cercar os animais de serviço em pequenos pastos. Mas, para criar esses animais, eram necessários muitos pastos sem cercas, distantes das lavouras de cana. Assim, a pecuária criatória era uma atividade fundamental para o funcionamento dos engenhos, e para criar o gado solto era preciso ter muita terra.

O primeiro Garcia d'Ávila da Casa da Torre (houve quatro com o mesmo nome) conseguiu sesmarias em uma região coberta de pastos naturais, próximo ao vale do rio São Francisco, na Bahia. Tornou-se o maior pecuarista do século XVI. Seus descendentes também construíram engenhos no recôncavo da Bahia, que tinha terra fértil para a cana-de-açúcar.

Além de serem usados como animais de tração, do gado também se retirava o couro, que, curtido, era chamado de "meio de sola", com o qual se faziam móveis, bolsas e os mais variados utensílios. Chifres e cascos serviam para confeccionar diversos objetos. Como alimento, a carne de gado podia ser consumida como "carne verde" (carne fresca) ou charque, carne salgada e seca ao sol, em alguns lugares chamada de carne-seca.

Detalhe de *O carro de bois*, óleo sobre tela de Frans Post, 1638. Museu do Louvre, Paris, França.

Frans Post/Museu do Louvre, Paris, França.

VOCÊ JÁ OUVIU FALAR

... que, nas casas de beneficiamento, as folhas de tabaco eram deixadas para secar por dias e enroladas em formato de corda com um torcedor? Depois, as cordas eram torcidas e apertadas diariamente, guardadas em prateleiras até receber calda de ervas e mel para conservação. Os rolos eram cobertos com folhas secas e embalados em couro de boi cozido, com as marcas do proprietário, para comercialização.

A HISTÓRIA NÃO ESTÁ SOZINHA

Biologia

O tabaco é uma planta nativa da América. Indígenas o utilizavam como fumo em cachimbos, em cerimônias rituais, ou o mascavam.

Com os portugueses, ele foi cultivado e beneficiado para exportação desde o século XVI, e sua produção só aumentou.

O tabaco se tornou um sucesso em todo o mundo, na forma de fumo para cachimbo, de charuto, de cigarro, cheirado como rapé ou mascado.

Era tido como remédio para alguns males. É o próprio Antonil quem relata alguns de seus benefícios:

> [...] o fumo do cachimbo, bebido pela manhã em jejum moderadamente, desseca as umidades do estômago, ajuda para a digestão e não menos para a evacuação ordinária, alivia ao peito que padece fluxão asmática e diminui a dor insuportável dos dentes.
>
> ANTONIL, André João. *Cultura e opulência do Brasil por suas drogas e minas.* São Paulo: Edusp, 2007. p. 197.

Havia tabaco de várias qualidades: os de primeira colheita e com folhas inteiras eram os melhores, e serviam para mascar. De pior qualidade eram as folhas quebradas, das quais se fazia um tabaco muito doce, apreciadíssimo na costa da África, para ser trocado por pessoas escravizadas.

Leia o parecer de Antonil sobre o tabaco, 300 anos atrás:

> Homens há que parece não podem viver sem este quinto elemento, cachimbando a qualquer hora em casa e nos caminhos, mascando as suas folhas [...] e enchendo os narizes deste pó [rapé, tabaco triturado usado por inalação]. [...] Sendo o tabaco em pó o mais usado, é certamente o menos sadio, assim pela demasia com que se toma, que passa de mezinha a ser vício.
>
> ANTONIL, André João. *Cultura e opulência do Brasil por suas drogas e minas.* São Paulo: Edusp, 2007. p. 196-198.

Mezina: remédio.

- Dos produtos nativos da América, o tabaco foi o que mais se difundiu pelo mundo, mas também o que mais danos causou e causa à saúde.
  Faça uma pesquisa e relate as formas como hoje se utiliza o tabaco e os problemas que seu uso pode ocasionar.

Negros da terra e negros da Guiné

Nas capitanias de São Vicente, no sudeste, e de Pernambuco e da Bahia, no nordeste, os "negros da terra" – indígenas escravizados – foram os responsáveis pela montagem da produção do açúcar nos engenhos. Eram os indígenas que derrubavam as matas, plantavam, limpavam e colhiam a cana-de-açúcar.

Mas, para os proprietários, tornou-se cada vez mais difícil capturá-los: além de as doenças terem matado milhares deles, muitos fugiram para o interior do Brasil, que conheciam muito bem. Os jesuítas, cada vez mais contra a escravização dos nativos, também não deram trégua aos colonos.

A produção do açúcar precisava de um fornecimento de mão de obra mais frequente e estável. A solução não foi difícil: na África, desde muito tempo, havia pessoas escravizadas que eram vendidas aos negociantes europeus.

A necessidade dos produtores do Brasil, assim como dos de outras colônias da América, foi suprida pelo tráfico atlântico de escravos entre a África e a América. Aos nascidos na África, os portugueses davam o nome de "negros da Guiné", nos séculos XVI e XVII.

Calcula-se que entraram, no primeiro século de colonização do Brasil, mais de 100 mil homens e mulheres escravizados da África. Nos séculos XVII e XVIII, teriam sido mais de 3 milhões deles. Vinham principalmente da região dos atuais Estados africanos do Congo e de Angola, mas também da África ocidental, onde hoje estão os Estados da Nigéria, do Benin e de Togo, etc.

Quando o quarto Garcia d'Ávila nasceu, em 1735, sua família já estava na Bahia havia quase 200 anos. A Bahia era a maior produtora de açúcar para exportação do Brasil, além de grande produtora de tabaco e de gado. O trabalho não era mais dos indígenas, pois a maioria dos escravizados era nascida na África. Foram pessoas de origem africana, portanto, que ele torturou enquanto viveu, sem punição.

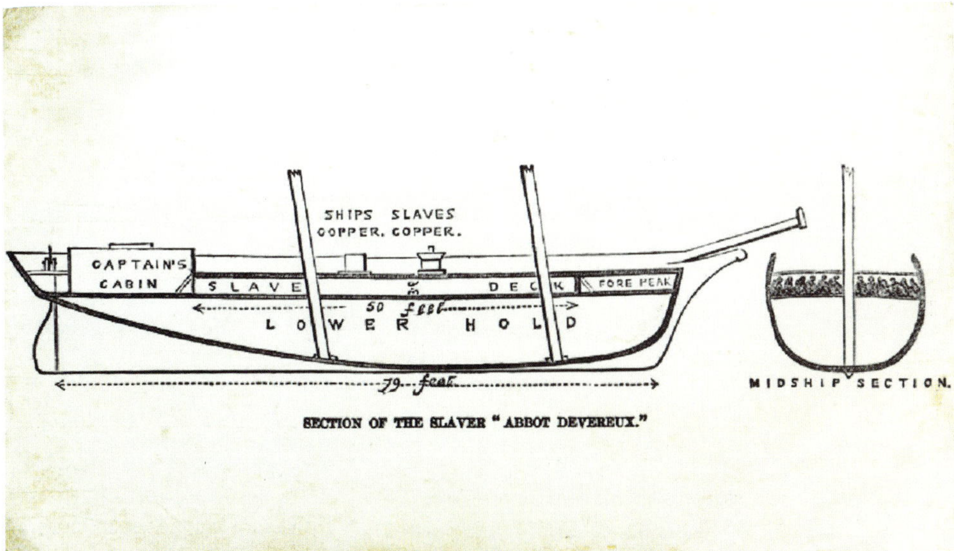

Reprodução/Universidade do Missouri, Columbia, EUA

Representação de navio negreiro aprisionado por navio inglês, croqui de 1857. Aos africanos era destinado o espaço indicado como *slave deck* – convés dos escravos, em português. Universidade do Missouri, Columbia, Estados Unidos.

PUXANDO PELA MEMÓRIA

Após estudo do capítulo, você manteria sua resposta à pergunta da página 190?

G. Dagli Orti/De Agostini Picture Library/Getty Images; Reprodução/Biblioteca da Universidade de Leiden, Holanda.; Reprodução/Biblioteca Alberto Govi di Frabrizio Govi Módena, Itália.; Reprodução/Arquivo da editora; The Granger Collection/Glow Images; Reprodução/Palácio do Itamaraty, Ministério das Relações Exteriores, Brasília, DF; G. Dagli Orti/De Agostini Picture Library/Getty Images; Tales Azzi/Pulsar Imagens

Coleção particular/Castelo de Gripsholm, Suécia.

ROTEIRO DE ESTUDOS

O QUE APRENDEMOS?

1 | É atribuída a Francisco I, rei da França, a seguinte frase: "Gostaria de ver a cláusula do testamento de Adão que me afastou da partilha do mundo".

a) Qual o significado dessa frase e por que ela é atribuída ao rei da França?

b) Na prática, o que essa frase representava?

2 | Escambo é a troca de uma mercadoria por outra. Como os portugueses utilizaram esse sistema de troca no Brasil?

3 | Quais eram os deveres de um donatário?

4 | Quem era o sesmeiro?

5 | É correto os historiadores portugueses chamarem a ocupação francesa de áreas do Brasil de "invasões francesas"? Seria correto denominar "invasões portuguesas" a ocupação do Brasil pelos portugueses?

6 | Que função tiveram os jesuítas na colonização portuguesa do Brasil?

7 | Sabendo que a palavra **negro** era utilizada como sinônimo de **escravo**, o que significavam as expressões "negro da terra" e "negro da Guiné"?

8 | Os franceses exerceram algum tipo de influência na adoção, pelos portugueses, do sistema de capitanias hereditárias no Brasil? Qual?

9 | Por que a afirmação a seguir é falsa?
Foi no Brasil que os portugueses experimentaram pela primeira vez o cultivo da cana-de-açúcar.

10 | Qual é a relação entre a pecuária, o açúcar e o tabaco na economia do Brasil na época colonial?

PESQUISA

Leia o que escreveu um comerciante e geógrafo flamengo sobre o açúcar extraído da cana no ano de 1572.

> O açúcar, que antes só era encontrado nos boticários que o reservavam para quem estivesse doente, hoje é devorado por gulodice [...]. O que antes servia como medicamento, no presente serve-nos como alimento.

LEMPS, Alain Huetz de.
As bebidas coloniais e a rápida expansão do açúcar.
In: FLANDRIN, Jean Louis; MONTANARI, Massimo (Org.).
História da alimentação. São Paulo: Estação Liberdade, 1998. p. 612.

- Que outras substâncias, além do açúcar extraído da cana, os europeus utilizavam para adoçar seus alimentos no século XVI? Pesquise.

Flamengo: o natural ou o habitante da região de Flandres, localizada na atual Bélgica.

Boticário: dono de botica, onde se vendiam também remédios; farmacêutico.

IMAGENS CONTAM A HISTÓRIA

O mapa abaixo, denominado *Terra Brasilis*, é parte de um atlas chamado *Atlas Miller*, publicado em 1519 a pedido do rei de Portugal dom Manuel I. Para os portugueses, era muito importante conhecer e mapear as terras que iam conhecendo e, algumas vezes, conquistando.

Observe o mapa e responda:

1 | Que figuras nele se destacam?

2 | Que atividade econômica está representada?

3 | Como essa atividade era realizada? Explique.

4 | Observe que, no mapa, não existe a parte oeste da América nem o oceano Pacífico. É correto afirmar que os portugueses conheciam todo o território representado no mapa no ano de 1519? Releia o texto do capítulo para justificar sua resposta.

Detalhe do mapa *Terra Brasilis*, de Lopo Homem, 1519. Biblioteca Nacional, Paris, França.

O PASSADO PRESENTE

O Brasil ainda cultiva cana-de-açúcar em grande escala e produz muito açúcar. Diferentemente do que acontecia no período colonial, quando o nordeste era o maior produtor de açúcar, hoje quem mais produz é a região Sudeste, com destaque para o estado de São Paulo.

1 | No período colonial, **engenho** era o nome dado ao estabelecimento em que o açúcar era produzido. E hoje, você sabe como esse estabelecimento é chamado?

2 | Pesquise a posição que o Brasil ocupa hoje como produtor de açúcar (extraído da cana) no mundo.

3 | A cana-de-açúcar também é produzida para a fabricação do etanol. Qual é a função e a importância do etanol hoje?

Batalha dos Guararapes, óleo sobre tela de autor anônimo, 1758. No detalhe, pode-se perceber o avanço de guerreiros negros liderados por Henrique Dias contra os holandeses. Museu Histórico Nacional, Rio de Janeiro.

Reprodução/Museu Histórico Nacional, Rio de Janeiro, RJ.

CAPÍTULO 13

OS HOLANDESES NO BRASIL

A história do Brasil durante o período colonial foi marcada por diversas guerras, em especial no século XVII.

O foco dos principais conflitos foi o nordeste, que concentrava a maior parte das lavouras de cana-de-açúcar e dos engenhos coloniais.

Em 1630, os holandeses atacaram o nordeste do Brasil, arrasaram Olinda e tomaram o Recife.

Apesar da resistência local, a conquista holandesa avançou ano a ano. Até que, em 1634, os holandeses já estavam de posse dos atuais estados de Pernambuco, Paraíba e Rio Grande do Norte. Nos anos seguintes avançaram ainda mais, conquistando o atual Sergipe e o litoral do Maranhão e do Ceará.

Os holandeses dominaram essa região por 25 anos. Um dos principais generais da guerra contra os holandeses foi um homem negro, Henrique Dias. Participou da resistência à conquista e também da luta para expulsá-los.

Henrique Dias foi um personagem polêmico, como veremos neste capítulo.

PUXANDO PELA MEMÓRIA

Você sabe o motivo de existirem bairros, praças, ruas e escolas em várias cidades do Nordeste, em especial no estado de Pernambuco, com o nome Maurício de Nassau?

Créditos das imagens de baixo para cima: Reprodução/Fundação Biblioteca Nacional, Rio de Janeiro, RJ.; Reprodução/ Museu Siegerland, Siegen, Alemanha.; Reprodução/Fundação Biblioteca Nacional, Rio de Janeiro, RJ.; Reprodução/Galeria Estadual de Arte, Dresden, Alemanha; Reprodução/Coleção particular; Reprodução/IHGB - Instituto Histórico Geografico Brasileiro de Pernambuco

Declínio português

A conquista holandesa de grande parte do nordeste brasileiro tornou-se possível graças ao enorme declínio do poder de Portugal desde o final do século XVI.

Nessa época, sob o reinado de dom Sebastião, Portugal já não era o mesmo reino glorioso que fora no século anterior.

O reino ainda tinha suas feitorias na costa africana, suas fortalezas na Índia e suas capitanias no litoral brasileiro. A Coroa e os mercadores continuavam lucrando com o tráfico de escravos, com as especiarias e o açúcar. Mas, mesmo assim, Portugal perdia a dianteira para a Espanha, dona de um império colonial rico em metais preciosos.

Somente o Brasil dava sinais de prosperidade, graças à economia açucareira, sobretudo das capitanias de Pernambuco e da Bahia.

No Oriente, as fortalezas portuguesas tinham passado por dificuldades. A fortaleza de Diu, na Índia, tinha sido cercada duas vezes por muçulmanos. Só não caiu por sorte e pela bravura dos soldados portugueses.

Na África, o esforço português se concentrou na costa ocidental, de onde vinham os escravos.

Um rei desastrado

Quando se tornou rei, em 1557, dom Sebastião tinha apenas três anos. É claro que o menino não assumiu o poder. Ficava brincando no palácio, enquanto sua avó, a rainha dona Catarina, e depois seu tio-avô, o cardeal dom Henrique, tomavam conta do governo.

Ao completar 14 anos, em 1568, dom Sebastião subiu ao trono. Ele era um rapaz que gostava de artes militares, lutar com espadas e cavalgar com armaduras. Sentia-se como um cavaleiro medieval. Vários colegas de infância, todos da nobreza, seguiam o rei nas caçadas e nos exercícios de cavalaria.

Dom Sebastião era muito católico, sonhava em ver sua religião governar o mundo inteiro, embora o declínio português fosse evidente.

Foi assim que, em 1574, aos 20 anos de idade, dom Sebastião decidiu comandar a invasão do Marrocos, no norte da África.

Seus conselheiros não entendiam por que o rei queria se meter ali, região que já não valia grande coisa para Portugal. Mas dom Sebastião era jovem e teimoso. Montou um exército com cerca de 25 mil homens e partiu para a guerra. Queria fazer uma cruzada, como um cavaleiro medieval, combatendo os muçulmanos na terra deles. Era tudo ou nada! Mas o tempo das Cruzadas já estava longe...

A batalha no Marrocos foi um desastre para Portugal. Milhares de soldados morreram e outros tantos foram capturados pelos muçulmanos. O rei, com apenas 24 anos de idade, estava entre os mortos.

FIQUE DE OLHO

RODRIGUES, Cláudio. *O rei que virou lenda*. São Paulo: Girafinha, 2009.

O desaparecimento do rei de Portugal na Batalha de Alcácer-Quibir deu origem a várias lendas, tanto em terras lusitanas quanto em seus domínios coloniais. Nesta versão maranhense, dom Sebastião foge da África e vai viver sob a ilha de Lençóis, confirmando a crença de que ele era um rei "Encoberto".

Representação da batalha de Alcácer-Quibir, em 1578, em que as tropas portuguesas são cercadas pelos muçulmanos. A imagem foi publicada pelo português Miguel Leitão de Andrade na obra *Miscelânea do sítio de Nossa Senhora da Luz do Pedrógão Grande*, em 1629. Museu do Forte da Ponta da Bandeira, Lagos, Portugal.

CÁ ENTRE NÓS

Filipe II e dom Sebastião eram parentes. Mas foi o poder militar da Espanha, e não o parentesco, que garantiu a vitória de Filipe II.

Rei espanhol, rei português

Como dom Sebastião morreu solteiro e sem filhos, seu tio-avô, o cardeal dom Henrique, assumiu o trono português. Mas todos sabiam que era uma solução temporária. Além de idoso, dom Henrique era sacerdote católico, ou seja, não podia se casar. Ele morreu pouco tempo depois, em 1580.

É nesse momento que o rei da Espanha, Filipe II, o mais poderoso da Europa no final do século XVI, assume o trono português.

União Ibérica

Logo no início, a união das Coroas espanhola e portuguesa, chamada de **União Ibérica**, agradou à nobreza portuguesa. Afinal, a Espanha era muito rica e poderosa. E, para guardar as aparências de que Portugal ainda era um reino poderoso, Filipe II assumiu o trono português com o título de Filipe I de Portugal. Na prática, contudo, Filipe se tornou rei e senhor do mais vasto império colonial. Além das colônias espanholas, passou a ser também soberano das possessões portuguesas, incluindo as da América, da África e da Ásia.

Expansão territorial

Em um primeiro momento, a união das Coroas foi vantajosa para o Brasil português, pois foi durante a União Ibérica que os portugueses se arriscaram no interior, então chamado de **sertão**. Naquela época, sertão não significava terra árida, como hoje, mas era sinônimo de selva, florestas, terras não dominadas.

Expansão bandeirante

As expedições para o sertão foram chamadas de **entradas** ou **bandeiras**. As entradas contavam com o apoio da Coroa, e as bandeiras eram organizadas por particulares. A maioria dos aventureiros eram **mamelucos**, nome dado aos filhos de portugueses com índias. Os mamelucos, que conheciam muito bem a selva e falavam tupi, partiam em busca de ouro e pedras preciosas e também de indígenas, para capturá-los e vendê-los como escravos no litoral.

QUE HÁ NA IMAGEM?

Os bandeirantes capturavam indígenas para vendê-los no litoral e também para explorá-los como escravos. Observe com atenção a imagem abaixo. Há algum elemento nela representado que comprove essa afirmação? Qual?

Rodval Matias/Arquivo da editora

Bandeirantes em marcha. Fonte: elaborado com base em DONATO, Hernâni. *O cotidiano brasileiro no século XVII*. São Paulo: Melhoramentos, 1997. p. 34-35.

Conquista do Maranhão

Foi também no período da União Ibérica (1580-1640) que ocorreu a efetiva conquista do Maranhão. Os donatários dessa capitania não haviam se apossado daquelas terras, onde os franceses, aproveitando-se da situação, acabaram criando a França Equinocial. Como vimos, os portugueses derrotaram os franceses e os expulsaram do Maranhão no ano de 1615, durante a União Ibérica.

FIQUE DE OLHO

Entradas e bandeiras (Brasil). Direção de Arthur Fontes, 2011. 26 min. (Série Histórias do Brasil.) Disponível em: <www.historia.seed.pr.gov.br/modules/video/showVideo.php?video=18148>. Acesso em: 14 maio 2018.

O mameluco Jerônimo domina os segredos da mata e é guia de uma expedição bandeirante. Além de conhecer o caminho, ele decifra os rastros dos animais, encontra comida e água.

FERREIRA, A. Celso; IVANO, Rogério. *A conquista do sertão*. São Paulo: Atual, 2011.

Esse livro enfoca a conquista dos sertões pelos portugueses, revelando que o mapa do Brasil é resultado de um longo e violento processo de colonização.

A HISTÓRIA NÃO ESTÁ SOZINHA

Geografia

Ao longo do século XVII, a exploração do sertão alargou os domínios portugueses na América, ultrapassando a linha divisória estabelecida pelo Tratado de Tordesilhas, em 1494. Partindo de São Paulo, os bandeirantes se expandiram para o sul, centro-oeste e planalto mineiro. Antônio Raposo Tavares, por exemplo, comandou uma expedição que, do Mato Grosso, alcançou a Amazônia. Veja no mapa.

Brasil: Principais bandeiras (século XVII)

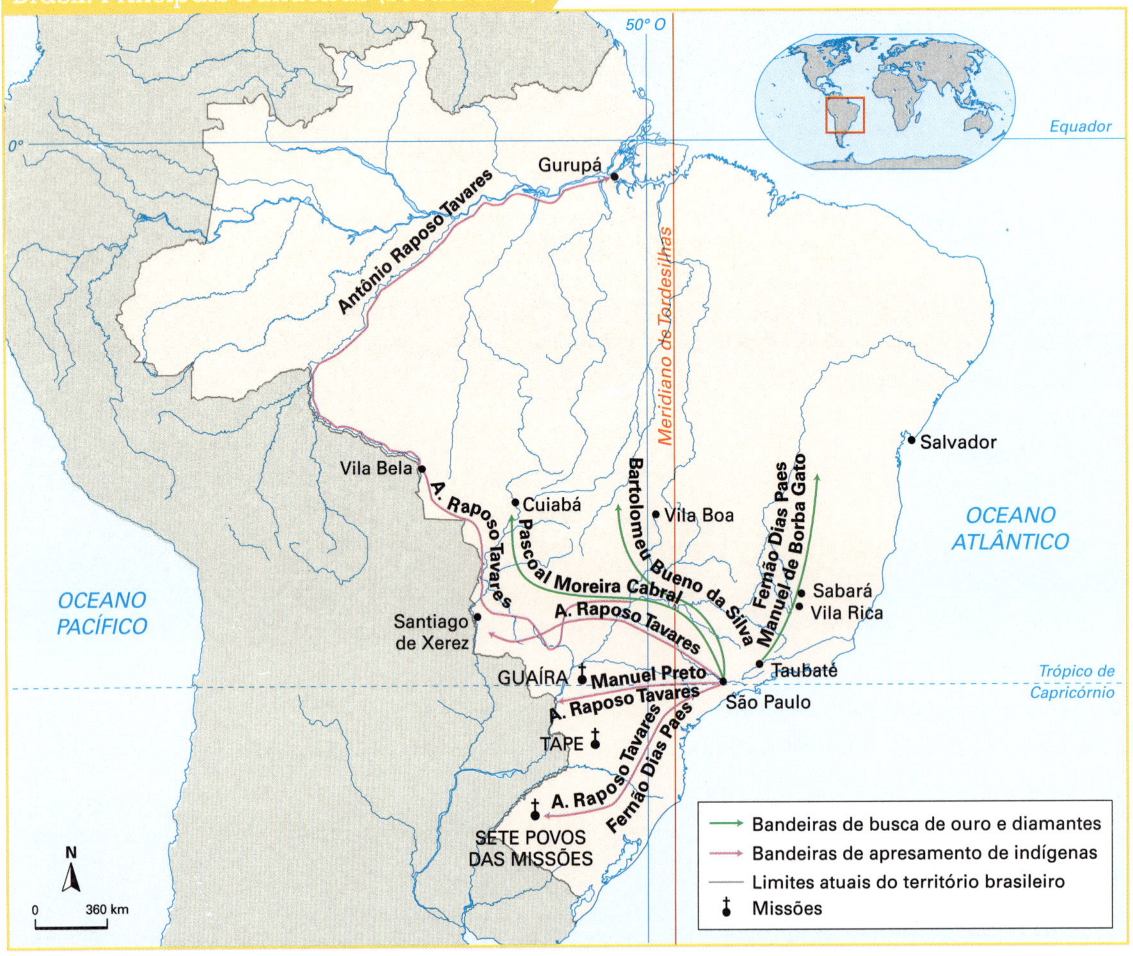

Fonte: elaborado com base em ALBUQUERQUE, Manoel M. *Atlas histórico escolar*. Rio de Janeiro: Fename, 1978. p. 22.

A expansão bandeirante no centro-oeste, a partir de São Paulo, também aproveitou o curso dos rios. Os bandeirantes faziam balsas e jangadas para enfrentar as monções. Venciam rios e cachoeiras levando água pelo peito.

A partir do texto acima, pesquise:

1 | Como se chama a navegação realizada nos rios?

2 | Qual é o significado de **monções**?

Holandeses de olho no Brasil

Foi no contexto da União Ibérica que os holandeses conquistaram o nordeste brasileiro.

Para entender esse fato é preciso que recuemos um pouco no tempo. Os Países Baixos, cuja principal província era a Holanda, pertenciam à Coroa espanhola desde o século XVI. Quando Filipe II assumiu o trono, em 1556, passou a tratar a região com mão de ferro. Aumentou impostos e ordenou perseguições religiosas contra a população, pois boa parte dela tinha se convertido ao protestantismo.

Em 1568, as províncias protestantes se revoltaram contra a Espanha, provocando uma guerra que duraria 80 anos. Em 1579, um ano antes da união entre as Coroas ibéricas, as províncias rebeldes proclamaram a sua independência, lideradas pela Holanda, fundando uma república.

Em 1604, os holandeses criaram a Companhia das Índias Orientais para atuar no oceano Índico. Tomaram várias feitorias portuguesas envolvidas no comércio de especiarias.

Em 1621, criaram a Companhia das Índias Ocidentais, esta para atuar no Atlântico, com o objetivo de assaltar as frotas espanholas que carregavam ouro e prata para Sevilha e de conquistar as capitanias açucareiras do nordeste brasileiro.

FIQUE DE OLHO

História do Brasil por Boris Fausto – Colônia (Brasil). Direção de Mônica Simões, 2002. 28 min. Disponível em: <https://tvescola.org.br/tve/video?idItem=12145>. Acesso em: 14 maio 2018.

Usando imagens e documentos, o historiador Boris Fausto conta como era o Brasil nos primeiros séculos após a chegada dos europeus.

Guerra do açúcar

Em 1624, os holandeses atacaram a Bahia, segunda grande produtora de açúcar e sede do governo-geral do Brasil colonial. Chegaram a tomar a capital, Salvador, mas tiveram de deixá-la no ano seguinte, repelidos pela população local.

Os holandeses pretendiam fazer da Bahia seu quartel-general para conquistar todo o nordeste açucareiro, mas mudaram de planos após a derrota de 1625. Sabendo que as defesas de Olinda e do Recife eram precárias, o alvo passou a ser Pernambuco. Além disso, essa região era a principal produtora de açúcar da colônia.

Vitória holandesa

Em 1630, a frota holandesa se aproximou do litoral pernambucano. Eram nada menos que 67 navios e 7 mil soldados bem armados, além de quase mil canhões. Olinda foi arrasada; o Recife, conquistado.

Liderados pelo governador Matias de Albuquerque, soldados luso-brasileiros e indígenas se refugiaram no Arraial do Bom Jesus, na várzea do rio Capibaribe, e organizaram tropas guerrilheiras para sabotar os holandeses, impedindo-os, assim, de dominar a várzea açucareira. Foi então que Henrique Dias entrou em cena.

Arraial: lugar pequeno, vilarejo, povoado provisório.

Guerrilheiro: que faz guerrilha, uma pequena guerra, em razão de não ser guerra aberta e convencional. Caracteriza-se pela ocultação dos combatentes e por sua grande mobilidade.

1638: Holandeses fracassam em sua nova tentativa de conquistar a Bahia.

1640: Portugal se revolta contra a Espanha.

VOCÊ JÁ OUVIU FALAR...

... que, na linguagem da época, **crioulo** era o nome que se dava aos negros nascidos na colônia, enquanto **preto** era o natural da África, e **mulato** era o filho de branco com negra ou crioula?

Arcabuz: antiga espingarda de cano curto e largo.

VOCÊ JÁ OUVIU FALAR...

... que o caso de Henrique Dias mostra que alguns africanos e seus descendentes podiam ascender socialmente? Alguns libertos receberam honrarias e pensões por lutarem pelos interesses da Coroa portuguesa, como Henrique Dias. Outros conseguiam ascender pelo próprio trabalho e compra de sua liberdade. Mas esses eram casos isolados, pois a maioria, fosse capturada na África ou nascida no Brasil, vivia e morria escravizada.

Henrique Dias e a sociedade escravista

Não se sabe o ano exato em que nasceu, mas é certo que Henrique Dias era natural de Pernambuco. Estima-se que estava próximo dos 30 anos quando se apresentou a Matias de Albuquerque, em 1633, "para servir com alguns de sua cor" – palavras suas – na guerra contra os holandeses. Liderava pouco mais de cem homens, todos libertos, isto é, ex-escravos, inclusive ele próprio.

No Brasil escravista não era incomum que escravos fossem alforriados pelos senhores. No entanto, isso se restringia a apenas alguns ou algumas e – é claro – sempre por razões particulares. A maioria dos escravizados morria nessa condição.

Henrique Dias conseguiu sobreviver e se destacar, como negro, em uma sociedade em que a maioria dos negros vivia escravizada. Liderou por anos um grupo de libertos que caçava escravos fugidos. Era, como se dizia na época, um **capitão do mato**. Foi essa atividade que lhe permitiu formar um pequeno exército que capturava escravos fugitivos ou atacava quilombos.

Henrique Dias viu nova oportunidade de ascensão ao se apresentar a Matias de Albuquerque. Comandou seus homens com grande bravura. Foi ferido várias vezes e, numa delas, em 1637, teve sua mão arrancada por um tiro de arcabuz. Destacou-se a ponto de receber o título simbólico de "governador dos crioulos, pretos e mulatos do Brasil".

O título atribuído a Henrique Dias era um pouco exagerado, pois ele só comandava cerca de 100 libertos, entre africanos ou nascidos em Pernambuco.

Coleção particular/Museu da Gráfica do Exército, Brasília, DF.

Retrato de Henrique Dias, óleo sobre tela de Ostervaldo. Coleção particular/Museu da Gráfica do Exército, Brasília, Distrito Federal.

OUTRAS HISTÓRIAS LUTAS SOCIAIS

Fim da resistência

A resistência do Arraial do Bom Jesus retardou a conquista holandesa por dois anos. Mas, a partir de 1632, os holandeses tomaram outras capitanias e avançaram para o interior. O arraial foi tomado em 1635.

Os holandeses, então, fizeram um acordo com os senhores de engenho, que estavam dispostos a ficar na região produzindo açúcar. Ofereceram crédito fácil e liberdade de religião.

Um dos fatos marcantes na virada da guerra a favor dos holandeses foi a deserção de Domingos Fernandes Calabar, mestiço, braço direito de Matias de Albuquerque.

Após a passagem de Calabar para o lado holandês, em 1632, os holandeses ganharam todas as batalhas. Calabar conhecia como ninguém o território da guerra. Mas a derrota pernambucana não foi culpa exclusiva de Calabar. Pesaram mais os reforços enviados pela Holanda e a falta de apoio da Espanha aos resistentes.

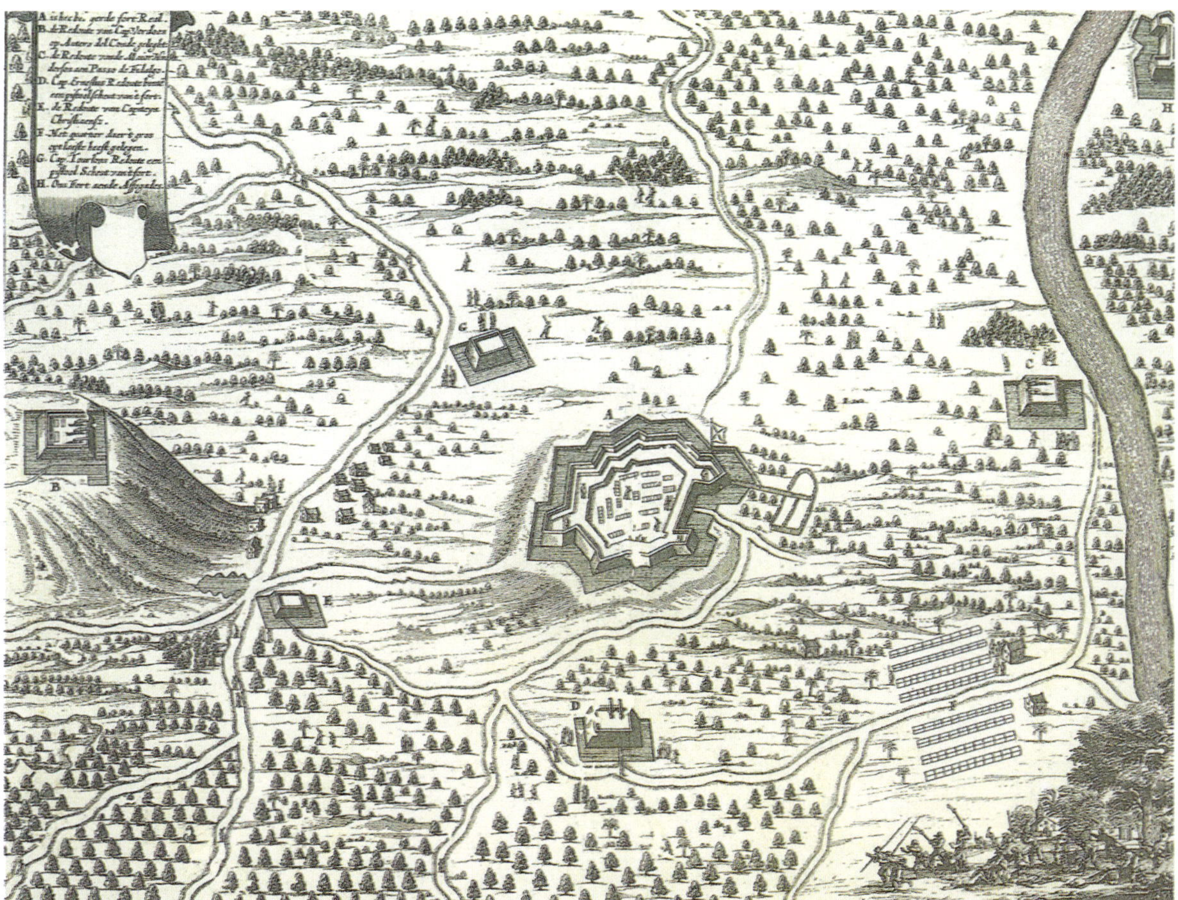

Assédio ao Arraial de Bom Jesus pelos holandeses em 1635. Gravura de 1671. Pesquisas arqueológicas localizaram o forte da resistência pernambucana na hoje chamada estrada do Arraial, no bairro de Casa Amarela, na cidade do Recife atual. Na época, ele ficava na várzea do rio Capibaribe. Os arqueólogos descobriram parte do fosso, a base das muralhas e outros objetos. Mapoteca do Ministério das Relações Exteriores, Rio de Janeiro.

- Qual foi o destino de Calabar? Pesquise.

FIQUE DE OLHO

Na companhia dos holandeses. Direção de Luiz Felipe Botelho, 1999. 14 min 28 s. (Série 500 Anos: o Brasil-Colônia na TV). Disponível em: <www.dominiopublico.gov.br/pesquisa/DetalheObraForm.do?select_action=&co_obra=20483>. Acesso em: 14 maio 2018.

O programa mostra os conflitos que culminaram com as chamadas invasões holandesas e os transtornos envolvendo brasileiros, portugueses e holandeses, além do impulso cultural trazido por Maurício de Nassau. Todas as encenações são feitas por bonecos animados.

O Brasil holandês

Em janeiro de 1637, chegou ao Recife o conde Maurício de Nassau, nomeado pela Companhia das Índias Ocidentais para governar o nordeste. Nassau era um homem de grande experiência militar, o que contava muito para governar o Recife naquele momento e para continuar conquistando outros territórios, como desejavam os holandeses.

Brasil: A conquista e a dominação holandesa (século XVII)

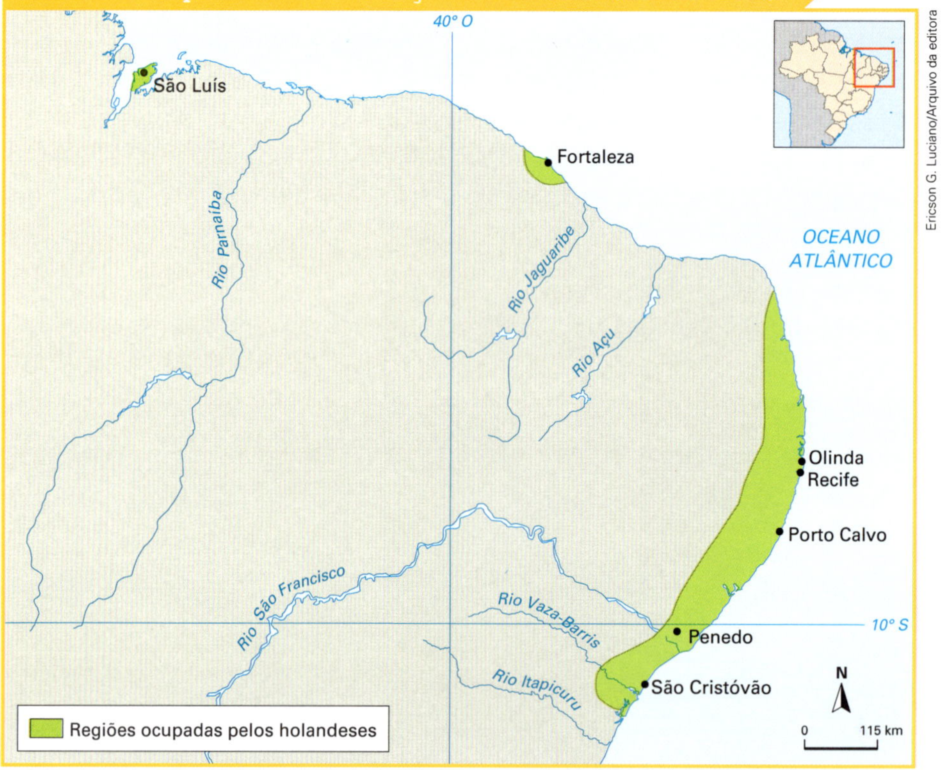

Fonte: elaborado com base em ALBUQUERQUE, Manoel M. *Atlas histórico escolar.* Rio de Janeiro: Fename, 1978. p. 26.

O governo de Nassau

Nassau conseguiu o apoio dos senhores de engenho e dos comerciantes luso-brasileiros. Para isso, convenceu a Companhia das Índias Ocidentais a facilitar empréstimos para os produtores de açúcar, principalmente para a reconstrução dos engenhos. Recife se tornou, então, o maior mercado de escravos africanos de toda a América. Ele respeitou a religião católica da maioria da população e incentivou os judeus portugueses refugiados em Amsterdã a investir no comércio açucareiro. A primeira sinagoga da América foi construída exatamente no Recife, durante seu governo.

Nassau também procurou urbanizar o Recife. Determinou a construção de um palácio na ilha de Antônio Vaz, do outro lado do rio Capibaribe, e deu ao local o nome Cidade Maurícia (hoje integrada à cidade do Recife). Patrocinou a vinda de artistas holandeses, que retrataram a natureza da região e a sociedade colonial.

OUTRAS HISTÓRIAS EPISÓDIOS

As conquistas de Nassau

O governo de Nassau contribuiu para a ampliação do território holandês no Brasil. Ao sul, conquistou Sergipe, para garantir o suprimento de gado, e alcançou Penedo, na foz do rio São Francisco, onde foi construído o forte Maurício. Ao norte, determinou a conquista do litoral cearense e maranhense. Empenhado em consolidar o tráfico africano de escravos, também organizou e orientou conquistas no litoral africano: a feitoria portuguesa do castelo de São Jorge da Mina, na Guiné, foi tomada em 1637, e Angola, em 1641. A nova tentativa de conquistar a Bahia, contudo, fracassou em 1638. A resistência baiana foi mais forte.

Maurício de Nassau retratado por Govert Flinck, 1658. Museu Siegerland, Siegen, Alemanha.

- Que características da vida do conde Maurício de Nassau essa imagem procura destacar?

Revolta pernambucana

Nassau governava o Brasil holandês quando, em 1640, os portugueses romperam com a Coroa espanhola.

O episódio ficou conhecido como **Restauração**. Um novo rei português, dom João IV, tomou o lugar do rei espanhol que ocupava o trono em Portugal. A Restauração portuguesa, entretanto, não trouxe consequências imediatas para o Brasil holandês, onde os negócios prosperavam e os senhores de engenho estavam satisfeitos.

CÁ ENTRE NÓS

Em 1641, o rei português tentou negociar com a Holanda a devolução das capitanias açucareiras do Brasil, alegando que elas haviam sido tomadas quando Portugal estava dominado pela Espanha. Os holandeses, porém, não quiseram saber de conversa.

Crise do Brasil holandês

A situação só começou a mudar em 1643, quando os negócios holandeses no Brasil começaram a não render os lucros esperados. O preço do açúcar branco, principal produto de exportação, caiu 40%. Os senhores de engenho estavam endividados até o pescoço. Nassau tentou acalmar os banqueiros holandeses, mas o jogo apertou. A Companhia das Índias exigia o pagamento das dívidas. Nassau desistiu. Deixou o governo em 1644, não sem antes alertar para o perigo de uma rebelião.

Não deu outra. Os grandes senhores do açúcar se revoltaram contra os holandeses e a guerra eclodiu em 13 de junho de 1645, liderada por João Fernandes Vieira, que devia uma fortuna à empresa holandesa.

Pode-se dizer que a revolta pernambucana foi uma rebelião de caloteiros, embora eles tenham tentado justificá-la alegando que lutavam pelo catolicismo contra os calvinistas. Chegaram até mesmo a chamá-la de "guerra da liberdade divina".

O levante deu certo. A companhia holandesa, cansada de investir no Brasil, custou a mandar reforços. Preferiu exigir que o rei português acabasse com a revolta, ameaçando invadir Portugal. Para acalmar os holandeses, o rei prometia que estava fazendo tudo que lhe era possível. Mas ele nada fez...

Caloteiro: pessoa que não paga suas dívidas de propósito, que toma dinheiro emprestado sem a intenção de devolvê-lo.

Levante: neste contexto, sinônimo de revolta, rebelião.

Potiguar: grupo indígena de língua tupi espalhado pelos atuais estados do Maranhão, Ceará, Rio Grande do Norte, Pernambuco e Paraíba.

Indígenas e africanos em armas

Na guerra para a expulsão dos holandeses, Henrique Dias chegou a comandar dois mil soldados em várias batalhas, incluindo escravos. Alguns poucos ganharam a liberdade pelo serviço militar contra os holandeses.

O próprio Henrique ganhou um prêmio valioso da Coroa portuguesa por ter lutado contra os holandeses, algo equivalente a um título de nobreza, além de terras e pensão em dinheiro. Parentes de Henrique pediram o mesmo prêmio por lutarem nessa guerra.

Além desse exército negro, os rebeldes pernambucanos contaram com forte apoio indígena. Nesse caso, foram os potiguaras liderados por Filipe Camarão que lutaram contra os holandeses, desde a guerra de resistência até as lutas pela expulsão.

Por volta de 1648, os holandeses estavam reduzidos ao controle do Recife, de Olinda e de alguns portos menores do litoral.

Retrato de Filipe Camarão. Óleo sobre tela de artista anônimo, século XVII. Museu do Estado de Pernambuco, Recife.

Derrota holandesa

A rebelião contra os holandeses foi marcada por seguidas vitórias. Mas eles só foram efetivamente expulsos em 1654.

Duas batalhas se destacaram nessa guerra: a primeira ocorreu em abril de 1648; a segunda, em fevereiro de 1649. São as chamadas batalhas do morro dos Guararapes, em que os rebeldes esmagaram a resistência dos holandeses.

Depois da derrota na segunda batalha de Guararapes, os holandeses conseguiram adiar por alguns anos a derrota final, resistindo a vários cercos ao Recife. Os rebeldes tomaram a cidade em 1654, expulsando os holandeses de uma vez por todas.

DOCUMENTO

Guerra no mato

Leia o comentário de um comandante do exército holandês sobre as operações para romper o cerco ao Recife, em um relatório de 1646.

> Logo que marchamos [...] eles saem também, mas quando percebem que somos mais fortes, retornam imediatamente às passagens estreitas e às matas, onde os nossos devem inevitavelmente chegar e onde nada podemos esperar, salvo ver nossas tropas dizimadas à direita e à esquerda. Nos matos não podemos obter vantagem alguma sobre eles; e muito menos desalojá-los de suas posições, de maneira que nada há para fazer [...].
>
> In: MELLO, Evaldo Cabral de. *O Brasil holandês*. São Paulo: Companhia das Letras, 2010. p. 428.

- **Com base no relato desse comandante, é possível dizer que o exército rebelde era mais numeroso e mais bem armado do que o exército holandês? Justifique sua resposta.**

Henrique Dias: um herói negro

Henrique Dias foi, sem dúvida, um protagonista, seja na guerra no mato, seja na guerra em campo aberto. Em 1645 tomou a casa de um holandês e a transformou em fortaleza, chamada então de "Arraial dos Pretos". Repeliu todos os ataques holandeses contra os rebeldes pernambucanos.

Mais tarde seria transformado em herói nacional, embora, no seu tempo, o Brasil ainda não existisse como país – o Brasil não passava de colônia de Portugal. Henrique foi um negro pernambucano com vocação militar, como muitos africanos, empenhado em melhorar de vida – não só ele como seus amigos e parentes – em uma sociedade colonial e racista.

PUXANDO PELA MEMÓRIA

Após o estudo do capítulo, você manteria sua resposta à pergunta da página 208?

Créditos das imagens de baixo para cima: Reprodução/Coleção Particular; Coleção particular/Museu da Gráfica do Exército, Brasília, DF.; Reprodução/Fundação Biblioteca Nacional, Rio de Janeiro, RJ.; Reprodução/IHGB - Instituto Histórico Geografico Brasileiro de Pernambuco; Reprodução/Galeria Estadual de Arte, Dresden, Alemanha; Reprodução/Museu Siegerland, Siegen, Alemanha.; Reprodução/Galeria Estadual de Arte, Dresden, Alemanha; Reprodução/ Fundação Biblioteca Nacional, Rio de Janeiro, RJ.

Coleção particular/Castelo de Gripsholm, Suécia

ROTEIRO DE ESTUDOS

O QUE APRENDEMOS?

1 | Por que a união das Coroas ibéricas resultou na conquista holandesa de Pernambuco?

2 | Qual foi a relação estabelecida entre o governador Maurício de Nassau e os senhores de engenho?

3 | O lema que foi adotado pelos rebeldes pernambucanos, "guerra da liberdade divina", explica a motivação da rebelião contra os holandeses?

4 | Henrique Dias era um "preto forro" na linguagem do Brasil colonial?

5 | Qual é a relação entre o chamado "Arraial dos Pretos" e a Insurreição Pernambucana?

6 | Qual foi a importância do Arraial do Bom Jesus na resistência dos colonos contra os holandeses?

7 | Qual é a relação de Filipe Camarão com as guerras holandesas em Pernambuco?

8 | Qual é a relação entre a conquista holandesa do nordeste e a economia açucareira colonial?

9 | Por que a afirmação a seguir é falsa?
Todos os indígenas e os negros de Pernambuco apoiaram a guerra contra os holandeses, liderados por Filipe Camarão e Henrique Dias, respectivamente.

10 | Qual foi a importância do morro dos Guararapes na Insurreição Pernambucana?

PESQUISA

O trecho a seguir reproduz uma fala de Mathias, personagem de uma peça publicada em 1973 sobre a conquista de Pernambuco pelos holandeses. Mathias é o governador Mathias de Albuquerque, que liderou a resistência pernambucana contra os holandeses.

Leia o texto com atenção. Em seguida, responda às questões propostas.

> Hum… sim… Bem, vamos abandonar Porto Calvo dentro de poucas horas. Calabar será executado na calada da noite, para que não diga coisas que não devem ser escutadas. E que Deus nos perdoe dos nossos caminhos se terem cruzado assim.
>
> BUARQUE, Chico; GUERRA, Ruy. *Calabar, o elogio da traição*. 4. ed. São Paulo: Círculo do Livro, 1975. p. 52.

Reprodução/IHGB - Instituto Histórico Geográfico Brasileiro de Pernambuco

Mathias de Albuquerque. Autoria desconhecida, s/d. Instituto Arqueológico, Histórico e Geográfico Pernambucano, Recife.

1 | Por que Calabar foi executado? Localize a passagem que responde a essa pergunta no texto do capítulo.

2 | A peça, de Chico Buarque e Ruy Guerra, tem um subtítulo: "O elogio da traição". Seu desafio agora é tentar explicá-lo.

IMAGENS CONTAM A HISTÓRIA

Um dos pintores contratados por Nassau retratou a rua dos Judeus, que, a partir de 1641, tornou-se a sede do mercado de escravos do Recife. Os holandeses os compravam na África e os judeus portugueses os distribuíam pelos engenhos pernambucanos. Holandeses e judeus lucravam com o tráfico.

Mercado de escravos da rua dos Judeus, no Recife. Pintura de Zacharias Wagener, século XVII. Museu de Gravuras e Desenhos, Dresden, Alemanha.

- Analise a imagem e discuta com os colegas se ela exprime uma visão racista desse mercado e por quê.

O PASSADO PRESENTE

A história "luta" contra a memória. A primeira se esforça para reconstruir o passado com base em documentos. A segunda busca reconstruir uma história afinada com os valores de seu tempo. Uma história, por assim dizer, oficial e politicamente correta. Francisco Varnhagen (considerado o principal historiador do século XIX, filho de alemães nascido em Sorocaba, São Paulo) deu pouca atenção à escravidão e às culturas africanas na história do Brasil colonial. No entanto, ao tratar das guerras pernambucanas contra os holandeses, elogiou Henrique Dias por "renunciar aos defeitos de sua raça" (negra) para servir ao rei de Portugal. Como se fosse "um negro de alma branca", para citar expressão muito usada no século XX, sobretudo quando se tratava de personalidades como Pelé.

No século XXI, ao contrário, Henrique Dias foi tomado como traidor da raça negra por diversos brasileiros integrantes do Movimento Negro Unificado. Não só por servir à Coroa portuguesa, mas por ter combatido quilombos, atuando como capitão do mato. Um dos críticos de Henrique Dias chegou a dizer que os capitães do mato eram pessoas de caráter flutuante, uma ralé a serviço dos senhores de engenho, oferecendo Henrique como exemplo. Muitos militantes dessa causa usam o termo **capitão do mato** para designar os negros que traem a luta pela igualdade racial, atuando em favor do sistema racista que prevalece no Brasil.

- Memória e história são mesmo diferentes? São opostas? Discutam em grupos essa questão com base na atuação de Henrique Dias no Brasil do século XVII.

Quilombo dos Palmares. Ilustração de Seth, final da década de 1930. Coleção particular.

Reprodução/Coleção particular

CAPÍTULO 14

PALMARES, A GUERRA DOS QUILOMBOS

Em Palmares ocorreu, sem dúvida, a maior revolta de quilombolas nas sociedades escravistas da América.

Mas quem eram os quilombolas? Eram escravos que, recusando viver no cativeiro, fugiam para os matos e organizavam grupos de resistência. Construíam, pouco a pouco, sociedades chamadas de quilombos, defendendo seus moradores das tentativas de reescravização e movendo ataques contra a sociedade colonial.

O quilombo de Palmares durou cerca de 50 anos, ao longo do século XVII, para desespero dos senhores escravistas do nordeste açucareiro. Nos 20 anos seguintes à expulsão dos holandeses, Palmares cresceu a ponto de reunir várias povoações e 20 mil habitantes.

Seu último líder se transformou em uma lenda desde o tempo em que combateu as tropas coloniais. Trata-se de ninguém menos do que **Zumbi dos Palmares**, cujo dia de morte, 20 de novembro, tornou-se oficialmente o Dia da Consciência Negra no Brasil.

PUXANDO PELA MEMÓRIA

Você já ouviu falar em **quilombo** ou **terra de quilombo**?

Créditos das imagens de baixo para cima: Fonte: Empresa Brasileira de Correios e Telégrafos/Departamento de Filatelia e Produtos.; Reprodução/Arquivo da editora; Frans Post. Engenho, 1660; Ronaldo Nina/Tyba

Formação dos quilombos palmaristas

Representação da construção do quilombo dos Palmares. Obra de Joan Blaeu, 1662. Coleção particular.

Erich Lessing/akg-images/Newscom/Glow Images

Foi durante o período holandês que se formaram os quilombos de Palmares, na serra da Barriga, atual Alagoas. Há notícias sobre os quilombos desde os anos 1630, mas é certo que o crescimento do tráfico africano de escravos, a partir da conquista holandesa de Angola, em 1641, foi decisivo para o crescimento dos quilombos.

Depois da expulsão dos holandeses, em 1654, Palmares já estava consolidado como núcleo quilombola do nordeste brasileiro. Pouco a pouco as povoações de Palmares, chamadas **mocambos**, se multiplicaram. Viviam da pesca, da caça e de uma agricultura de subsistência, cultivando feijão, legumes, banana e, sobretudo, o milho e a mandioca.

A população palmarista era de origem muito variada. Entre os africanos, predominavam quilombolas escravizados em Angola e na Guiné, mas havia muitos ex-escravos nascidos no Brasil. Com o passar do tempo, vários quilombolas já nasciam nos mocambos de Palmares, como é o caso de Zumbi, nascido em 1655.

Além dos africanos ou afrodescendentes, também havia indígenas em Palmares, como indicam os nomes de alguns palmaristas, mencionados com tapuias, por exemplo.

Há, porém, registros de combates entre os quilombolas e grupos indígenas. Isso porque havia poucas mulheres em Palmares (o próprio tráfico de escravizados era sobretudo masculino), de modo que os palmaristas sequestravam mulheres indígenas. Parte dos quilombolas nascidos em Palmares eram filhos ou filhas de negros e indígenas.

A consolidação de Palmares como refúgio dos escravos que não se acomodavam ao cativeiro estimulou o governo colonial de Pernambuco a enviar expedições repressivas com mais frequência, a partir da década de 1660. Todas fracassaram.

CÁ ENTRE NÓS

Quilombo ou ***kilombo*** é uma palavra da língua banta, falada em Angola, que significa **fortaleza** ou **acampamento militar**. Os portugueses utilizaram a palavra para designar as comunidades de escravos africanos fugidos no Brasil colonial.

FIQUE DE OLHO

BORGES, Rogério. *Ganga Zumba*. São Paulo: Editora do Brasil, 2010.

Ganga Zumba foi o primeiro líder do quilombo dos Palmares. Nessa história, ainda menino, com a ajuda de seus deuses ancestrais, ele sai em busca da liberdade para si e para o povo.

Zumbi dos Palmares. TV Câmara, 2007. 7 h 45min. (Série Construtores do Brasil.) Disponível em: <www2.camara.leg.br/camaranoticias/tv/materias/CONSTRUTORES-DO-BRASIL/175594-ZUMBI-DOS-PALMARES.html>. Acesso em: 14 maio 2018.
O vídeo mostra uma biografia de Zumbi, símbolo da penosa e brava luta dos negros contra a escravidão.

Sociedade palmarista

Na época de seu apogeu, Palmares contou com mais de 20 mocambos, alguns com quase mil casas, outros menores ou provisórios. Conhecemos os nomes de vários mocambos, como Macaco, Osenga, Subupira, Oiteiro, Gonzo, Graça, Dambragança, Quiloange, Pedro Carapaça, Amaro, Tabocas Grande, Andalaquituche, Una e Acotirene. As denominações dos mocambos eram de origem diversa, sobretudo africana, mas havia alguns nomes indígenas e até em português. Os nomes dos mocambos palmaristas dão prova da procedência múltipla de seus habitantes, embora predominassem os africanos e afrodescendentes.

O principal mocambo era o de Macaco. Também conhecido como Cerca Real de Macaco, com aproximadamente 1 500 casas. Era o centro político de Palmares, onde morava o rei Ganga Zumba.

Ganga Zumba nasceu no Reino do Congo (África centro-ocidental), por volta de 1630, filho de Acotirene ou Aqualtune, importante princesa daquele reino. Foi escravizado ainda jovem, chegando a Pernambuco nos anos 1640, quando o quilombo de Palmares estava se formando. Fugiu logo que pôde para o quilombo. Não se sabe quando assumiu o poder central em Palmares, mas é certo que, na década de 1660, era rei e chefe militar dos mocambos da serra da Barriga. Ele tinha três esposas (duas negras e uma mulata), muitos filhos e uma larga parentela.

Parentela: conjunto de parentes.

Brasil: mocambos de Palmares (século XVII)

Ericson G. Luciano/Arquivo da editora

No mapa acima estão assinalados os principais **mocambos**, ou povoações, de Palmares.

Fonte: elaborado com base em REIS, João José; GOMES, Flávio dos Santos. *Liberdade por um fio*. São Paulo: Cia. das Letras, 1996. p. 30.

OUTRAS HISTÓRIAS PERSONAGENS

Mistérios sobre Zumbi

Muitos historiadores dizem que Zumbi jamais existiu, sendo seu nome um título militar atribuído aos grandes guerreiros palmaristas. Outros mostram que a existência de um Zumbi histórico é documentada. Era sobrinho de Ganga Zumba e, ainda recém-nascido ou na infância, foi capturado, entre outros prisioneiros, por uma expedição repressiva. Teria sido entregue ao padre Antônio de Melo, que o criou, ensinando-o a ler e a escrever. Na adolescência, Zumbi fugiu do padre, a quem teria deixado um bilhete de despedida, e regressou à sua terra natal: Palmares. Muitos autores, porém, duvidam desta passagem romanceada do jovem Zumbi, sugerindo que ele nasceu e cresceu no quilombo.

No livro *Três vezes Zumbi* (São Paulo: Três Estrelas, 2012), os historiadores Jean Marcel França e Ricardo Ferreira indicam que o personagem Zumbi foi, antes, uma construção da sociedade brasileira em diversos momentos. Dependendo da época em que a história de Palmares foi contada, Zumbi aparece de maneira diferente. Em todo caso, perguntados sobre a razão pela qual é impossível conhecer a verdade sobre Zumbi, os citados historiadores responderam:

> Em se tratando de Zumbi, há um limite de ordem prática: são poucos, muito poucos, os documentos que o século XVII deixou sobre ele.

Disponível em: <http://www.editora3estrelas.folha.uol.com.br/catalogo/livros/7153-tres-vezes-zumbi.shtml>. Acesso em: 10 jun. 2018.

Capa do livro *Três vezes Zumbi*, de Jean Marcel França e Ricardo Ferreira.

- **Por que Zumbi é um dos personagens mais polêmicos da história brasileira a ponto de alguns negarem sua existência histórica? Discuta em grupo.**

Palmares e a sociedade colonial

Os palmaristas fortificaram seus mocambos na mata, vivendo em tensão permanente com a sociedade colonial. Mas não viviam isolados. Com frequência vendiam seus excedentes agrícolas nas povoações vizinhas, trocando farinha e vinho de palma (a folha das palmeiras) por armas de fogo, tecidos e sal. Havia, portanto, conexões importantes entre os palmaristas e os moradores da região.

DOCUMENTO

A religião dos quilombolas

O então govenador de Pernambuco, Pedro de Almeida, assim descreveu a religião dos quilombolas de Palmares:

> E com serem estes bárbaros tão esquecidos de toda sujeição, não perderam de todo o reconhecimento da Igreja. Nesta cidade (de Palmares) têm capela a que recorrem nos seus apertos e imagens a quem recomendam suas (in)tenções. Quando se entrou nesta capela achou-se uma imagem do Menino Jesus muito perfeita; outra de Nossa Senhora da Conceição, outra de São Braz.
>
> GOMES, Flávio. *Palmares*. São Paulo: Contexto, 2005. p. 110.

- **Com base no texto acima, discutam, em grupos, se os quilombos palmaristas recriaram religiões africanas.**

O SEU LUGAR NA HISTÓRIA

A Lei nº 12519, de 10 de novembro de 2011, institui o Dia Nacional de Zumbi e da Consciência Negra, a ser comemorado, de acordo com o texto, "anualmente, no dia 20 de novembro, data do falecimento do líder negro Zumbi dos Palmares".

Na cidade em que você mora, há algum monumento em homenagem a Zumbi? E algum edifício, como escola, biblioteca ou associação, com o nome dele? E no seu estado? Pesquise.

Ganga Zumba faz acordo e é assassinado

As expedições contra Palmares se tornaram cada vez mais numerosas, mas foram sempre derrotadas. Em 1678, o governo propôs um acordo a Ganga Zumba: os palmaristas seriam libertados, receberiam terras e ficariam autorizados a negociar com os vizinhos. Em troca, os quilombolas deveriam mudar-se para Cucaú, nas cercanias de Serinhaém, no atual estado de Pernambuco, comprometendo-se, ainda, a devolver todos os escravos que fugissem para lá.

Assim foi feito, parcialmente. Muitos quilombolas mudaram para Cucaú, liderados por Ganga Zumba, outros tantos permaneceram na serra da Barriga.

Muitos chefes quilombolas acharam esse acordo inaceitável e envenenaram Ganga Zumba. O chefe dos conspiradores foi Zumbi, seu sobrinho.

Por que os quilombolas liderados por Zumbi recusaram o acordo que Ganga Zumba havia assinado? Outro assunto polêmico na história de Palmares. Alguns historiadores afirmam que os palmaristas se recusaram a se aliar à sociedade escravista e a se tornar capitães do mato como haviam feito as tropas de Henrique Dias, o herói negro da guerra contra os holandeses.

Mas essa visão não é exata, sobretudo porque havia escravidão em Palmares. Escravos capturados contra a vontade pelos palmaristas viravam escravos dos grandes guerreiros. Zumbi tinha escravos, assim como outros quilombolas. Uma escravidão doméstica, um tipo de criadagem, como havia na África. Diferente da escravidão colonial, mas ainda assim escravidão.

De modo que os palmaristas liderados por Zumbi não eram a favor da liberdade ou contrários à escravidão, por princípio, sendo ela uma tradição. Zumbi e outros palmaristas eram contra a escravização deles, quilombolas. Envenenaram Ganga Zumba porque acharam que o governo colonial não iria cumprir a sua parte no acordo. E, de fato, após a morte de Ganga Zumba, os quilombolas que tinham ido para Cucaú foram reescravizados.

Lutar ou morrer

Com a morte de Ganga Zumba, Zumbi assumiu a liderança dos quilombolas e intensificou a luta contra as tropas coloniais. Novas expedições do governo, novas derrotas ao escravismo colonial.

Em 1691, o governo colonial decidiu contratar Domingos Jorge Velho para comandar a repressão. Era um bandeirante de São Paulo, acostumado ao combate nos matos com o objetivo de escravizar indígenas. O governo colonial pernambucano achou que somente um veterano paulista, isto é, um bandeirante, seria capaz de comandar a destruição dos quilombos palmaristas.

Ronaldo Nina/Tyba

Escultura de Zumbi dos Palmares. Elaborada por Marcia Magno em 2011, está localizada na praça da Sé, Salvador, Bahia. Fotografia de 2014.

Destruição de Palmares

Liderados por Zumbi, os quilombolas lutaram até o final. Palmares foi destruído em novembro de 1695 e sua população foi massacrada. Os sobreviventes foram novamente escravizados.

A morte de Zumbi também é polêmica. Alguns disseram que, acuado em um penhasco, ele recusou a rendição e se jogou no abismo. Outros afirmam que ele foi traído por um companheiro de lutas e feito prisioneiro. Logo foi decapitado e sua cabeça levada como troféu para Recife.

Como nasceu, viveu e morreu Zumbi é, como vimos, assunto muito controvertido. Mas a história de Zumbi se confunde com a de Palmares. Zumbi, personagem real, mesmo que idealizado, foi um símbolo dos que lutaram contra o escravismo colonial. Quem quer que tenha sido Zumbi, ele não foi abolicionista. Foi, sim, quilombola, o maior de todos na história brasileira.

PUXANDO PELA MEMÓRIA

Após o estudo do capítulo, você manteria sua resposta à pergunta da página 222?

Créditos das imagens de baixo para cima: Frans Post. Engenho, 1660; Fonte: Empresa Brasileira de Correios e Telégrafos/Departamento de Filatelia e Produtos.; Reprodução/Arquivo da editora; Ronaldo Nina/Tyba

ROTEIRO DE ESTUDOS

O QUE APRENDEMOS?

1 | Por que a formação dos quilombos palmaristas começou no período da dominação holandesa no nordeste açucareiro?

2 | Que tipo de relação havia entre os mocambos de Palmares e a sociedade colonial escravista?

3 | Explique um possível motivo de Ganga Zumba não ter sido tão valorizado quanto Zumbi pelo Movimento Negro Unificado no Brasil do século XX.

4 | Por que Palmares é hoje considerado o símbolo máximo da resistência africana contra a escravidão no Brasil?

5 | Qual é a relação entre a história dos bandeirantes de São Paulo com a do quilombo dos Palmares?

6 | Qual foi a importância de Cucaú, situado no atual estado de Pernambuco, na história palmarista?

7 | Qual é a relação entre o bandeirante Domingos Jorge Velho e a história de Palmares?

8 | Qual é a relação entre a resistência palmarista comandada por Zumbi e a abolição da escravidão no Brasil?

9 | Por que a afirmação a seguir é falsa?

Os palmaristas se recusaram a fazer quaisquer acordos com o governo colonial, mantendo a luta contra a escravidão até a morte de Zumbi, em 1695.

10 | Qual foi a importância da serra da Barriga, no atual estado de Alagoas, para a história de Palmares?

PESQUISA

Um dos mocambos de Palmares era chamado de Tabocas. Outro era chamado de Graça. Também havia um chamado de Acotirene.

Rubens Chaves/Pulsar Imagens

Vista do rio Mundaú, Zona da Mata alagoana, município de União dos Palmares, Alagoas. Fotografia de 2015.

- Pesquise as origens desses nomes e discuta, em grupos, qual era o perfil de Palmares do ponto de vista cultural.

Coleção particular/Castelo de Gripsholm, Suécia

IMAGENS CONTAM A HISTÓRIA

Zumbi dos Palmares, que hoje é considerado herói, já foi visto como vilão no século XX. Observe as duas imagens a seguir. Uma é a reprodução de um bilhete da loteria federal, emitido em 1971, estampando o rosto de Domingos Jorge Velho como um herói da história brasileira; a outra mostra um selo em homenagem a Zumbi, impresso em 1995, 300 anos após sua morte.

Bilhete da loteria federal, 1971.

Fonte: Empresa Brasileira de Correios e Telégrafos/Departamento de Filatelia e Produtos.

Selo postal, 1995.

1 | Discuta com os colegas, em grupo, qual seria a principal diferença entre as duas imagens.

2 | Considerando os anos em que cada uma das imagens foi produzida – 1971 e 1995 –, pesquise a conjuntura histórica dessas datas e discuta com os colegas se os respectivos contextos ajudam a explicar a diferença entre as imagens.

O PASSADO PRESENTE

Como vimos, a Lei nº 12519 instituiu o Dia Nacional de Zumbi e da Consciência Negra. Isso significa que desde 2011, quando a lei foi aprovada e promulgada, ele é comemorado no dia 20 de novembro, data da execução de Zumbi pelo governo colonial.

Muitas escolas promovem projetos culturais nessa data, de modo a estimular a conscientização dos estudantes sobre nosso passado escravista e as lutas dos africanos e de seus descendentes contra a opressão.

- Leia o cartaz ao lado e indique elementos que justifiquem a "consciência negra" relacionada, pelo estudante, ao personagem Zumbi dos Palmares.

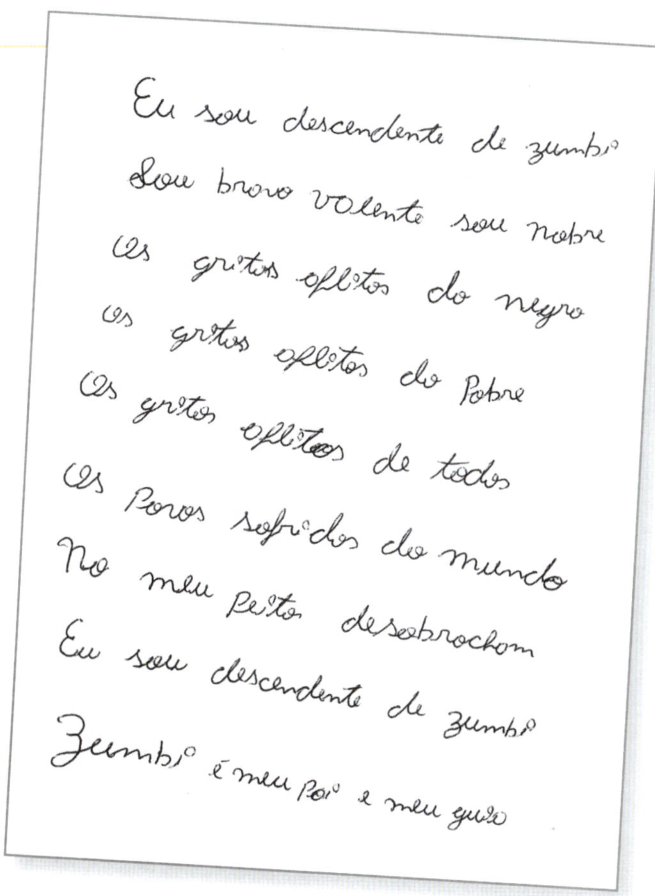

Cartaz elaborado por um estudante do 7º ano.

A imagem retrata uma forma comum de transporte de viajantes e de mercadorias pelos caminhos de Minas Gerais, sempre em lombos de burros e de mulas, animais resistentes ao terreno montanhoso da região. O grupo se dirige ao arraial do Tejuco, atual cidade de Diamantina, em Minas Gerais, onde foram descobertas minas de diamantes. Gravura de Johann M. Rugendas, século XIX. Coleção particular.

CAPÍTULO 15

OURO E PEDRAS PRECIOSAS NO BRASIL

PUXANDO PELA MEMÓRIA

Você sabe qual estado do Brasil tem seu nome ligado à extração de ouro? Por quê?

Em 1753, a parda escrava Francisca foi comprada por João Fernandes de Oliveira, no arraial do Tejuco (hoje cidade de Diamantina), capitania de Minas Gerais, e no mesmo ano a alforriou. Ela devia ter uns 16 anos de idade e passou a se chamar Francisca da Silva de Oliveira.

Pardo: no contexto, termo que indicava uma mestiçagem entre branco e negro ou branco e indígena.

Alforriar: dar liberdade a um escravo.

Francisca foi uma das raras personagens femininas do século XVIII a ganhar fama tanto entre os historiadores quanto no cinema e na televisão, que a batizaram com o nome de Chica da Silva.

Romancistas e diretores mostraram Chica da Silva como uma mulher bonita, sensual e dominadora, que viveu um romance escandaloso com o jovem e rico João Fernandes. A história real de Chica da Silva, entretanto, é muito diferente da que eles contaram.

Sua história se passou onde foram encontrados diamantes. Mas Minas Gerais tinha mesmo era muito ouro. Vamos conhecer um pouco dessa região no século XVIII.

1694: Notícias revelam haver ouro em Minas Gerais.

O Brasil no século XVIII

Os portugueses não encontraram pedras ou metais preciosos logo que chegaram à América. Mas nunca desistiram de procurar.

Durante quase dois séculos, os bandeirantes paulistas andaram pelos sertões do Brasil aprisionando indígenas para transformá-los em escravos, como vimos no capítulo 13, e também vasculhando aqui e ali de modo a descobrir onde pudessem existir os tão desejados metais preciosos. Esses homens eram excelentes desbravadores e foram os responsáveis por estender os limites do Tratado de Tordesilhas, de 1494, aumentando o território do Brasil, de domínio português, sobre o território de domínio espanhol. Dessa forma, levaram o povoamento para o interior do Brasil.

Em uma dessas expedições, no final do século XVII, eles finalmente encontraram ouro em grande quantidade nas margens e na foz dos rios, na região que passou a ser conhecida como Minas Gerais. Esse ouro era chamado ouro de aluvião.

CÁ ENTRE NÓS

Foram descobertos veios auríferos em várias regiões, como na capitania de São Vicente, desde meados do século XVI. Mas, por ser em pequena quantidade, logo a extração se esgotava.

Lavagem de minério de ouro junto ao morro do Itacolomi, gravura de Johann Moritz Rugendas, 1820-1825. A descoberta de ouro provocou enorme interesse na população do Brasil e de Portugal. Muitas pessoas, principalmente homens, foram para a região das minas tentar a sorte. Poucos, contudo, conseguiram enriquecer; muitos passaram fome e outros até encontraram a morte. Coleção particular.

A Guerra dos Emboabas

Enriquecer fácil era a aspiração principal de todos os que se dirigiram para a nova região do ouro a partir do início do século XVIII. Os paulistas, responsáveis pela descoberta, tentaram conseguir a exclusividade na exploração do ouro, com base no sistema jurídico denominado **direito de conquista**, segundo o qual a Coroa portuguesa concedia privilégios aos descobridores de riquezas minerais. Não conseguiram. A administração portuguesa sabia que os paulistas eram grandes conhecedores dos caminhos do sertão e que facilmente poderiam extraviar o ouro encontrado.

CÁ ENTRE NÓS

Emboaba é termo de origem tupi, idioma nativo; significa "ave que possui penas até os pés". Os "forasteiros" foram assim apelidados porque usavam botas, enquanto os bandeirantes paulistas andavam descalços.
Para os paulistas, todos os que não fossem paulistas eram denominados emboabas.

A tensão entre paulistas e **emboabas** resultou em uma guerra que ficou conhecida como Guerra dos Emboabas e durou de 1707 a 1709. Os emboabas venceram e os paulistas foram expulsos da região das minas, embora tenham retornado depois. Foram autorizados a retornar porque eram necessários à economia da Coroa portuguesa: sabiam identificar locais onde havia ouro (depois o encontrariam onde hoje é o estado de Goiás).

Entrada para as minas, óleo sobre tela de Oscar Pereira da Silva, 1920. O descobrimento das minas de ouro fez com que todos os olhares se voltassem para a região. Museu Paulista da Universidade de São Paulo, São Paulo.

A HISTÓRIA NÃO ESTÁ SOZINHA

Língua Portuguesa

Leia um trecho do poema "Vila Rica", de Cláudio Manuel da Costa. O poema foi escrito em 1773, mas publicado somente em 1839, cinquenta anos depois da morte de seu autor.

Ó grandes sempre, ó imortais Paulistas!
Embora vós, ninfas do Tejo, embora
Cante do Lusitano a voz sonora
Os claros feitos do seu grande Gama;
Dos meus Paulistas honrarei a fama.

Eles a fome e sede vão sofrendo,
Rotos e nus os corpos vem trazendo,
Na enfermidade a cura lhes falece,
E a miséria por tudo se conhece.

COSTA, Cláudio Manuel da. Vila Rica, Canto VI. In: PROENÇA FILHO, Domício. *A poesia dos inconfidentes*. Rio de Janeiro: Nova Aguilar, 1996. p. 1133-1137.

Tejo: rio que banha a cidade de Lisboa, em Portugal.

1 | O poeta compara os paulistas ao "grande Gama", ou seja, ao navegador Vasco da Gama. Qual é o motivo dessa comparação?

2 | O poema tem como título "Vila Rica" e avalia os paulistas como "grandes" e "imortais". Por quê?

Portugal e a administração das minas

A descoberta de ouro em sua colônia americana obrigou a Coroa portuguesa a tomar uma série de medidas na tentativa de controlar a extração do ouro e assegurar a sua parte.

Uma delas foi a criação de um órgão chamado Intendência das Minas, que tinha como função cobrar o quinto real – o imposto devido à Coroa que equivalia a um quinto, ou 20%, de todo ouro encontrado –, impedir que o ouro fosse desviado sem pagar o imposto e distribuir os lotes de terras minerais, chamados datas, aos que tivessem condições de explorá-las.

O sistema funcionava assim: toda descoberta de algum veio aurífero era comunicada às autoridades para que o intendente das minas demarcasse a área e repartisse as datas. O descobridor poderia escolher duas, o guarda-mor da Intendência escolhia a data do rei, e as demais eram distribuídas a quem as solicitasse – desde que possuísse escravos. Apenas proprietários de escravos, portanto, estavam autorizados a minerá-las. E o tamanho da data era determinado pelo número de escravos de cada recebedor: cada escravo equivalia a 5,5 metros de terreno; a um único recebedor, independentemente do seu número de escravos, não poderia ser concedido um terreno de mais do que 66 metros.

Terra mineral: forma como, no século XVIII, as pessoas se referiam às porções de terra que tinham ouro.
Data: direito ou ação de dar, doar, conceder. Com o tempo, passou a significar simplesmente pedaço de terra com minérios.
Veio aurífero: nos rios e córregos, é a parte onde está o metal, o ouro.

Poder centralizado na região das minas

Inicialmente, a região das minas de ouro foi anexada à capitania de São Paulo, mas, no ano de 1720, elas foram separadas: a de São Paulo e a de Minas Gerais. Para a Coroa portuguesa, era importante que essa rica região fosse mais controlada do que as outras, de modo a evitar o descaminho do ouro.

A criação de uma capitania específica para as Minas Gerais foi resultado de uma revolta ocorrida em Vila Rica, em 1720, na qual se enfrentaram os membros da elite local e os da administração portuguesa, representada pelo governador das Minas, dom Pedro de Almeida Portugal, o conde de Assumar, que assumiu em 1717. Ele retirou das câmaras municipais, cujos membros eram os mais ricos mineradores, o controle de arrecadação dos quintos reais e da cobrança dos impostos sobre as importações. Também enviou alguns deles para fora da capitania, argumentando que eles dificultavam seu governo, e os substituiu por pessoas próximas a ele.

Extração de diamantes em Serro Frio, Minas Gerais, com a utilização de mão de obra escrava. Aquarela de Carlos Julião, século XVIII. Fundação Biblioteca Nacional, Rio de Janeiro.

1707: Início da Guerra dos Emboabas. Concluído o Caminho Novo das Gerais.

Pepita: pedaço de ouro puro.

Uma das formas de fiscalização que mais desagradaram aos mineradores foi a criação das casas de fundição. O ouro extraído em pó ou em pepita deveria ser levado para ser fundido em barras com o símbolo da Coroa e dele ser retirado o quinto real, ou seja, o imposto de 20%. Somente em barra, com as marcas de que havia sido quintado, podia ser comercializado para fora da capitania.

Essas e outras medidas centralizadoras por parte do governador contra a autonomia que existia antes foram o estopim para a revolta, que durou cerca de um mês. O governador reclamava que os oficiais não cumpriam com rigor as normas por ele decretadas, inclusive nos casos de punição aos que não obedeciam à lei. Os revoltosos queriam, em primeiro lugar, acabar com as casas de fundição e, para isso, pretendiam expulsar o governador de Minas Gerais.

A repressão foi eficiente, pois o governador contou com o apoio de parte da elite local e de forças militares. Um dos líderes, Felipe dos Santos, foi capturado, enforcado e esquartejado. A revolta foi contida e o poder central ganhou alguns pontos, mas estava longe de conseguir organizar uma administração que evitasse o contrabando do ouro ou a influência pessoal contra os interesses de Portugal.

Barras de ouro da Casa de Fundição de Vila Rica, séculos XVIII e XIX. Coleção particular.

A cidade do Rio de Janeiro tornou-se o centro econômico mais importante do Brasil, porque seu porto foi o único a ter permissão de embarcar o ouro e os diamantes extraídos na colônia. Esse foi um dos motivos que levaram a administração portuguesa a transferir a capital do Brasil da cidade de Salvador, na Bahia, para a do Rio de Janeiro, em 1763.

Comboio de diamantes, gravura de Johann Moritz Rugendas, 1835. Fundação Biblioteca Nacional, Rio de Janeiro.

A sociedade do arraial do Tejuco

No encontro dos rios Grande e Piruruca, no nordeste de Minas Gerais, formou-se um arraial que atraiu gente de todas as partes: o arraial do Tejuco. O motivo de tanto alvoroço foi a descoberta de diamantes na região, em 1729. Logo se formou o Distrito Diamantino, em 1734, quando foi criada uma administração para tratar especialmente da exploração da pedra preciosa e garantir que a Coroa portuguesa recebesse sua parte.

A sociedade ali criada, como em outras vilas e arraiais de Minas Gerais e de Goiás, era composta de uma maioria de escravos e escravas, de um grande número de pessoas alforriadas (escravos libertados) e de uma pequena parte de pessoas brancas. Assim como as demais regiões das Minas Gerais, havia muito mais homens do que mulheres, e pouquíssimas mulheres brancas. Em 1738, por exemplo, na comarca de Serro Frio, onde se localizava o arraial do Tejuco, havia 83,5% de homens e somente 16,5% de mulheres. Entre os escravos, as mulheres eram ainda em menor número: somente 3,1% eram do sexo feminino.

Negra tatuada vendendo cajus, aquarela de Jean-Baptiste Debret, 1827. Fundação Biblioteca Nacional, Rio de Janeiro.

Francisca da Silva, ou Chica, era uma dessas pouquíssimas escravas da região: já nascida no Brasil, indicada como "parda", filha da negra Maria da Costa e do português Antônio Caetano de Sá. Ela foi libertada por seu senhor e companheiro, João Fernandes de Oliveira. A maioria das escravas que se alforriaram, entretanto, conseguiu a liberdade pagando elas próprias o seu valor, com o fruto de seu trabalho ou, como diziam em seus testamentos, "com minha indústria, agências e trabalho". Como elas conseguiram ter acesso a esse pecúlio?

Pecúlio: reserva monetária ou em bens acumulados.

A maioria delas foi pela atividade de quitanda, da venda de alimentos e pequenos objetos pelas ruas dos arraiais e pelas lavras de ouro e diamantes. Eram as "negras de tabuleiro", responsáveis pela alimentação da população urbana e das lavras, pois iam com seus tabuleiros vender aos que estavam trabalhando, que lhes pagavam, muitas vezes, com ouro em pó.

OUTRAS HISTÓRIAS LUGARES

Os caminhos do ouro

Havia um caminho, aberto pelos paulistas, que saía de São Paulo e ia para Minas Gerais, atravessando a serra da Mantiqueira. Mas não havia um caminho por terra direto das Minas Gerais para o Rio de Janeiro. Era preciso usar o caminho dos paulistas e descer até o porto da cidade de Paraty, e de lá pegar um barco para o Rio de Janeiro.

Isso se tornou um problema para a administração portuguesa, porque os "descaminhos" – contrabando – do ouro poderiam ser muitos, ainda mais com os paulistas sabendo se movimentar por trilhas e atalhos distantes do caminho principal.

Uma Carta Régia, datada de 1699, determinou que o governador da capitania do Rio de Janeiro providenciasse a construção de uma estrada que ligasse as minas ao porto do Rio de Janeiro. Concluída em 1707, ela ficou conhecida como Caminho Novo das Gerais. Também foram criados registros de passagem, geralmente nas margens dos rios, que funcionavam como postos de fiscalização e de cobrança de taxas sobre os produtos vendidos na região. Era tarefa dos agentes dos registros conferir se o ouro que se transportava para o Rio de Janeiro havia sido tributado.

Brasil: Os caminhos do ouro (século XVII)

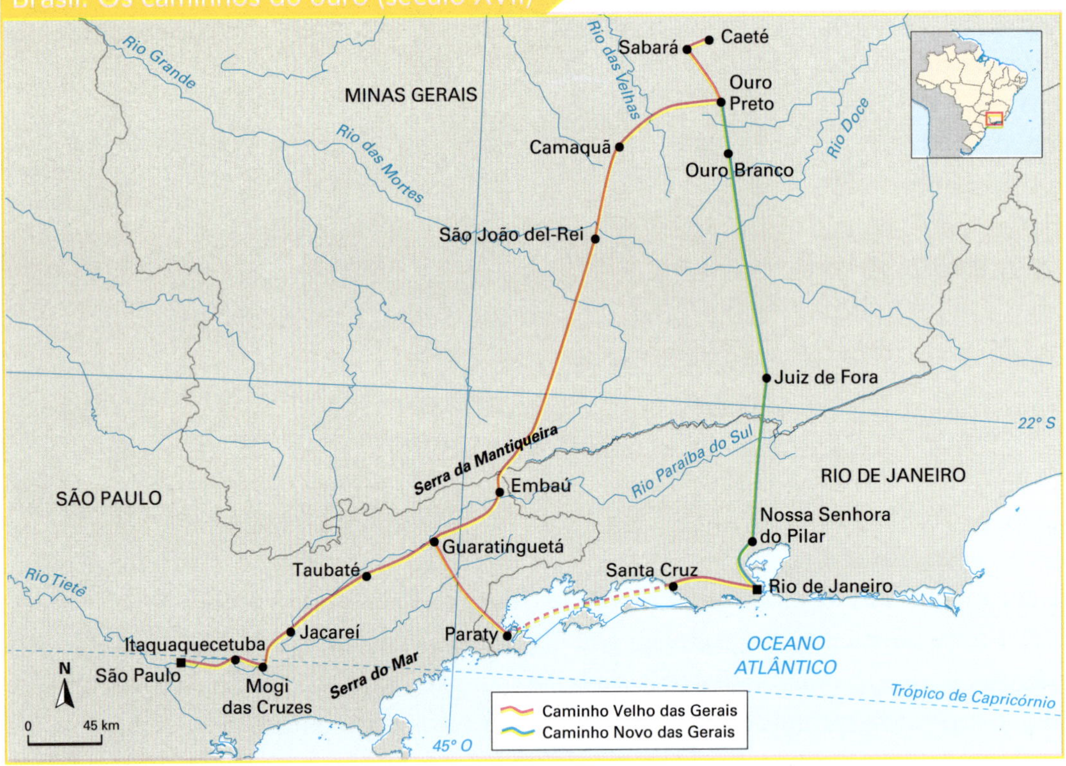

Ericson G. Luciano/Arquivo da editora

Fonte: elaborado com base em Instituto Estrada Real. Disponível em: <http://www.institutoestradareal.com.br/assets/materiais/mapa-ilustrativo-da-estrada-real.jpg>. Acesso em: 11 out. 2018; KEATING, Vallandro; MARANHÃO, Ricardo. *Caminhos da conquista*: a formação do espaço brasileiro. São Paulo: Terceiro Nome, 2008. p. 162-163.

- **Para o reino português, o que representava a criação de um caminho controlado por registros e o uso de um único porto para o embarque do ouro?**

Os meios de transporte na região das minas

Para o transporte de carga, eram utilizadas mulas, animais híbridos do cruzamento de jumentos com éguas. Podiam carregar grande peso e resistir a longos e difíceis caminhos, muito mais do que éguas e cavalos.

A exploração mineradora acabou tendo efeitos em outras regiões do Brasil. Foi o caso da capitania do Rio Grande, que englobava os atuais estados do Rio Grande do Sul e de Santa Catariana. Essa região tinha pastos naturais e lá se desenvolveram as mais importantes criações desses animais de carga.

Tropa da capitania de Minas Gerais conduzindo um carregamento, litogravura de Maximiliano de Wied-Neuwied, 1815. Tropas de mulas eram muito comuns na região acidentada das minas de ouro, utilizadas, por exemplo, para transportar o ouro quintado de Minas para o porto do Rio de Janeiro. Coleção particular.

Os descaminhos do ouro

O significado de "descaminho", segundo as leis portuguesas, era sonegação ao tributo, ou aos direitos fiscais do rei, ou seja, não entregar ao tesouro real o que era determinado pela lei. No caso, era o "quinto" real.

Durante todo o período colonial, a sonegação foi comum, pois muitos não indicavam corretamente quanto haviam ganhado em suas produções para pagar menos impostos, o dízimo, que era 10% de tudo o que havia sido produzido. A situação era ainda mais preocupante para a metrópole na região das minas de ouro e de diamantes, das quais o tesouro real deveria receber mais, o quinto, ou seja, 20%.

O volume a ser contrabandeado era pequeno e cabia até mesmo nas roupas ou objetos de algumas pessoas, como nos botões dos uniformes dos oficiais, nas imagens ocas de santos, nos tabuleiros das quitandeiras, etc. Mas esse era um contrabando em pequena escala. O grande, mesmo, envolvia as mais altas figuras da administração portuguesa no Brasil, como os ouvidores e os governadores da capitania, que faziam vistas grossas ao contrabando desde que pudessem receber sua parte.

1755: Lisboa é praticamente destruída por um terremoto. Criada a Companhia Geral do Comércio do Grão-Pará e Maranhão.

Para ser contrabandeado, o ouro tinha de sair da capitania e chegar ao litoral. Uma das rotas era através dos caminhos que ligavam Minas Gerais à Bahia, chamados de caminhos dos sertões. O ouro chegava ao porto da cidade de Salvador e era utilizado para comprar escravos na Costa da Mina, litoral da África. Os comerciantes da Bahia e do Rio de Janeiro levavam mercadorias que eram vendidas aos residentes, que pagavam em ouro em pó, sem estar quintado. Outra forma, ainda, era o ouro ser fundido e transformado em peças sem pagamento do imposto. Nas Minas, não era permitido que existissem ourives, ou seja, pessoas que soubessem transformar o ouro em adereços ou objetos variados. Mas eles estavam lá o tempo todo.

Até mesmo uma fábrica de moedas e barras de ouro falsas foi criada.

No final de década de 1720, funcionava a todo vapor uma fábrica clandestina de moeda e barras de ouro no vale do Paraopeba (atual serra da Moeda, em Minas Gerais), comandada por Inácio de Souza Ferreira. Contava com mais de 100 homens, das mais variadas origens. A fábrica conseguiu se manter por conta das vistas grossas das autoridades metropolitanas, entre elas o próprio governador das Minas, dom Lourenço de Almeida. Foi desbaratada em 1731 pelo ouvidor-geral Diogo Cotrin de Souza, que conduziu as investigações em grande sigilo.

Imagem de Nossa Senhora do Rosário, século XVIII. Museu de Arte Sacra, São João del-Rei, Minas Gerais.

Durante todo o século XVIII houve denúncias e prisões de contrabandistas, mas os descaminhos do ouro nunca foram totalmente controlados.

VOCÊ JÁ OUVIU FALAR

... que a expressão "santo do pau oco", utilizada para descrever uma pessoa falsa ou mentirosa, está relacionada com esculturas religiosas ocas por dentro que serviam para esconder o ouro das minas e não pagar o quinto real?

Moeda oficial: dobrão de ouro de 1724, valendo 2$000 (dois mil-réis). As moedas de ouro eram cunhadas nas casas de fundição, ou Casas da Moeda, da Bahia, do Rio de Janeiro e de Vila Rica. Coleção particular.

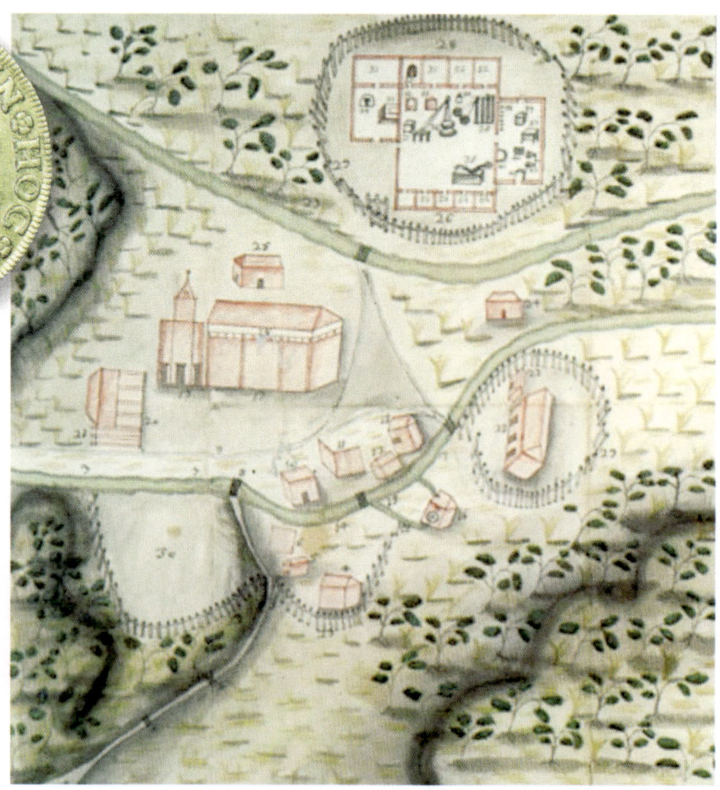

O desenho aquarelado mostra a planta do sítio de Boa Vista do Paraopeba, localizado no vale do Paraopeba, atual serra da Moeda, no estado de Minas Gerais. Biblioteca Nacional de Lisboa, Portugal.

1758: Jesuítas são expulsos do reino português e de suas colônias. Criada a Companhia Geral do Comércio de Pernambuco e Paraíba.

O grande ministro

Em meados do século XVIII, a produção de ouro em Minas Gerais começou a diminuir. A essa má notícia seguiu-se uma verdadeira catástrofe: Lisboa, a capital portuguesa, foi sacudida por um grande terremoto, em 1755, que destruiu quase toda a cidade. Dez mil pessoas morreram e os incêndios desabrigaram milhares de habitantes. Das 20 mil construções existentes, apenas cerca de 3 mil continuavam em condições de serem habitadas.

Foi nesse contexto de crise que Sebastião José de Carvalho e Melo, mais conhecido como Marquês de Pombal, tornou-se o ministro mais importante do reinado de dom José I. Ele convenceu o rei a reconstruir a cidade de Lisboa e a não transferir a capital do reino para a cidade de Coimbra, como queriam os outros ministros.

Pombal determinou a prisão de muitos nobres que estavam contra o novo rei. Em 1758, houve um atentado à vida de dom José I, que levou um tiro no braço. Os atiradores foram presos e confessaram que agiram por ordem do Marquês de Távora, que pretendia matar o rei para colocar em seu lugar o Duque de Aveiro. As famílias dos dois nobres foram presas, seus bens foram confiscados e seus títulos de nobreza retirados, tudo a mando do Marquês de Pombal.

CÁ ENTRE NÓS

Sebastião José de Carvalho e Melo recebeu do rei dom José I os títulos de Conde de Oeiras, em 1759, e de Marquês de Pombal, em 1770. É conhecido na história como Marquês de Pombal, e seu governo, que durou 22 anos (de 1755 a 1777), como época pombalina.

Super Stock Fineart/Diomedia

Dom José I, rei de Portugal (1750-1777). Óleo sobre tela de Miguel Antônio do Amaral, século XVIII. Museu Hermitage, São Petersburgo, Rússia.

Reprodução/Museu Nacional Soares dos Reis, Porto, Portugal.

Louis-Michel van Loo. Retrato de Sebastião José de Carvaljo e Melo, 1º Marquês de Pombal, 1º Conde de Oeiras, século XVIII

O Marquês de Pombal, responsável pela reconstrução de Lisboa. Óleo sobre tela de Louis-Michel van Loo e Claude-Joseph Vernet, século XVIII. Museu Nacional Soares dos Reis, Porto, Portugal.

OUTRAS HISTÓRIAS MODOS DE VIVER

O ouro se transforma em pedra

O ouro e o diamante do Brasil permitiram que a situação financeira de Portugal se estabilizasse. Afinal, eram o comércio dos produtos das colônias e a cobrança de tributos dos colonos que sustentavam o reino.

Entretanto, a riqueza em si não importava tanto quanto o poder que ela representava. O ouro do Brasil foi, em grande parte, direcionado para obras suntuosas, que mostrassem ao mundo que o reino era rico. Entre essas obras estavam: o Palácio e Real Convento de Mafra e o Aqueduto das Águas Livres de Lisboa. Magníficas bibliotecas foram montadas, como as de Coimbra, do convento de Mafra e do Colégio Oratoriano de Lisboa.

Nas duas audiências públicas semanais que o rei presidia, ele costumava distribuir moedas de ouro aos pobres.

Conclusão: quando morreu, em 1750, o rei dom João V deixou uma imensa dívida para seu sucessor, seu filho dom José I.

S. Vannini/De Agostini Picture Library/Getty Images

Biblioteca de Mafra, onde as lombadas dos livros eram impressas em ouro. Mosteiro de Mafra, Lisboa, Portugal.

1 | Com base na leitura do texto, que relações é possível estabelecer entre o Convento de Mafra, sua biblioteca e o Brasil?

2 | Como dom João V contraiu a dívida que deixou para seu filho e sucessor, o rei dom José I?

As reformas pombalinas

Pombal aceitava as ideias iluministas. Estava convencido, por exemplo, de que os privilégios da nobreza tinham de acabar para se poder modernizar Portugal. Várias medidas que tomou mudaram a história de Portugal, como a reforma do ensino na Universidade de Coimbra, dando importância às Ciências Naturais, à Filosofia e à Matemática. Acusou-os de estarem ligados ao atentado ao rei e determinou sua expulsão do reino e de suas colônias em 1759.

Para estimular o comércio externo, Pombal incentivou a instalação de manufaturas no reino por meio de empréstimos e isenções fiscais aos que fabricassem tecidos, ferragens, vidros, louças e papel. Criou escolas de comércio e aboliu as diferenças entre cristão-novo e cristão-velho. Isso porque uma ampla parte dos grandes comerciantes era formada por cristãos-novos ou seus descendentes, fato que os impedia de receber comendas e títulos. O objetivo de Pombal era facilitar a aproximação maior entre o governo e os comerciantes.

Isenção: livre da lei; desobrigação.
Cristão-novo: judeu convertido à força ao cristianismo.
Comenda: benefício que era concedido a eclesiásticos e a cavaleiros de ordens militares.

A época pombalina no Brasil

Nas colônias, principalmente no Brasil, Pombal tomou cuidados especiais. Achava necessário centralizar a administração das colônias na metrópole. Por isso, transformou todas as capitanias do Brasil em capitanias reais e promulgou o Diretório dos Índios, que transferia para os funcionários reais o controle dos aldeamentos indígenas. Além disso, Pombal transformou os indígenas em "súditos livres da Coroa", o que, na prática, significava a proibição da escravidão indígena.

Pombal também concedeu a algumas companhias privilegiadas o monopólio do comércio de uma região ou de um produto por um prazo determinado. Assim surgiram as Companhias de Comércio do Estado do Grão-Pará e do Maranhão (1755), da Pesca das Baleias (1756), de Agricultura das Vinhas do Alto Douro (1756) e de Pernambuco e Paraíba (1759). A criação dessas companhias descontentou uma infinidade de comerciantes de Portugal, da África, da Ásia e do Brasil.

Expulsão do padre Antônio Vieira. Gravura do século XVIII. Entre as ações da reforma pombalina estava a expulsão dos jesuítas do Brasil. Fundação Biblioteca Nacional, Rio de Janeiro.

1777: Morte de dom José I.

1777: Fim do domínio do Marquês de Pombal. Dona Maria I assume o trono português.

A Viradeira

Arroba: unidade de medida de peso, sendo 1 arroba correspondente a 14,69 quilogramas.
Derrama: cobrança tributária obrigatória sobre a população para cobrir a diferença entre a arrecadação mínima que um governo exige e o que é efetivamente arrecadado.

O fim do domínio de Pombal ocorreu em 1777, quando da morte do rei dom José I. Sua filha, dona Maria I, assumiu o trono. Os portugueses achavam que ela viraria pelo avesso todas as decisões de Pombal, daí sua política de governo ter ficado conhecida pelo nome de Viradeira. Mas, como as medidas de Pombal haviam sido profundas, ela não pôde "virar" muito.

Algumas mudanças, entretanto, foram realizadas. Uma delas foi libertar da prisão todos os condenados por crimes políticos: mais de 800 pessoas foram soltas.

Dona Maria I manteve o estímulo pombalino às manufaturas em Portugal e, para aumentar as exportações, proibiu, em 1785, a sua instalação no Brasil. O objetivo era tornar os habitantes do Brasil dependentes dos produtos têxteis vindos do reino.

Durante o reinado de dona Maria I, a extração de ouro na capitania de Minas Gerais já não conseguia recolher as 100 arrobas anuais ao governo português, conforme havia sido determinado em 1750. Em 1788, a capitania devia à Real Fazenda a quantidade de 538 arrobas de ouro.

O que acontecia com o ouro brasileiro?

Alguns achavam que o contrabando era o responsável, mas outros consideraram, com razão, que a extração estava diminuindo. O ouro do Brasil era, em sua maior parte, de aluvião, facilmente encontrado e extraído, mas também rapidamente esgotável.

Em 1788, o novo governador indicado pela metrópole para a capitania de Minas Gerais, o Visconde de Barbacena, assumiu o cargo com a obrigação de cobrar os impostos atrasados, medida conhecida como derrama. A ameaça da derrama apavorou os habitantes da região das minas. Esse, entretanto, é assunto para outro capítulo.

Coleção particular/Castelo de Gripsholm, Suécia

Retrato de Dona Maria I, rainha de Portugal. Óleo sobre tela do século XVIII, artista desconhecido. Ela foi a primeira mulher a governar Portugal. Iniciou seu reinado em 1777, quando morreu seu pai, dom José I. Em fevereiro de 1792, uma junta composta de 17 médicos declarou ser a rainha "incapaz de gerir o Reino". Seu filho, dom João, exerceu a função de príncipe regente até 1816, ano em que dona Maria morreu. Coleção Nacional, Castelo Gripsholms, Mariefred, Suécia.

1788: O Visconde de Barbacena assume o governo da capitania de Minas Gerais.

AO MESMO TEMPO

O mundo na época de dona Maria I

Os últimos anos do século XVIII, período em que dona Maria I governou Portugal, foram marcados pela Declaração de Independência dos Estados Unidos da América (1776) e pela Revolução Francesa (1789). Esses acontecimentos tiveram enorme repercussão na Europa e no mundo ultramarino.

- Que regime político e sistema econômico esses acontecimentos contestavam?

A família de Chica da Silva

Chica da Silva e João Fernandes de Oliveira viveram na época dos reinados de dom José I e de sua filha, dona Maria I. Ele era contratador de diamantes no Arraial do Tejuco. O que era um contratador?

A vitalidade das finanças da Coroa portuguesa dependia dos impostos sobre as produções e o comércio. Mas como recolher esses impostos? Como já vimos, era comum a fraude na cobrança de impostos, pois muitos funcionários se apropriavam de rendas devidas ao rei. A solução foi leiloar a cobrança dos impostos a particulares. Como em todo leilão, o negociante que desse o lance mais alto arrematava, por tempo determinado e valor fixo, o direito à arrecadação do imposto sobre algum tipo de produção, comércio ou alfândega de um porto. O arrematante pagava um valor fixo ao tesouro real para assumir a cobrança. Caso ele conseguisse arrecadar mais do que havia pago, teria lucro; do contrário, prejuízo. Mas era um risco que valia a pena. Assim, eram eles, e não os funcionários reais, que iam cobrar de porta em porta os impostos. Esses arrematantes eram chamados de contratadores. O companheiro de Chica da Silva, João Fernandes de Oliveira, foi um deles.

Em 1774, Chica da Silva morava na rua da Ópera, no Arraial do Tejuco, com seu filho mais novo, José. Suas nove filhas encontravam-se no convento de Macaúbas, e de lá só saíram para se casar. Apesar de não serem oficialmente casados, João Fernandes legitimou formalmente todos os filhos e com eles manteve contato próximo, chegando a levar, em 1770, os três filhos homens para Portugal, para tratar das propriedades e negócios que tinha, assim como seu enteado, Simão. Deu dotes para as filhas, que se casaram com homens das principais famílias de Minas Gerais.

Definitivamente Chica da Silva fazia parte da elite mineira. Faleceu em 1792, sendo enterrada com pomposo cortejo fúnebre. Seus inúmeros descendentes fizeram parte das principais famílias mineiras do século XIX. Para a família, seu passado, como escrava, ficou muito distante.

PUXANDO PELA MEMÓRIA

Após o estudo do capítulo, você manteria sua resposta à pergunta da página 230?

Créditos das imagens de cima para baixo: Reprodução/Biblioteca Nacional, Rio de Janeiro, RJ; Reprodução/Coleção particular; Reprodução/Fundação Biblioteca Nacional, Rio de Janeiro, RJ.; Reprodução/Museu Paulista da USP, São Paulo, SP; Reprodução/Fundação Biblioteca Nacional, Rio de Janeiro, RJ.

Coleção particular/Castelo de Gripsholm, Suécia

ROTEIRO DE ESTUDOS

O QUE APRENDEMOS?

1 | A dom João V, rei de Portugal entre 1706 e 1750, é atribuída a seguinte frase:

"Meu avô temia e devia; meu pai devia; eu não temo nem devo".

Que motivos podem ser apontados para justificar essa frase do rei de Portugal?

2 | Que formas de controle a administração portuguesa criou na região das minas de ouro e diamante?

3 | A exploração do ouro provocou quais mudanças importantes no Brasil?

4 | O reinado de dom José I pode ser chamado "período pombalino"? Justifique.

5 | O que é derrama?

6 | Como era realizada a cobrança dos impostos destinados ao tesouro real no Brasil?

7 | Quais eram os principais objetivos da administração do ministro Pombal?

8 | O ouro encontrado na região das Minas era de aluvião. O que isso significa?

9 | Por que a frase a seguir é falsa?

A mineração do ouro no Brasil teve pouca influência na economia portuguesa do século XVIII.

10 | O jesuíta André João Antonil, em seu livro *Cultura e opulência do Brasil por suas drogas e minas*, assim se refere à região mineradora:

> E o pior é que a maior parte do ouro que se tira das minas passa em pó e em moedas para os reinos estranhos e a menor é a que fica em Portugal e nas cidades do Brasil.
>
> ANTONIL, André João. *Cultura e opulência do Brasil por suas drogas e minas (1711).* São Paulo: Companhia Melhoramentos de São Paulo, 1923. p. 261.

A que problema ele se refere?

PESQUISA

O Barroco mineiro, expressão artística que se destacou no século XVIII, tem forte relação com o enriquecimento da região mineradora.

Um dos principais artistas do Barroco mineiro foi Antônio Francisco Lisboa, conhecido como Aleijadinho.

Nereu Jr./Pulsar Imagens

Igreja de São Francisco de Assis, em São João del-Rei (MG). Com projeto original de Aleijadinho, foi construída entre 1774 e 1809 e é uma das principais obras de arquitetura do Brasil colonial. Por sua importância histórica e cultural, foi tombada pelo Instituto do Patrimônio Histórico e Artístico Nacional (Iphan). Fotografia de 2014.

1 | Em grupo, pesquise as principais características desse estilo, procurando estabelecer relações entre o Barroco e a sociedade mineradora.

2 | Apresente para a turma, com seu grupo, imagens de obras de Aleijadinho, indicando onde elas estão localizadas.

IMAGENS CONTAM A HISTÓRIA

Você sabe o que quer dizer **ex-voto**? Trata-se de uma palavra em latim que significa "voto realizado" e designa objetos e pinturas que são oferecidos para retribuir uma graça de Deus, quase sempre por meio de um intermediário: um santo, uma santa ou uma Nossa Senhora.

De modo geral, os ex-votos relatam as graças recebidas pelo devoto. Foram muito comuns no Brasil entre os séculos XVIII e XIX. Eram depositados em igrejas, cemitérios ou em locais de peregrinação.

Peregrinação: ato de viajar por instrução ou devoção; viagem a um local sagrado.

Adenor Gondim/Mosteiro de São Bento, Bahia.

Ex-voto depositado na Ermida de Nossa Senhora do Monte Serrate, em Salvador, Bahia, em 1743. Relata a vida de Agostinho Pereira da Silva desde sua saída de Portugal, provavelmente no início do século XVIII, passando pelos problemas que enfrentou em Minas Gerais até receber as ordens sacras na Bahia. Igreja Nossa Senhora do Monte Serrate, Salvador, Bahia.

- A imagem se refere ao emboaba Agostinho Pereira da Silva e conta a sua trajetória em Minas Gerais. Observe atentamente as cenas do ex-voto. Em grupo, descrevam pelo menos dois episódios da história do emboaba Agostinho Pereira da Silva que estão retratados.

O PASSADO PRESENTE

A imagem abaixo mostra uma região do Brasil onde, na década de 1980, existiu a maior extração de ouro a céu aberto do mundo.

Juca Martins/Olhar Imagem

Garimpo de ouro no Brasil. Fotografia de 1986.

- Com que nome ficou conhecido este garimpo? Em que estado do Brasil ele se localizava? E hoje, está ativo?

BIBLIOGRAFIA

ALMEIDA, Maria R. C. de. *Metamorfoses indígenas*. Identidade e cultura nas aldeias coloniais do Rio de Janeiro. 2. ed. Rio de Janeiro: FGV, 2013.

AMADO, Janaína. *A magia das especiarias*. São Paulo: Atual, 1999.

ANDERSON, Perry. *Linhagens do Estado absolutista*. São Paulo: Brasiliense, 1985.

ARIÈS, Philippe. *História social da criança e da família*. 2. ed. Tradução de Dora Flaksman. Rio de Janeiro: LTC Editora, 1981.

______. *História da morte no Ocidente*. Rio de Janeiro: Ediouro, 2003.

BETHELL, Leslie (Org.). *História da América Latina*. São Paulo: Edusp, 1997. v. 1.

BETHENCOURT, Francisco; CAHADHURI, Kirti (Org.). *História da expansão portuguesa*. Lisboa: Círculo de Leitores, 1998. v. 1.

BLOCH, Marc. *A sociedade feudal*. Tradução de Laurent de Saes. São Paulo: Edipro, 2016.

______. *Os reis taumaturgos*: o caráter sobrenatural do poder régio na França e na Inglaterra. São Paulo: Companhia das Letras, 1993.

BOSSY, John. *A cristandade no ocidente (1440-1700)*. Lisboa: Edições 70, 1985.

CALVINO, João. *Instituição cristã* [1525]. São Paulo: Unesp, 2008, t. 2.

CAMPOS, Raimundo. *O Brasil quinhentista de Jean de Léry*. 2. ed. São Paulo: Atual, 2000.

CANTELE, Bruna Renata. *Na Idade Média era assim...* São Paulo: Editora do Brasil, 2000.

CARPENTIER, Vincent. *A Idade Média passo a passo*. São Paulo: Companhia das Letras, 2014.

CAVALLO, Guglielmo (Org.). *O homem bizantino*. Lisboa: Presença, 1988.

CHAUNU, Pierre. *Expansão europeia do século XIII ao XV*. São Paulo: Pioneira, 1978.

CLARE, John. *Astecas:* vida cotidiana. São Paulo: Melhoramentos, 2002.

COX, Michael. *Leonardo da Vinci e seu supercérebro*. São Paulo: Companhia das Letras, 2004. (Coleção Mortos de Fama).

CUNHA, Manuela Carneiro da. *História dos Índios no Brasil*. 2. ed. São Paulo: Companhia das Letras/Secretaria Municipal de Cultura/Fapesp, 1992.

DAVIS, Natalie Zemon. *Histórias de perdão e seus narradores na França do século XVI*. São Paulo: Companhia das Letras, 1987.

DELUMEAU, Jean. *História do medo no Ocidente*. São Paulo: Companhia das Letras, 1989.

______; MELCHIOR-BONNET, Sabine. *De religiões e de homens*. São Paulo: Edições Loyola, 2000.

DEYON, Pierre. *O mercantilismo*. São Paulo: Perspectiva, 1973.

DONKIN, Andrew. *William Shakespeare e seus atos dramáticos*. São Paulo: Companhia das Letras, 2006. (Coleção Mortos de Fama).

DREW, David. *Incas:* vida cotidiana. São Paulo: Melhoramentos, 2005.

DUBY, George. *A Europa na Idade Média*. São Paulo: Martins Fontes, 1988.

______. *O tempo das catedrais*: 980-1420. Lisboa: Estampa, 1978.

______. *Guilherme o Marechal*. O maior cavaleiro do mundo. Lisboa: Gradiva, 1999.

______. *Atlas Historique Mondial*. Paris: Larousse, 2006.

DUMAS, Alexandre. *O homem da máscara de ferro*. São Paulo: Scipione, 2002.

______. *Os três mosqueteiros*. São Paulo: Girassol, 2012.

EL FASI, Mohammed (Ed.). *História geral da África, III:* África do século VII ao XI. Brasília: Unesco, 2010.

ELIAS, Norbert. *A sociedade de corte*. Rio de Janeiro: Jorge Zahar, 2001.

ESPINOZA, Fernanda. *Antologia de textos históricos medievais*. Lisboa: Sá da Costa, 1981.

FALCON, Francisco; RODRIGUES, Antônio Edmílson. *A formação do mundo moderno*. Rio de Janeiro: Campus, 2006.

FEBVRE, Lucien. *Martinho Lutero*: um destino. São Paulo: Três Estrelas, 2012.

FERLINI, Vera Lúcia Amaral. *A civilização do açúcar (XVI-XVIII)*. São Paulo: Brasiliense, 1984.

FLANDRIN, Jean-Louis; MONTANARI, Massimo (Org.). *História da alimentação.* São Paulo: Estação Liberdade, 1998.

FRANCO JR., Hilário. *O ano 1000*: tempo de medo ou de esperança? São Paulo: Companhia das Letras, 1999.

FREYRE, Gilberto. *Casa-grande e senzala.* 51. ed. Rio de Janeiro: Global, 2005.

FOURQUIN, Guy. *História econômica do Ocidente medieval.* Lisboa: Edições 70, 1997.

GANSHOF, François. *O que é o feudalismo.* Lisboa: Europa-América, 1973.

GARIN, Eugene. *Renascimento e vida civil no Renascimento italiano.* São Paulo: Unesp, 1993.

GODINHO, Vitorino Magalhães. *A economia dos descobrimentos henriquinos.* Lisboa: Sá da Costa, 1962.

GOMES, Flávio. *Palmares.* São Paulo: Contexto, 2005.

GUARINELLO, Norberto. *Os primeiros habitantes do Brasil.* 15. ed. São Paulo: Atual, 2011.

HERBERT, Janis. *Marco Polo e sua maravilhosa viagem para a China.* Rio de Janeiro: Zahar, 2003.

HIGASHI, Janaina. *Maias, astecas e incas.* São Paulo: Ciranda Cultural, 2011.

HILL, Christopher. *O mundo de ponta-cabeça:* ideias radicais durante a Revolução inglesa. São Paulo: Companhia das Letras, 1987.

HOLANDA, Sérgio Buarque de. *Raízes do Brasil.* 27. ed. São Paulo: Companhia das Letras, 2014.

HUIZINGA, Johan. *O declínio da Idade Média.* Lisboa: Verbo, 2006.

HUMBERG, Flavia R. et al. *Os povos da América.* 5. ed. São Paulo: Atual, 2010.

KAPPLER, Claude. *Monstros, demônios e encantamentos no fim da Idade Média.* São Paulo: Martins Fontes, 1994.

KEEGAN, John. *Uma história da guerra.* São Paulo: Companhia das Letras, 2006.

KENNEDY, Paul. *Ascensão e queda das grandes potências.* Rio de Janeiro: Campus, 1989.

KI-ZERBO, Joseph. *História da África negra.* Lisboa: Publicações Europa-América, s/d.

KUSS, Daniele; TORTON, Jean. *Os Incas:* mitos e lendas. São Paulo: Ática, 2010.

LE GOFF, Jacques. *A Idade Média explicada aos meus filhos.* São Paulo: Agir, 2007.

______. *Mercadores e banqueiros da Idade Média.* São Paulo: Martins Fontes, 1990.

______. *Os intelectuais na Idade Média.* Lisboa: Estudios Cor, 1973.

______. *São Luis. Biografia.* São Paulo/Rio de Janeiro: Record, 1999.

______. *Uma longa Idade Média.* Rio de Janeiro: Civilização Brasileira, 2008.

LOBATO, Monteiro. *As aventuras de Hans Staden.* São Paulo: Globo, 2008.

LOPES, Marcos Antônio. *Absolutismo*: política e sociedade. São Paulo: Brasiliense, 1996.

LOPEZ, Adriana. *Franceses e tupinambás na Terra do Brasil.* São Paulo: Senac, 2001.

LOVEJOY, Paul E. *A escravidão na África*: uma história de suas transformações. Rio de Janeiro: Civilização Brasileira, 2002.

LUTERO, Martinho. *A liberdade do cristão* [1520]. São Paulo: Escala, 2007.

MAALOUF, Amin. *As cruzadas vistas pelos árabes.* São Paulo: Brasiliense, 1988.

MACDONALD, Fiona. *Como seria sua vida na Idade Média?* São Paulo: Scipione, 1996.

MACEDO, José R. *Movimentos populares na Idade Média.* São Paulo: Moderna, 2013. (Coleção Desafios).

MACHADO, Ana Maria. *As viagens de Marco Polo.* São Paulo: Scipione, 2004.

______. *Histórias árabes.* Rio de Janeiro: FDT, 2012. (Coleção Grandes Clássicos para Jovens).

MANSUR, Alberto J. S. Árabes: das origens à expansão. Curitiba: Positivo, 2002.

MANTRAN, Robert. *A expansão muçulmana*. São Paulo: Pioneira, 1977.

MAQUIAVEL, Nicolau. *O príncipe* (versão em quadrinhos). São Paulo: Escala Educacional, 2008.

MASSARDIER, Gilles. *Contos e lendas da Europa medieval*. São Paulo: Companhia das Letras, 2002.

MELLO, Evaldo Cabral de. *Olinda restaurada*: guerra e açúcar no Nordeste. Rio de Janeiro: Topbooks, 1998.

MERCHANT, Alexander. *Do escambo à escravidão*. 2. ed. São Paulo: Companhia Editora Nacional, 1969.

MONTEIRO, John. *Negros da terra*: índios e bandeirantes nas origens de São Paulo. São Paulo: Companhia das Letras, 1995.

MULLET, Michael. *A Contrarreforma*. Lisboa: Gradiva, 1985.

NIANE, Djibril Tamsir (Ed.). *História geral da África, IV*: África do século XII ao XVI. 2. ed. rev. Brasília: Unesco, 2010.

OLIVA COLL, Josefina. *A resistência indígena diante da conquista*. Porto Alegre: L&PM, 1989.

OLIVEIRA, Paulo E. *A mulher muçulmana segundo o Alcorão*. Rio de Janeiro: Palavra Imagem, 2001.

OLIVIERI, Antonio Carlos. *O Renascimento*. São Paulo: Ática, 2004. (Coleção O Cotidiano da História).

PASI, Marco Antonio de Oliveira. *A formação da Europa na Alta Idade Média*. São Paulo: Saraiva, 2008.

PIRENNE, Henri. *As cidades da Idade Média*. Lisboa: Europa-América, 1973.

POSKITT, Kjartan. *Isaac Newton e sua maçã*. São Paulo: Companhia das Letras, 2001. (Coleção Mortos de Fama).

PRADO JR., Caio. *Formação do Brasil contemporâneo*. São Paulo: Companhia das Letras, 2011.

REIS, João. *Rebelião escrava no Brasil:* A história do levante dos malês. São Paulo: Companhia das Letras, 2003.

RIBEIRO, R. Janine. *A última razão dos reis*. São Paulo: Companhia das Letras, 2002.

ROMANO, Rugiero. *A conquista da América*. São Paulo: Perspectiva, 1973.

ROMERO, José Luis. *América Latina*: as cidades e as ideias. Rio de Janeiro: UFRJ, 2006.

RUNCIMAN, Steven. *A queda de Constantinopla*. Rio de Janeiro: Imago, 2002.

SALARIYA, David. *Como seria sua vida no império asteca*. 2. ed. São Paulo: Scipione, 1998.

SANTOS, Eduardo N. *Cidades pré-hispânicas do México e da América Central*. São Paulo: Atual, 2004.

SCHWARCZ, Lilia M.; GOMES, Flávio. *Dicionário da escravidão e liberdade*. São Paulo: Companhia das Letras, 2018.

SCHWARTZ, Stuart. *Segredos internos*: engenhos e escravos na sociedade colonial. São Paulo: Companhia das Letras, 1988.

SEFFNER, Fernando. *Da Reforma à Contrarreforma*: o cristianismo em crise. 10. ed. São Paulo: Atual, 2011.

SILVA, Alberto da Costa e. *A África explicada aos meus filhos*. Rio de Janeiro: Agir, 2008.

______. *A enxada e a lança*: A África antes dos portugueses. 5. ed. Rio de Janeiro: Nova Fronteira, 2011.

SKINNER, Quentin. *As fundações do pensamento político moderno*. São Paulo: Companhia das Letras, 1996.

SOUZA, Marina de Mello E. *África e Brasil africano*. São Paulo: Ática, 2006.

STEELE, Philip. *Jornal dos Astecas*. Belo Horizonte: Dimensão, 1996.

STONE, Lawrence. *Causas da Revolução Inglesa*: 1529-1642. São Paulo: Edusc, 2000.

TODOROV, Tzvetan. *A conquista da América*: a questão do outro. São Paulo: Martins Fontes, 1983.

VAUCHEZ, André. *A espiritualidade na Idade Média ocidental*. Rio de Janeiro: Jorge Zahar, 1995.

VEIGA, Luiz Maria. *A Reforma protestante*. 8. ed. São Paulo: Ática, 2004.

VERNE, Julio. *Cristóvão Colombo*. São Paulo: Landy, 2005.

______. *Os conquistadores*. Porto Alegre: L&PM Pocket, 2006.

WEBER, Max. *A ética protestante e o espírito do capitalismo*. São Paulo: Companhia das Letras, 2004.